Vidas desplazadas

Vidas desplazadas

La migración en México

ANA MERCEDES
SAIZ VALENZUELA

Coordinadora

El papel utilizado para la impresión de este libro ha sido fabricado a partir de madera
procedente de bosques y plantaciones gestionadas con los más altos estándares ambientales,
garantizando una explotación de los recursos sostenible con el medio ambiente y beneficiosa para las personas.

Penguin
Random House
Grupo Editorial

Vidas desplazadas
La migración en México

Primera edición: noviembre, 2023

D. R. © 2023, Ana Mercedes Saiz Valenzuela, por la coordinación

D. R. © 2023, Alethia Fernández de la Reguera Ahedo
D. R. © 2023, Alfredo Limas Hernández
D. R. © 2023, Allert Brown-Gort
DI. R. © 2023, Ana Mercedes Saiz Valenzuela
D. R. © 2023, Bernardo Bolaños Guerra
D. R. © 2023, Camelia Tigau
DI. R. © 2023, Carlos Heredia Zubieta
D. R. © 2023, Elisa Ortega Velázquez
D. R. © 2023, Genoveva Roldán Dávila
D. R. © 2023, Jorge Durand
D. R. © 2023, Leticia Calderón Chelius
D. R. © 2023, Marcelo Olivera Villarroel
D. R. © 2023, María Fernanda Rivero Benfield
D. R. © 2023, Martha Luz Rojas Wiesner
D. R. © 2023, Melissa Hernández Jasso
D. R. © 2023, Pilar Fuerte Celis
D. R. © 2023, Rodolfo Cruz Piñeiro
D. R. © 2023, Rodolfo García Zamora
D. R. © 2023, Sandra Elizabeth Álvarez Orozco
D. R. © 2023, Selene Gaspar Olvera

D. R. © 2023, derechos de edición mundiales en lengua castellana:
Penguin Random House Grupo Editorial, S. A. de C. V.
Blvd. Miguel de Cervantes Saavedra núm. 301, 1er piso,
colonia Granada, alcaldía Miguel Hidalgo, C. P. 11520,
Ciudad de México

penguinlibros.com

ISBN: 978-607-383-070-6

Impreso en México – *Printed in Mexico*

A todas las personas que no fueron tan afortunadas como Eneas, el héroe que, forzado al destierro, logró encontrar un nuevo hogar.

Con amor para Carlos, Martina, Darío y Lucio.

Índice

Introducción

Ana Mercedes Saiz Valenzuela

La migración ha estado siempre presente en la evolución y el desarrollo de la humanidad. Es tan habitual que nos pasa desapercibida. Basta pensar en las migraciones que poblaron al mundo hace 60 000 años desde África o en las que surgieron por razones coloniales, y en los imperios que se enriquecieron expandiéndose a territorios lejanos, como el chino, el griego y el romano.

Migrar para encontrar mejores tierras, para huir de la guerra; el desplazamiento de pueblos enteros, como el judío, o el movimiento forzado de millones de personas esclavizadas hacia Europa y América demuestran que la migración siempre ha acompañado a las transformaciones sociales. Los movimientos generados a partir de la Segunda Guerra Mundial han determinado nuestra realidad geopolítica actual, y como consecuencia el derecho a solicitar y recibir asilo se ha formalizado en distintos instrumentos internacionales.

Según el *Informe sobre las migraciones en el mundo 2022* de la Organización Internacional para las Migraciones (OIM) de la Organización de las Naciones Unidas (ONU), se estima que en 2020 las personas que migraron lo hicieron mayormente dentro de su mismo país y que, en ese entonces, había alrededor de 281 millones de migrantes internacionales en nuestro planeta, lo que representa 3.6% de la población mundial (McAuliffe y Triandafyllidou, 2021). No podemos dejar de considerar los efectos que la pandemia por covid-19 tuvo en la migración mundial, ya que, si bien provocó una disminución en la cantidad de migrantes internacionales con respecto al año anterior, también se dieron importantes desplazamientos forzados por las condiciones políticas, económicas y climáticas, como los acaecidos en Siria, Yemen, la República Democrática del Congo, Venezuela, Afganistán y Haití (McAuliffe y Triandafyllidou, 2021: 2).

De las personas migrantes que se registraron en el informe de la OIM, 48% eran mujeres, a diferencia del 49% que se registró en 2020 antes de la pandemia; y la cifra de niños y niñas también disminuyó de 16 a 14.6%, respectivamente, en el mismo periodo. En el informe también se estima que ese año la cantidad de trabajadores migrantes llegó a 169 millones (McAuliffe y Triandafyllidou, 2021: 11); aunque hay que tomar en consideración que generalmente las razones para migrar son múltiples y no se limitan al aspecto económico.

Es frecuente que al conversar con las personas migrantes internacionales la primera razón que aducen para migrar sea la económica; mencionan que viajan para conseguir un mejor trabajo y mejorar sus ingresos, pero al indagar un poco más salen a relucir múltiples factores, como la pobreza extrema, la violencia, el cambio climático, un desastre natural o bien una amenaza a la vida o a la integridad física por un grupo delincuencial o incluso la falta de acceso a la salud.

Justamente con la intención de lograr un gran acuerdo global para enfrentar este reto de manera conjunta, en 2018 se dieron cita en Marruecos representantes de las distintas naciones integrantes de la ONU. Un año antes, Louise Arbour, quien había sido alta comisionada para los Derechos Humanos, fue nombrada representante especial para la migración internacional con el encargo de dar seguimiento a los acuerdos logrados apenas dos años antes en la histórica Declaración de Nueva York para los Refugiados y los Migrantes (ONU, 2016).

México tuvo un papel importante en las negociaciones; fue incluso facilitador junto con Suiza; y, finalmente, con el acuerdo de 192 países, se firmó el Pacto Mundial para una Migración Segura, Ordenada y Regular el 13 de julio de 2018. Marcelo Ebrard, nombrado canciller del gobierno encabezado por Andrés Manuel López Obrador, acudió a Marruecos a suscribirlo.

A pesar de las mejores intenciones de este acuerdo, y escudado detrás de los calificativos del propio pacto —migración *segura, orde-*

nada y regular—, el gobierno de México, en coordinación con el de Estados Unidos, ha implementado una política migratoria cruel, contraria a nuestras leyes y a distintos acuerdos internacionales suscritos por nuestro país.

Más allá del título, vale la pena desmenuzar un poco el contenido del mencionado pacto. Se trata de un acuerdo internacional que busca cumplir con el objetivo 10.7 de la Agenda 2030 para el desarrollo sostenible: "Facilitar la migración y la movilidad ordenadas, seguras, regulares y responsables de las personas, incluso mediante la aplicación de políticas migratorias planificadas y bien gestionadas" (ONU, s. f.). Este acuerdo amplio, del que México fue impulsor, facilitador y el primer país firmante, se aprobó en diciembre de 2018 por la Asamblea General de la ONU con una votación de 152 países a favor, 5 en contra y 12 abstenciones, y busca proteger la seguridad, la dignidad, los derechos humanos y las libertades fundamentales de todas las personas migrantes, independientemente de su estatus migratorio, así como aprovechar los beneficios de la migración.

La entonces presidenta de la Asamblea General de la ONU, María Fernanda Espinosa, señaló que la aplicación de las recomendaciones del pacto es clave para que no sucedan tragedias como la de Óscar y Valeria, que perdieron la vida tratando de cruzar el río Bravo; y recordó a los países firmantes que las personas migrantes son seres humanos a quienes se les deben respetar sus derechos (Noticias ONU, 2019, 27 de junio). Resulta paradójico que se haya tomado como referencia de la suscripción de ese pacto un hecho descorazonador, plasmado para siempre en una imagen imposible de borrar de la mente de quien la haya visto: el pequeño cuerpo de una niña ahogada junto a su padre, metida en su playera, justo a unos metros de alcanzar la frontera que los separaba del sueño americano (Sánchez Olmos, 2019, 26 de junio).

El Pacto Mundial para una Migración Segura, Ordenada y Regular tiene una visión centrada en las personas, promueve el bienestar de las personas migrantes y los miembros de las comunidades de origen, tránsito y destino. Consta de 23 objetivos y compromisos y de un mecanismo de seguimiento y examen.

En cuanto a la visión, reconoce que la migración genera prosperidad, innovación y desarrollo sostenible; también que es un rasgo distintivo del mundo globalizado. Establece que debemos garantizar que las personas migrantes estén plenamente informadas de sus derechos y opciones de migración regular y segura, y brindar a todas las personas información objetiva sobre los beneficios y desafíos de la migración para contrarrestar las percepciones negativas de las personas migrantes.

El pacto reconoce que "la migración nunca debería ser fruto de la desesperación, pero, cuando lo es, debemos cooperar para responder a las necesidades de los migrantes que se encuentran en situaciones de vulnerabilidad y asumir los desafíos correspondientes" (ONU, 2018: 4).

En cuanto a los objetivos, mencionaré brevemente algunos:

El objetivo 3 señala que se debe proporcionar información exacta y oportuna en todas las etapas de la migración. Para cumplirlo, entre otras medidas, se debe informar y guiar a los migrantes recién llegados, y ofrecer orientación jurídica específica sobre vías de regularización y acceso a la justicia para denunciar violaciones a sus derechos; ambas medidas, claro, asequibles para la niñez y con perspectiva de género.

El objetivo 5 establece que los Estados firmantes deberán aumentar la disponibilidad y flexibilidad de las vías de migración. Se propone elaborar o aprovechar prácticas que permitan la admisión y una estancia de duración apropiada por razones humanitarias para migrantes que se vean obligados a abandonar su país mediante visados humanitarios.

El objetivo 13 dispone que la detención de migrantes se debe utilizar solo como último recurso e insta a buscar otras alternativas. Los países firmantes se comprometieron a velar por que las personas migrantes no sean detenidas arbitrariamente y por que cuenten con acceso a asistencia jurídica gratuita, tengan información sobre los motivos de la detención y se les respete su derecho a comunicarse con sus representantes legales y sus familiares. En este punto resulta importante hacer notar que las autoridades encargadas de administrar los centros de detención deben actuar de manera compatible con los derechos humanos y la no discriminación; asimismo, deben rendir cuentas de las violaciones y abusos que cometan. En este sentido, se deben respetar los derechos de los niños, niñas y adolescentes, así como su interés superior, y asegurar la disponibilidad de alternativas viables a la detención, sin privarlos de la libertad.

El objetivo 17 señala que se deben eliminar todas las formas de discriminación y promover un discurso público con base empírica para modificar las percepciones de la migración. Los países se comprometieron a eliminar todas las formas de discriminación y las manifestaciones de racismo y xenofobia. También existe un compromiso para empoderar a las personas migrantes y a sus comunidades con el fin de que denuncien cualquier acto de incitación a la violencia contra ellas, informándoles de los mecanismos disponibles para defenderse y denunciar los delitos cometidos en su contra, respetar su libertad de expresión y establecer mecanismos para prevenir y detectar la utilización de perfiles raciales, étnicos y religiosos de los migrantes por las autoridades públicas.

En realidad se trata de una buena hoja de ruta, pero, como hemos podido constatar con tragedias como las de los tráileres en Chiapa de Corzo, Chiapas, y San Antonio, Texas, en las que perdieron la vida cientos de migrantes, y ahora con la muerte de 40 personas en la estación migratoria de Ciudad Juárez operada por el Instituto Nacional de Migración, queda claro que aún estamos muy lejos de cumplir con los objetivos del pacto.

Desde la sociedad civil organizada, en los últimos años se ha documentado que no hay esfuerzos para informar, que se agrede y reprime a las personas que entran a nuestro país, que no hay acceso a vías de regularización ni suficientes visados por razones humanitarias. Durante 2019 se detuvo en estaciones migratorias a más de 180 000 personas, de las cuales 10 000 eran niños, niñas y adolescentes. Se han denunciado distintas formas de perfilamiento racial y discriminación por parte de las autoridades migratorias. Existe una práctica sistemática de deportaciones exprés sin respetar el debido proceso, el derecho al asilo y sin verificar si la vida de estas personas devueltas corre peligro al ser regresadas a sus países de origen.

Según el propio pacto, los avances en el cumplimiento e implementación serán evaluados mediante exámenes periódicos y se presentarán en el Foro de Examen de la Migración Internacional de la ONU, en donde México tendrá que explicar las acciones emprendidas, y seguramente no recibirá los mismos aplausos que en su momento ofreció el presidente Donald Trump desde nuestro vecino país.

No se puede negar que la situación es compleja. Desde los atentados terroristas del 11 de septiembre, la visión para abordar la migración cambió: se volvió un asunto de seguridad nacional. Con la justificación de proteger de amenazas externas, las fronteras se convirtieron en zonas en las que se despliega todo el poder de un Estado.

Cuando se tiene la fortuna de poder cruzar una frontera internacional con documentos, se acepta el riesgo de sufrir cualquier tipo de humillación; utilizo el término *fortuna* porque hoy cruzar una frontera legalmente es un privilegio de muy pocas personas. Existe un entendimiento común: estar sometidos a un poder superior que nos puede imponer todo tipo de instrucciones y hacer una amplia serie de cuestionamientos, como "¿Cuánto dinero tiene?", "¿Por qué le gusta hacer tal cosa?", "¿Qué tipo de relación tiene con la persona a la que visita?", "Quítese los zapatos", "¿Qué trae debajo de la camisa?", "Abra su maleta y desenrolle su ropa interior".

A pesar de someternos a humillaciones verbales o físicas, nos pueden rechazar habiendo pagado un vuelo y un hotel. Estamos dispuestos a ceder datos biométricos, información confidencial e incluso la dignidad con tal de satisfacer la curiosidad de conocer un lugar, cerrar un negocio, aprender algo nuevo o visitar a una persona querida.

La desproporción de ese poder superior la explica Nanjala Nyabola, una escritora de Kenia que considera que en una frontera se despliega el máximo poder de un país. Un inmenso poder frente a las personas, muchas veces frente a las más desprotegidas y necesitadas. Ella ha hecho el ejercicio de situarse en ese lugar y ha transmitido lo que se siente incluso siendo privilegiada (Nyabola, 2020).

Tratando de seguir sus argumentos, imagino que voy en un tráiler de metal que parece un sarcófago, sin agua, con mis tres hijos apretados contra mí; que me subí a ese tráiler porque a mi marido lo mataron y estoy aterrada. Mi casa es peor que este infierno, por eso resisto la sed, el calor y el miedo que les tengo a los que nos llevan. Les entregué todo lo que teníamos a quienes nos transportan, incluso prometí seguirles pagando una vez que consiga trabajo. No sé muy bien a dónde vamos a llegar, pero por lo menos tengo la esperanza de llegar, pronto, a un lugar mejor que mi casa, porque, como dice Nanjala citando el poema de Warsan Shire, "mi casa es una boca de tiburón".

Al ver rostros, saber nombres y conocer las historias entendemos la situación de una manera diferente. Las personas que mueren tratando de cruzar la frontera van saliendo de una "boca de tiburón" que puede ser la violencia, el miedo, la desesperación, la desesperanza o la enfermedad.

Al llegar a una frontera se siente ese despliegue de poder desproporcionado que se impone sobre estas necesidades. Las personas saben que es imposible obtener una visa, a veces incluso un pasaporte. Están obligadas a esquivar escondidas esas fronteras, pagando sumas millonarias a delincuentes, y seguro en sus cálculos no solo vale la pena, sino que es la única opción.

La realidad es que la mayoría de las personas pobres no tienen la posibilidad de obtener una visa o un permiso de trabajo. Las personas refugiadas se enfrentan a sistemas de asilo desbordados y paralizados que funcionan como muros burocráticos. Y no solo sucede en esta región; desafortunadamente es la realidad entre el Sur y el Norte globales: como ejemplo basta ver lo que sucede en Marruecos, Turquía y Libia (Saiz, 2022, 9 de julio).

Según la Oficina del Alto Comisionado de las Naciones Unidas para los Refugiados (ACNUR), hay 89.3 millones de personas desplazadas por la fuerza en todo el mundo, de las cuales 53.2 millones se encuentran dentro de su mismo país. La mayoría de las personas que cruzan una frontera internacional para poner a salvo su vida, su salud o su integridad se encuentran en un país vecino y 83% de ellas son acogidas en países de renta media y baja; los países que más reciben personas desplazadas internacionalmente son Turquía, Colombia, Uganda y Pakistán (ACNUR, 2021).

En América, el desplazamiento forzoso ha impactado a muchas personas desde hace décadas. Los exilios latinoamericano y centroamericano que iniciaron en la década de los cincuenta obligaron a salir de sus países en busca de asilo a personas que huyeron de las dictaduras en Guatemala, Paraguay, Chile, Uruguay, Argentina, Brasil, Honduras, Nicaragua y El Salvador.

Pero, sin duda, el desplazamiento que han sufrido las personas venezolanas ha sido de una magnitud nunca antes vista en este continente. Desde 2018 se ha registrado un aumento sostenido que no ha parado, y hasta el mes de marzo de 2023 se registraban más de 7.2 millones de personas que habían salido de Venezuela, la gran mayoría hacia Colombia y Brasil, 2.4 y 1.5 millones, respectivamente (R4V, 2023, 28 de marzo).

Para las personas oriundas de Venezuela, como para muchas personas desplazadas o migrantes por razones económicas de este continente, e incluso de otros lugares lejanos, llegar a Estados Unidos sigue siendo una aspiración. Para algunas lo es por razones de unidad familiar; para otras por ser una de las economías más fuertes del mundo o simplemente porque ha sido considerado por décadas como la tierra de las oportunidades.

Por lo anterior, el papel que desempeña México, de manera voluntaria u obligado por Estados Unidos, es el de país tapón, muro vertical o filtro migratorio. Si bien la migración en nuestra región ha sido una constante, podemos afirmar que las condiciones han cambiado en los últimos 20 años. Un parteaguas fue el Plan Frontera Sur, acordado por México y Estados Unidos a partir de 2015. Durante su implementación, por primera vez se invirtieron las cifras y México deportó más personas que Estados Unidos (Frank-Vitale, 2023).

A partir de ese hecho notorio hemos visto claramente cómo la frontera de los Estados Unidos se ha externalizado y México funciona como una barrera para muchas personas que buscan llegar a aquel país. Estos viajes nunca fueron sencillos, pero sin duda se han complejizado enormemente y la migración circular que existía entre ambas naciones se interrumpió.

México se concebía como un país de migrantes. Esta es la imagen icónica que hasta ahora sigue repitiendo el presidente López Obrador en la mañanera haciendo referencia a esos héroes nacionales, los migrantes que mandan remesas aportando de manera importante tanto a la economía nacional como a la de miles de familias que dependen de ellas para sobrevivir o, en el mejor de los casos, para no caer en la pobreza (Li Ng, 2021, 2 de febrero). De acuerdo con lo que dijo el propio presidente el 9 de noviembre de 2021, fueron 40 600 millones de dólares para 10 millones de familias (Gobierno de México, s. f.).

Paradójicamente, aunque los migrantes mexicanos en Estados Unidos son héroes que merecen consideración, admiración y respeto, las personas migrantes en México son discriminadas, maltratadas y están expuestas a múltiples vejaciones y violencias. Muchas de ellas huyen de contextos violentos y buscando protección encuentran en México más riesgos. Basta recordar el secuestro masivo de personas reportado a principios de abril de 2023, del cual las autoridades dan cuenta de una centena de personas migrantes mexicanas e internacionales privadas de la libertad en San Luis Potosí, México (*Infobae*, 2023, 7 de abril).

Esta situación no es novedosa: ya había sido documentada por la propia Comisión Nacional de los Derechos Humanos (CNDH) en 2011 en un informe especial (CNDH, 2011), así como en el informe *Sin salida* de la organización internacional Médicos Sin Fronteras publicado en 2020 (MSF, 2020).

Desde 2011, en la Constitución mexicana se reconoce el asilo como un derecho humano. Cabe resaltar que la Declaración de Cartagena, cuyos preceptos se encuentran incorporados a la Ley de Refugiados, Protección Complementaria y Asilo Político, reconoce la necesidad de protección internacional a aquellas personas que se encuentren huyendo de situaciones de violaciones generalizadas a los derechos humanos, como es el caso de Venezuela.

Por esta circunstancia es que las personas se ven obligadas a hacer viajes peligrosos y casi imposibles de creer, como cruzar por la selva del Darién, poniendo en peligro su salud e integridad por salvar la vida. Es así como recientemente han tenido que llegar las personas venezolanas a nuestro país. Es tan clara la necesidad de protección internacional que la propia Comisión Mexicana de Ayuda a Refugiados (Comar) registra una tasa de reconocimiento de 94% para personas de esa nacionalidad.

Además de lo anterior, es importante destacar que una persona indocumentada en México padece múltiples violencias, las cuales han sido ampliamente registradas en distintos informes de la CNDH, el relator especial de los derechos de las personas migrantes y sus familias de la ONU, el ACNUR y la OIM. Las situaciones que atraviesan van desde la extorsión y los secuestros (CNDH, 2011) hasta la discriminación constante al tratar de hacer efectivos sus derechos humanos, como la salud, la vida libre de violencia, el trabajo, la educación y muchas veces la libertad.

La política migratoria en México se caracteriza por la violencia institucional. Hay una práctica constante del Instituto Nacional de Migración por detener y deportar a las personas sin respetar sus derechos. Desbordan casos documentados de detenciones irregulares durante las cuales las personas migrantes son violentadas y extorsionadas, incluso cuando cuentan con algún documento válido y vigente.

Uno de los mecanismos de contención migratoria es la detención. En México existen más de 50 estaciones migratorias y estancias provisionales en las que se han documentado múltiples violaciones a los derechos de las personas que se encuentran privadas de la libertad en ellas. Son frecuentes la incomunicación, la falta de alimentos o incluso la existencia de alimentos en descomposición; no hay suficiente agua ni para beber, no hay productos sanitarios y con frecuencia las personas son incomunicadas, se les impide hablar con sus seres queridos o consultar a un abogado. Es una situación permanente de riesgo. Las condiciones que prevalecen en las estaciones migratorias en México han llamado la atención de defensores de derechos humanos, de la

CNDH y de las agencias internacionales y comités de la ONU (ONU, 2020, 23 de diciembre).

Las políticas migratorias que se ejecutan conjuntamente entre México y Estados Unidos, como la lista de espera o Metering, los llamados Protocolos de Protección a Migrantes, conocido como Quédate en México, son inhumanas, crueles y despiadadas. Van en contra de los acuerdos internacionales firmados por ambos países, en contra de nuestras propias leyes y colocan a las personas ante múltiples peligros.

Durante la cumbre trilateral entre México, Estados Unidos y Canadá, la migración fue un punto central de la agenda. No parece haber sorpresas, pues vemos delineado el escenario entre nuestro país y el vecino del norte.

El presidente Biden calificó la situación como una crisis en su frontera sur y aceptó que el sistema de asilo está quebrado, y que, en tanto no haya posibilidades políticas y presupuestarias para cambiar la situación, continuará limitando la llegada de personas a su frontera sur con las medidas a su alcance. Así, se seguirá aplicando el Título 42, una vieja norma sanitaria que permite la expulsión inmediata de las personas que crucen la frontera, y se ampliará el programa de procesamiento para personas venezolanas implementado apenas hace unos meses, ahora para personas haitianas, nicaragüenses y cubanas.

Las expectativas del plan para manejar los flujos migratorios parecen estar claras para Estados Unidos; saben a cuántas personas aceptarán: 30 000 al mes. Claro, condicionadas a que tengan un patrocinador y a que esperen su turno virtualmente desde donde se encuentren.

Sin embargo, de este lado las cosas se ven diferentes. Recibir a 30 000 personas por mes no será un reto distinto al que venimos enfrentando, pero sí será de mayores dimensiones. Este tipo de acuerdos que ya se aplicaba en varios puntos fronterizos y el acuerdo negociado para personas venezolanas y de otras nacionalidades reflejan el poco espacio que se deja para acceder al sistema de asilo.

No dudo que para muchas personas que buscan mejores oportunidades económicas y cumplen con la condición de contar con un patrocinador, tener recursos para viajar por avión, un pasaporte vigente y, sobre todo, tener tiempo, pueda ser una opción, pero estos acuerdos tratan a las personas refugiadas como si no estuvieran frente a situaciones de vida o muerte. Son como pedirle a alguien que espere pacientemente su turno para respirar estando debajo del agua. Ese no es el espíritu del derecho al asilo, ni lo que dicen las leyes de México ni las de Estados Unidos.

Vivimos en un mundo desigual y tenemos que aceptar que si se trata de desplazamientos forzosos, de personas sin opciones para sobrevivir en sus lugares de origen, este acuerdo bilateral no es la solución, y que al tener las vías regulares bloqueadas las personas seguirán recurriendo a los traficantes de personas e irremediablemente seguiremos viendo tragedias que cobran vidas.

Con el fin de tener una visión más integral y completa de las dimensiones, complejidades y retos que trae la movilidad humana, se reúnen en esta obra expertas y expertos que comparten sus saberes acumulados por años para entender la migración abordando temas puntuales desde su experiencia profesional.

Con esta obra se presenta un mosaico que ayuda a esclarecer la dinámica migratoria partiendo de una visión global, enfatizando la dinámica regional y poniendo el reflector sobre México como país de origen, tránsito, destino y retorno. Los artículos que integran el libro analizan cuestiones específicas que brindan una radiografía de las fallas y oportunidades que tiene nuestro sistema de gestión de los movimientos de población y que impactan en los aspectos más cotidianos y básicos de la vida de las personas migrantes y refugiadas.

A partir de estos textos podemos comprender que las políticas migratorias no obedecen a la realidad de un mundo globalizado ni a las necesidades de los mercados laborales o a la economía, ni tampoco a la realidad demográfica del Norte Global. Se contraponen, incluso, al sentido común, y se basan en el miedo, la discriminación y los prejuicios. Así, esta obra es una oportunidad para mirar de manera diferente las migraciones, que deben ser gestionadas de una manera más humana y aprovechadas como motor de desarrollo.

No puedo terminar sin agradecer la confianza de todas y todos los autores, la generosidad de Penguin Random House, la paciencia infinita de nuestro editor David Velázquez y la constancia y el trabajo de Jamile Esquivel, ya que sin esa combinación esta publicación no hubiera sido posible.

REFERENCIAS

ACNUR (2021), Datos básicos. Consultado en https://www.acnur.org/mx/acnur/quienes-somos/datos-basicos.

CNDH (2011), *Informe especial sobre secuestro de migrantes en México*. Consultado en https://www.cndh.org.mx/sites/default/files/doc/Informes/Especiales/2011_secmigrantes.pdf.

Frank-Vitale, A. (2023), "Coyotes, caravans, and the Central American Migrant Smuggling Continuum", *Trends in Organized Crime*, vol. 26, pp. 64-79. Consultado en https://link.springer.com/article/10.1007/s12117-022-09480-z.

Gobierno de México (s. f.), Mensaje del presidente Andrés Manuel López Obrador a la comunidad migrante. Consultado en https://www.gob.mx/presidencia/articulos/version-estenografica-mensaje-.

Infobae (2023, 7 de abril), "Aumentó cifra de migrantes secuestrados en SLP, van cerca de 100 rescatados". Consultado en https://www.infobae.com/mexico/2023/04/07/aumento-cifra-de-migrantes-securstrados-en-slp-rescataron-a-mas-de-40-personas/.

Li Ng, J. (2021, 2 de febrero), "México. En 202 crecieron las remesas 11.4%, pese a la crisis mundial por la pandemia", BBVA Research. Consultado en https://www.bbvaresearch.com/publicaciones/mexico-en-2020-crecieron-las-remesas-114-pese-a-la-crisis-mundial-por-la-pandemia/.

McAuliffe, M., y A. Triandafyllidou (eds.) (2021), *Informe sobre las migraciones en el mundo 2022*, Ginebra, OIM.

MSF (2020), *Sin salida*. Consultado en https://www.msf.mx/wp-content/uploads/2020/02/msf-mexico-sinsalida-cast-web_1.pdf.

Noticias ONU (2019, 27 de junio), "El Pacto Mundial sobre Migración es la respuesta a las tragedias de los migrantes". Consultado en https://news.un.org/es/story/2019/06/1458521.

Nyabola, N. (2020), *Travelling While Black*, Londres, C. Hurst & Co.

ONU (s. f.), Objetivo 10: Reducir la desigualdad en y entre los países. Consultado en https://www.un.org/sustainabledevelopment/es/inequality/.

ONU (2016), Declaración de Nueva York. Consultado en https://refugeesmigrants.un.org/es/declaration.

ONU (2018), Proyecto de documento final de la Conferencia Intergubernamental encargada de aprobar el Pacto Mundial para la Migración Segura, Ordenada y Regular. Consultado en https://documents-ddsny.un.org/doc/UNDOC/GEN/N18/244/50/PDF/N1824450.pdf?OpenElement.

ONU (2020, 23 de diciembre), Mandatos del relator especial sobre los derechos humanos de los migrantes, AL MEX 15/2020. Consultado en https://spcommreports.ohchr.org/TMResultsBase/DownLoadPublicCommunicationFile?gId=25793.

R4V (2023, 28 de marzo), Refugiados y migrantes de Venezuela. Consultado en https://www.r4v.info/es/refugiadosymigrantes.

Saiz Valenzuela, A. (2022, 9 de julio), "Las temibles fronteras", *Animal político*. Consultado en https://www.animalpolitico.com/analisis/organizaciones/por-un-mundo-sin-fronteras/las-temibles-fronteras.

Sánchez Olmos, P. (2019, 26 de junio), "Óscar y Valeria, el viaje de dos salvadoreños que se quedaron a las puertas del sueño americano", *El Mundo*. Consultado en https://www.elmundo.es/internacional/2019/06/26/5d13a6f321efa010748b45e3.html.

El creciente malestar con el sistema migratorio internacional

LETICIA CALDERÓN CHELIUS

> *Para que pueda ser he de ser otro,*
> *salir de mí, buscarme entre los otros,*
> *los otros que no son si yo no existo,*
> *los otros que me dan plena existencia.*
> OCTAVIO PAZ

No hay un solo país en el mundo donde la política migratoria se considere ejemplar. Ningún lugar en el planeta que se reconozca como el parámetro de las buenas prácticas a seguir. Por supuesto que hay experiencias memorables, episodios históricos emblemáticos y lugares de hospitalidad y solidaridad que merecen preservarse en la memoria de cada sociedad, pero en ningún caso estas circunstancias han provocado un giro radical de la política migratoria, al contrario, lo que vemos es que en cada país hay cada vez una mayor tensión sobre quién puede entrar a un territorio, quién sale, quién transita, quién puede establecerse y quién puede llegar a acreditarse, probablemente, en alguna ocasión, como un miembro más de un colectivo nacional distinto al del lugar donde nació. Es en este contexto en que, a pesar del avance en la creación de instrumentos legales de alcance internacional para atender el proceso migratorio, la realidad es que son cada vez más recurrentes las situaciones y experiencias que demuestran que el sistema migratorio internacional está en un serio desgaste.

En este texto artículo estableceremos algunas coordenadas que ubican los puntos más débiles del modelo migratorio vigente y, sobre todo, algunas ideas que podrían reconvertir al propio sistema migratorio internacional. Si bien reconocemos el escenario pragmático y realista en que se desarrollan las políticas migratorias, creemos que estamos viviendo una etapa de la humanidad en que, luego del punto más álgido de la pandemia por el covid-19 que representó un tiempo de gran dolor y angustia para el mundo entero, quedó claro para la inmensa mayoría que las fronteras solo deberían de ser una referencia, ya que frente a los problemas que aquejan a la humanidad solo podemos reaccionar de manera planetaria.

LAS CARAS DE LAS MIGRACIONES
QUE NO VEMOS

El escenario migratorio internacional suele verse de manera compartimentada y aislada del resto de las sociedades, cuando en realidad estamos ante un proceso transversal que atraviesa gran cantidad de experiencias sociales contemporáneas. Cuestiones que demuestran que la "era de las migraciones" no es una simple manera de evocar la movilidad humana contemporánea, sino una experiencia a la que muy pocos lugares del mundo son ajenos.

De los puntos que dificultan esta comprensión más panorámica sobresale el hecho de que la mayoría de los gobiernos siguen considerando que se trata de un asunto que debe atenderse de manera nacional, cuando, como pocos, este es un proceso que no solo no es nacional, sino que por lo menos es regional y, en realidad, ocurre entrelazado de manera planetaria (Pradilla, 2020). Podemos constatarlo cuando se hace evidente que lo que pasa en un lado del mundo se repite de manera casi idéntica en otras geografías, y hay momentos en que las circunstancias suelen ser prácticamente calca una de la otra. Uno de los puntos que hace visible esta circunstancia son las consecuencias de crímenes dantescos que develan, cada tanto y nuevamente, la situación de explotación y esclavitud a la que son sometidas las personas más pobres de la cadena migratoria (Alonso, 2015). Solo por mencionar ejemplos, se puede recordar cómo ocurrieron, en tiempos casi simultáneos, tragedias como la que sucedió en 2020, cuando 55 migrantes murieron al volcar un camión que transportaba más de 100 personas en Chiapas, al sur de México. En 2022, 53 personas fallecieron en San Antonio, Texas, al ser abandonadas al interior de un tráiler que las transportaba de manera clandestina. Un par de años antes y a miles de kilómetros, en 2019 en Gran Bretaña, 39 personas de nacionalidad china fueron encontradas muertas al interior de un frigorífico que transportaba migrantes, mientras que en 2022 en Melilla, España, 18 marroquíes murieron como resultado de una acción policial que llevó a la muerte por aplastamiento y asfixia a quienes buscaban llegar a Europa. Cada uno de estos casos develó un *modus operandi* de gran similitud que muestra la mercantilización de los migrantes como parte del crimen organizado, y sobre todo cómo la migración más precaria es víctima de situaciones que se repiten en distintas geografías más allá de estructura nacional (Triandafyllidou y McAuliffe, 2018).

Visto desde una perspectiva distinta a la parte más trágica y criminal que experimentan los migrantes en todo el planeta, debemos reconocer que este proceso ha generado ya un bagaje simbólico y emocional compartido como humanidad independientemente de la geografía donde ocurren los hechos, produciendo escenas que se traducen en imágenes de gran potencia que marcan a toda una generación, como el niño sirio en la playa (2015), que se consideró en su momento la máxima expresión del drama migratorio (Lucas, 2015); la celebración de la hospitalidad con el recibimiento espontáneo de casi un millón de sirios en Alemania (2014); la evidencia del racismo que evocó al esclavismo estadounidense con el ataque de policías montados a caballo persiguiendo a migrantes haitianos en la frontera con México (2021); o la experiencia de los ucranianos huyendo de la guerra en su propio país, recibiendo un trato ágil y flexible, por lo menos al inicio de la guerra, de parte de distintos gobiernos para hacer los trámites de solicitudes de refugio (2022). Estas imágenes con que se identifica a la migración y cientos más se han vuelto universales y casi cualquiera podría reconocerlas o, en todo caso, buscarlas en la web y encontrarlas de inmediato. Son ya referentes visuales de lo que entendemos como migración contemporánea del siglo XXI, a la que se pueden sumar cientos más de flashazos. Así, estas y tantas más imágenes que dan la vuelta al mundo prácticamente en minutos muestran que el proceso migratorio no es ajeno a nadie, pero que, sobre todo, tampoco ocurre exclusivamente en una geografía. La paradoja es que mientras somos más conscientes de esta planetarización de la migración, al mismo tiempo los Estados se atrincheran en la idea misma de querer abordar el proceso desde una lógica nacional y asumiendo que es derecho exclusivo de cada país la forma como aborda este proceso.

Gran parte de la resistencia de los propios gobiernos a reconocer que la migración es un proceso más regional que acotado a cada país, y que cada quien lo resuelva como pueda, se debe al hecho de que de alguna manera la movilidad humana a través de las fronteras internacionales pone contra la pared conceptos jurídico-políticos clásicos como la soberanía. Aunque esta noción se ha ajustado a los tiempos contemporáneos al aceptarse la existencia de poderes supranacionales, mercados internacionales y circuitos financieros que *de facto* merman las soberanías, la movilidad humana permanece como el control que guardan para sí los aparatos de poder de cada Estado al vigilar, decidir y monitorear todas las etapas que se expresan es esta experiencia humana tan amplia —salida, retorno, llegada, tránsito, establecimiento de las personas en diversas geografías—. Lo que vemos entonces es que, si por un lado en términos del derecho internacional los Estados reconocen que la migración es un derecho humano, los mismos Estados, aludiendo a su propia soberanía, conservan un férreo control sobre sus nacionales para regular quién, cómo y cuándo alguien puede salir de un territorio nacional y, a su vez, ellos mismos tienen la atribución exclusiva de imponer criterios sobre quiénes pueden entrar y bajo qué requisitos y condiciones. Lo que vemos entonces es que esta situación expresa una confrontación no solo conceptual, sino de poder, entre la idea de soberanía que cada Estado resguarda como último reducto de control y los derechos humanos de cada persona en el planeta. Así, la disputa sobre la autonomía personal y la regulación que impone el Estado como ente jurídico a través de mecanismos de control y seguimiento es tan obvia como el hecho de que, por ejemplo, pese a que la identidad jurídica de las personas es un derecho humano fundamental, un gran número de individuos en el mundo carece de dicho reconocimiento jurídico, e incluso se llega al extremo de Estados que niegan ese derecho al preservar la condición de apátridas a millones de personas que quedan atrapadas en un limbo jurídico que las invisibiliza (Muñoz, 2017; Guerrero, 2013).[1] Condicionar el derecho a migrar a través de mecanismos legales como visas, permisos e incluso formas complementarias de libre circulación a algunos, mientras que la inmensa mayoría queda incapacitada, sobre todo por su condición socioeconómica, genera un tipo de movilidad sin papeles y, por tanto, fuera del control del propio Estado o incluso en abierto desafío a su control soberano.

Un último punto para repensar el proceso migratorio desde una perspectiva más panorámica consiste en sobrepasar la idea misma de que la migración es un proceso ajeno a quienes no migran. El dato dice mucho: 4% de la población mundial vive en un país diferente del de su nacimiento, lo que equivale a poco más de 281 millones de personas desplegadas a lo largo del planeta, principalmente concentradas en algunos países (OIM, 2020). Por tanto, no es la cantidad de personas respecto al total mundial de casi 8 000 millones de habitantes en el planeta (Bricker e Ibbitson, 2019), sino la intensidad de este proceso y las implicaciones que representa, lo que le da la visibilidad que tiene sobre todo en las sociedades donde hay mayor

---

[1] A propósito del tema de la apatridia se lanzó la campaña de la Oficina del Alto Comisionado de las Naciones Unidas para los Refugiados (ACNUR) #Ibelong (#Yopertenezco), https://www.unhcr.org/ibelong/es/que-es-la-apatridia/.

concentración de extranjeros, sea en tránsito (corredores migratorios como México) o en países de mayor destino migratorio (como Estados Unidos).

A esto se suma el hecho de que, de manera generalizada, se concibe como migrante exclusivamente a la persona en movilidad. Es decir, se reduce la descripción a pensar que migrante es quien se traslada e introduce a una sociedad distinta a la de su lugar de origen. Sin embargo, la experiencia histórica y social muestra que la comprensión profunda de este proceso implica reconocer que la dinámica migratoria se genera no solo en la movilidad sino, sobre todo, en la interacción entre quienes están en movimiento y su contraparte, quienes en lo particular o como sociedades constituyen el escenario supuestamente estable por el que unos transitan e interactúan. Esto quiere decir que no basta con que las personas se trasladen o integren a una sociedad distinta a la de su lugar de origen para ser migrantes en un sentido sociológico, sino que la migración es y solo es el resultado de la interacción que se genera en los espacios sociales entre quienes se mueven y quienes establecen contacto y acogen o rechazan.

Esta idea implica que el proceso migratorio se explica no solo por las condiciones y características de las personas en sí mismas, sino sobre todo por la manera como las sociedades establecen criterios, referencias e imaginarios respecto al que consideran externo, ya que eso condiciona el lugar en que se les coloca en el imaginario colectivo, como miembros potenciales de la comunidad o como parias amenazantes. La construcción simbólica de la figura de quienes migran en cada contexto social/nacional es fundamental para entender el proceso migratorio como tal y no solo hablar de numeralia migratoria o momentos excepcionales que suelen ser tragedias como las que comentábamos unas páginas atrás.

Esta noción de entender la migración no solo por quien se desplaza, sino como la conjunción que provoca dicha movilidad al contacto con las sociedades en que ocurre, aplica también para las políticas migratorias, ya que si bien suele pensarse que se trata del entramado jurídico que establece la normatividad con que cada país permite o impide la movilidad de los extranjeros a través de un territorio, o las vías y medios para integrarse a su sociedad de manera más flexible o restrictiva, esto está lejos de ser una cuestión exclusiva de los gobiernos, sus funcionarios, congresos o diversos órganos de poder, sino que las sociedades, en la diversidad que cada una entraña, son parte sustancial de las políticas migratorias al generar las condiciones para que se desarrollen espacios de tolerancia y acogida o, por el contrario, dan lugar a formas de xenofobia abierta, velada o incluso legalmente aceptada (Calderón, 2021b). Por tanto, si bien el marco legal migratorio es central para entender la lógica con la que los gobiernos reaccionan y se guían ante los diversos procesos de movilidad, esto no es suficiente para definir la política migratoria de ningún país, sino que las políticas migratorias son siempre resultado de la tensión cotidiana entre la propia normatividad (leyes, códigos), las decisiones políticas coyunturales por parte de los gobernantes y la sociedad en su conjunto en la interacción con la otredad que genera el contacto con quienes se consideran ajenos, foráneos, extranjeros, sea de manera directa o como referencia incluso solo imaginada. De ahí que las representaciones sociales que se construyen en lo colectivo sean un componente fundamental del proceso migratorio en lo local, nacional y regional. Los medios de comunicación nacionales y extranjeros son un componente central en esta construcción del proceso migratorio, porque constituyen la pieza clave que generaliza estereotipos y lugares comunes de la idea de la otredad, y con esto recrean el escenario que define el tipo de proceso migratorio que se va hilvanando (Caggiano, 2019).

LA MIGRACIÓN CONTEMPORÁNEA: NI SEGURA, NI ORDENADA, NI REGULAR

Para poder poner estas ideas en un contexto actual, ubiquemos un proceso que enmarca la manera como se está desarrollando la lógica de

31

la migración más allá de las historias nacionales, como un esfuerzo por darle un sentido más planetario y de responsabilidad compartida. A finales de 2018 se dio un cambio histórico en la retórica internacional en torno a la migración internacional. El 10 de diciembre de ese año se firmó un pacto mundial que sentó nuevas bases de acuerdo entre los 152 países firmantes. Se trata del llamado Pacto Mundial para la Migración Segura, Ordenada y Regular que se volvió desde entonces la base del entramado jurídico internacional que busca alinear las políticas migratorias de cada país firmante en una misma ruta, y de alguna manera se convirtió en un mantra que los distintos gobiernos repiten en sus discursos como la dirección y sentido que buscan darle al flujo migratorio en cada territorio nacional que se mantiene como la estructura de control de las personas que migran como lo dijimos antes. La oportunidad que ofrece este pacto es inmensa, porque está basado en los instrumentos jurídicos de los derechos humanos, vigentes prácticamente en todo el mundo, además de que es resultado de una larga trayectoria de acuerdos para hacer de la migración un escenario más certero, como se pensó que podría pasar con la Convención internacional sobre la protección de los derechos de todos los trabajadores migratorios y sus familiares, firmado desde 1990, la cual desafortunadamente es sobre todo una referencia y no tanto una práctica jurídica que marcó a las sociedades que hicieron suyo dicho documento. En el caso de México, la firma del Pacto Mundial para la Migración implicó un proceso interesante, porque quien participó activamente en la negociación y redacción de este instrumento jurídico fue un equipo del entonces presidente Peña Nieto (2012-2018), el cual, además, lideró de una forma muy decidida la búsqueda del consenso para alcanzar las firmas al documento final. Sin embargo, a quien le correspondió firmar y poner en práctica dicho pacto fue al gobierno del presidente López Obrador, lo cual ocurrió cuando tenía apenas unos cuantos días de haber asumido el poder (2018). No obstante las divergencias entre ambos proyectos políticos claramente opuestos —el del gobierno saliente y el del entonces nuevo gobierno—, la presidencia de

López Obrador, en la representación del canciller Marcelo Ebrard, mantuvo su apoyo y el liderazgo respecto a este instrumento jurídico internacional.

A pesar de su alcance normativo, es decir, de su propuesta como instrumento jurídico, lo central es que un documento de este tipo solo tiene impacto por la utilidad que le dan los gobiernos que lo firman, pero, sobre todo, por los cambios que provoca en las sociedades donde se define la migración como proceso.

El Pacto Mundial para la Migración se sustenta en tres conceptos básicos que en sí mismos son factibles: hacer que la movilidad humana contemporánea sea segura, ordenada y regular, lo que, sin embargo, solo puede ser alcanzable si se construye una verdadera gobernanza mundial, es decir, "una colaboración internacional para las migraciones que ponga en marcha proyectos a largo plazo que vayan más allá de las emergencias individuales" (papa Francisco, 2020: 138). Desafortunadamente, el peso de este proceso depende del entramado jurídico internacional que hace de los migrantes los responsables del proceso en su conjunto, principalmente porque los encasilla y cataloga de acuerdo con el tipo de visado que portan. Esto es una parte sustancial de lo que hace del sistema migratorio internacional un proceso en crisis que provoca creciente malestar.

Revisemos los tres conceptos eje del Pacto Mundial para la Migración en el ánimo de replantearlos desde nuevas ópticas. El primer planteamiento, que la migración sea *segura*: ni duda queda de que más que un ideal debe ser un mandato, pero implica que, tal como el propio pacto lo plantea, se reduzca al máximo la participación del crimen organizado vía la trata de personas y los mecanismos criminales que controlan las rutas de migración de quienes carecen de visa o cualquier tipo de permiso de movilidad. Es verdad que gracias a que al momento en que el propio pacto reconoció la condición del tráfico y trata de personas como un punto central del proceso migratorio global, se superó la mera idea de la movilidad de las personas al hablar de migración, además asumió la responsabilidad de enfrentar el crimen transnacional que es el tráfico y trata de personas que en su extrema necesidad de migrar caen en estas redes criminales, las cuales solo las consideran como mercancías altamente rentables y descartables (Izcara Palacios, 2021). La única forma de combatir este lastre internacional, además de desmembrar dichas redes criminales a través de la cooperación internacional, es abriendo vías legales que vuelvan visibles a las personas y les generen certidumbre jurídica para moverse a través de diferentes territorios e insertarse en mercados laborales sin necesidad de mantenerse en condiciones de clandestinidad que exacerben las condiciones de explotación y abusos (Durand, 2022). Esto sin embargo no ha ocurrido a raíz de la firma del Pacto Mundial para la Migración, y en realidad lo que se ha visto es un atrincheramiento de los gobiernos en sus propias fronteras y a través de una contención de la movilidad cerrando incluso vías de migración, como la solicitud de asilo que Estados Unidos canceló dramáticamente desde el periodo presidencial de Donald Trump (2017-2021). Esta respuesta es contraria a la intención del Pacto Mundial para la Migración, y se agudizó aún más ante el escenario pandémico resultado del covid-19 (2020-2022).

Si bien la migración en condiciones de alta vulnerabilidad es una de las formas más generalizadas en que se da este proceso, tampoco es la única, ni es el único escenario en que se da la explotación que genera la condición migratoria, que puede ocurrir de muchas maneras, aun cuando las personas cuenten con visas de residencia y trabajo. Una forma de abuso muy generalizado en el mundo entero, aun con condiciones ideales de migración —por ejemplo, en el caso de la migración calificada o con visados de residencia—, se da por vías legales, cuando los países receptores no reconocen los títulos y grados escolares de las personas, lo que degrada su condición laboral por debajo de sus capacidades y formación, y de esa manera reducen sus percepciones y desarrollo potencial. Esto demuestra que el concepto de seguridad que despliega el Pacto Mundial para la Migración no puede circunscribirse solo a confrontar al crimen organizado que afecta principalmente y de manera desmedida a las personas en condiciones más precarias, sino que debe ampliarse a una idea de seguridad que construya ambientes generalizados de certeza y respeto en las sociedades de acogida, porque es ahí donde se experimenta el proceso de integración y donde se agudizan las desigualdades.

Un segundo planteamiento del Pacto Mundial para la Migración es hacer de la migración un proceso *ordenado*. Las propuestas que derivan de esta noción implican generar una estructura legal que canalice a las personas que deciden migrar o que se ven obligadas a hacerlo a través de vías formales para transitar e instalarse en una sociedad distinta a la propia. Esta propuesta es del todo correcta, pero implicaría que se desmontaran las barreras que la propia migración colectiva o individual enfrenta absolutamente todos los días en gran parte de los países firmantes del pacto, lo que no ha ocurrido. Para ejemplificar este punto, podemos señalar uno de los temas más importantes que enfrenta un migrante y que se considera la llave para la mayor parte de los derechos a los que deberían poder acceder de acuerdo con el propio pacto. Se trata del reconocimiento de la identidad jurídica a través de documentación válida y acreditada por todo gobierno y al interior de cada país, lo que en realidad no solo no ocurre, sino que incluso los mismos funcionarios desconocen los documentos que los diferentes gobiernos generan (actas de nacimiento, permisos de internamiento territorial, algunos tipos de visados, cédula de identidad). Un caso extremo es cuando los propios gobiernos descalifican documentos que autoridades de su propio país generan. Por ejemplo, la matrícula consular mexicana que se emite desde hace más de 20 años en los consulados mexicanos y se acepta como documento oficial en gran parte de los estados de la Unión Americana (para créditos bancarios, obtener licencias, validar la identidad aun siendo indocumentado), pero en México no se reconoce o se le cuestiona incluso en trámites muy básicos. Lo mismo ocurre con la credencial para votar con fotografía que genera el Instituto Nacional Electoral (INE) para mexicanos radicados fuera del país, quienes, a falta de un documento de identidad jurídica universal, cuando pretenden utilizar dicho documento como lo hace el resto de los mexicanos, usan la "credencial del INE" como documento de identidad (Negrete, 2021). Esta credencial solicitada desde el extranjero es sistemáticamente rechazada para todo tipo de trámites, aun cuando cuenta con absolutamente todos los requisitos y candados de seguridad que el resto de los casi 94 millones de credenciales emitidas en el país.

Lo que queda claro es que muchas de las acciones para apoyar la idea de generar una migración ordenada tienen que empezar por reconocer condiciones básicas que permitan dicho orden, como la certeza jurídica, que implica, sobre todo, el respeto irrestricto a las leyes de cada país extendidas hacia los extranjeros cuando transitan o residen en un país.

Un ejemplo que puede mostrar cómo la falta de certeza jurídica afecta a los mismos ciudadanos de un país y, por extensión, genera un ambiente que permite el abuso y discrecionalidad contra los migrantes se puede ver en este caso, cuyo escenario es México. En este país, de acuerdo con el artículo 11 constitucional, hay un derecho consagrado que garantiza el libre el tránsito y circulación de las personas a través del territorio nacional, con lo que los puntos de revisión se limitan sobre todo a las fronteras y puntos de entrada al país. Sin embargo, por diversos motivos y a lo largo de años se han instalado puntos de verificación de la identidad jurídica de las personas. Luego de un litigio estratégico que llevó casi 10 años, liderado por organizaciones de la sociedad civil, la Suprema Corte de Justicia dictó un fallo que determinó que, acorde a la propia Constitución, la autoridad migratoria solo puede actuar en los puntos de internación señalados por la propia ley, generalmente en las fronteras, y que, por tanto, los puntos de revisión aleatoria que la autoridad migratoria instala de acuerdo con su propio criterio atentan contra la propia ley e incluso la Constitución. La controversia se basó en el hecho de que la revisión y detención aleatoria era en realidad una expresión con sesgo racista y discriminatorio de parte de la autoridad migratoria principalmente, debido a que las revisiones que los funcionarios migratorios han realizado durante años bajo ese esquema se dirigen de manera repetida y abrumadora hacia personas con ciertos rasgos físicos que, argumentaban antes de este fallo, correspondían con los de quien "parece extranjero", ya sea por ser de tono de piel más oscura —lo que de entrada desconoce la existencia de una comunidad afromexicana ancestral—, o una muestra evidente de racismo, porque incluía entre personas detenidas arbitrariamente a quienes calificaban como extranjeras debido a que hablaban un idioma diferente al español, esto en un país donde 8% de la población es hablante de un idioma diferente al español. De acuerdo con el debate y controversia jurídica que suscitó este largo juicio, que finalmente llegó a la Suprema Corte de Justicia, se reconoció que la autoridad migratoria basaba sus revisiones en estereotipos, prejuicios e imaginarios negativos que de entrada atribuían a la condición de extranjero una conducta ilegal,[2] que llevó además a que se dieran casos en que nacionales mexicanos no solo fueron detenidos, sino incluso deportados (Imumi, 2022). El valor de un fallo jurídico de este tipo es que se demuestra que, sin la certeza jurídica como escenario generalizado en cualquier sociedad, las arbitrariedades pueden afectar a cualquiera más allá de su nacionalidad. Este ejemplo, por tanto, permite ver que la idea de ordenar la migración como propósito del Pacto Mundial para la Migración es una meta que solo puede cristalizar si se genera un escenario de legalidad y justicia no solo pensando en los migrantes, sino en la sociedad en su conjunto, que a su vez incluye a los potenciales migrantes.

El tercero y último planteamiento en que se sustenta el Pacto Mundial para la Migración es la idea de generar una migración *regular*. La idea de pensar la migración como un proceso regular suena positiva. Sin embargo, más allá de una regularidad administrativa que ofrecieran los gobiernos firmantes para que las personas pudieran ir y venir entre fronteras ordenadamente, lo que sobresale es que

---

[2] Desde 2008 se eliminó en México la condición jurídica de acto criminal a la migración indocumentada, que se señala como falta administrativa.

este concepto es contrario a la naturaleza misma del proceso migratorio que suele ser cambiante y flexible, sobre todo porque la migración implica una diversidad de circunstancias que están lejos de poder darse de manera regular, como puede ocurrir ante episodios de migración por razones políticas —violencia, detenciones arbitrarias, persecución, extorsión, amenazas— o desplazamientos como resultado de los efectos de un desastre natural que hacen inminente la salida de las personas de su espacio de vida. Por otro lado, y en el marco de otra experiencia de migración, es posible que la idea de pensar que la migración pueda ser regular está inspirada en un tipo de proceso que llega a darse con los programas de trabajadores migrantes —generalmente temporales—, que son una vía laboral que se acuerda entre países para dar certeza tanto a los trabajadores migratorios que ofrecen su mano de obra como a los empleadores que buscan complementar su fuerza de trabajo con migrantes. Si bien esta es una opción que puede tener enormes beneficios para ambos lados (trabajador y empleador), porque debe ofrecer salarios mínimos acordados con antelación, lo mismo que tiempos de trabajo definidos, extensión del contrato y acceso a un tipo de visado para migrar con documentos. Esta forma de migración ordenada en contratos laborales predeterminados es muy limitada dentro de la extensa experiencia migratoria, que suele ser más intempestiva y azarosa, sobre todo porque dichos programas de trabajadores son muy escasos, pero además solicitan requisitos que limitan el perfil de participantes, y en algunos casos han generado experiencias de control, encierro, explotación y abuso de los trabajadores que quedan sometidos a un empleador del que dependen íntegramente estando dentro de un programa de este tipo (Hernández, 2021).

La idea de que la migración pueda ser regular se enfrenta, además, con un punto que vimos anteriormente, y es el derecho que mantienen los Estados a definir quién puede inmigrar (entrar e integrarse) a sus territorios, por tanto, no hay certeza de poder hacer de la migración una situación regular cuando este proceso queda sometido tanto a las leyes migratorias, las disputas político-electorales e incluso, lo que no es menor, la narrativa como se representa la migración y a los migrantes en cada sociedad —principalmente a través de los medios de comunicación—, lo cual genera un ambiente que provoca constantes altibajos de la opinión pública frente al tema (Ceriani, 2016). Esto se agudiza aún más debido a que la mayor parte de la migración que ocurre en el planeta es forzada, porque, como sostienen Celis y Aierdi: "Solo sería migrante voluntario quien, pudiendo sobrevivir con dignidad en su entorno social de origen, decide hacerlo en otro lugar" (2015: 23). Lo que implica que mientras que la migración de nuestro tiempo se da mucho más como respuesta a circunstancias estructurales como inseguridad, injusticia, falta de oportunidades y escasa movilidad social, además de precariedad económica y violencia extrema, una migración segura, ordenada y regular solo podría darse si existieran las vías legales para encauzar dicha movilidad y cambiaran a su vez los escenarios que fuerzan a las personas a migrar más allá de su deseo por no migrar. Por tanto, la propuesta de hacer de la migración una condición regular les corresponde a los actores políticos, sean gobernantes o funcionarios, e instituciones públicas y privadas, y no a los propios sujetos de la movilidad, los migrantes, que lo que menos desean es emprender una travesía sin seguridad, desordenada y sin la regularidad que ofrecen las certezas que los documentos, permisos y visas deberían cubrir y, aún más, como dice el papa Francisco en su encíclica social *Fratelli tutti* (2020: 129) en lo que toca a la migración: "Ofrecer respuestas indispensables, especialmente a quienes huyen de graves crisis humanitarias, entre otras, aumentar y simplificar la concesión de visados, abrir corredores humanitarios".

Como lo comentamos a lo largo de este texto, el Pacto Mundial para la Migración es un instrumento jurídico que, como tal, tiene un gran alcance y una proyección a la altura de los desafíos de nuestro tiempo. Sin embargo, solo puede volverse viable y una meta de lo deseable si revierte el sentido que la propia dinámica jurídica internacional ha desarrollado en una época de fronteras más cerradas a la movilidad —que la propia pandemia sirvió para justificar—, creciente explotación debido al mercado laboral clandestino que exacerba la falta de vías de migración legal, así como condiciones jurídicas que los propios Estados desarrollan para alargar el limbo jurídico en que viven millones de seres humanos migrantes, entre muchas otras. La paradoja planetaria en que nos encontramos como humanidad es que mientras que los instrumentos jurídicos como el Pacto Mundial para la Migración siguen una ruta incuestionable en el papel, las personas objeto del mismo instrumento jurídico, y tantos otros elementos que regulan la movilidad humana a nivel global, parecen no encajar en ese modelo migratorio contemporáneo que, lejos de dar funcionalidad y flexibilidad, lo mismo que rutas de tránsito seguro y espacios de hospitalidad, genera, el modelo cada vez más y de manera abrumadora incertidumbre y un creciente malestar colectivo.

REFERENCIAS

Alonso Meneses, G. (2015), *El desierto de los sueños rotos. Detenciones y muertes de migrantes en la frontera México-Estados Unidos, 1993-2013*, México, El Colegio de la Frontera Norte.

Barcelona Centre for International Affairs (CIDOB) (2022), "La acogida de refugiados en España en el contexto de la guerra en Ucrania. Límites, retos y oportunidades para el futuro", National Integration Evaluation Mechanism (NIEM), Barcelona. Consultado en https://www.cidob.org/es/actividades/lineas_de_investigacion_tematicas/migraciones/la_acogida_de_refugiados_en_espana_en_el_contexto_de_la_guerra_en_ucrania_limites_retos_y_oportunidades_para_el_futuro.

Bauman, Z. (2016), *Extraños llamando a la puerta*, Barcelona, Paidós.

Bricker, D., y J. Ibbitson (2019), *El planeta vacío. El shock del declive de la población mundial*, España, Penguin Random House.

Caggiano, S. (2019), *Las migraciones como campo de batallas. Desigualdades, pertenencias y conflictos en torno a la movilidad de las personas*, Buenos Aires, Mino y Dávila.

Calderón Chelius, L. (2021a), "Claves para entender la política migratoria mexicana en tiempos de López Obrador", *Cadernos de Campo: Revista de Ciências Sociais*, núm 30, pp. 99-122.

Calderón Chelius, L. (2021b), "La sutil xenofobia que negamos, el caso de México", en L. Nejamkis, L. Conti, y M. Aksakal (eds.), *(Re)pensando el vínculo entre migración y crisis. Perspectivas desde América Latina y Europa*, Guadalajara, Calas/Clacso.

Celis Sánchez, R., y X. Aierdi Urraza (2015), "¿Migración o desplazamiento forzado? Las causas de los movimientos de población a debate", *Cuaderno Deusto de Derechos Humanos*, núm. 81.

Ceriani Cernadas, P. (2016), "El lenguaje como herramienta de la política migratoria", *Sur, Revista Internacional de Derechos Humanos*, vol. 13, núm. 23, pp. 97-112.

Cortina, A. (2021), *Ética cosmopolita. Una apuesta por la cordura en tiempos de pandemia*, Barcelona, Paidós.

Durand, J. (2022, 3 de julio), "Tráfico de migrantes", *La Jornada*. Consultado en https://www.jornada.com.mx/2022/07/03/opinion/011a1pol.

Guerrero Verdejo, S. (2013), *Los apátridas, su estatus jurídico y los derechos humanos*, México, UNAM-FES Aragón.

Haas, A., y E. Sánchez-Montijo (2020, 19 de agosto), "México, un país de destino de migrantes", *Nexos*. Consultado en https://migracion.nexos.com.mx/author/alexandra-haas/.

Hernández, I. (2021), *Callan por miedo. Personas migrantes cuentan su historia en lecherías del estado de Washington*, México, Comisión de Asuntos Migratorios y Fronterizos del Senado/United Farm Workers/Rabiosa Actualidad.

Imumi (2022), "SCJN declara inconstitucionales revisiones migratorias en carretera", México, Imumi/SCJN. Consultado en https://imumi.org/2022/05/19/scjn-declara-inconstitucionales-revisiones-migratorias-en-carretera%EF%BF%BC/.

Izcara-Palacios, S. P. (2021, septiembre-diciembre). "La internacionalización de las redes de tráfico de migrantes entre México y Estados Unidos", *Revista Criminalidad*, vol. 63, núm. 3, pp. 187-202. Consultado en https://doi.org/10.47741/17943108.306.

Lucas, J. de (2015), *Mediterráneo: El naufragio en Europa*, Valencia, Tirant Humanidades.

Müller, E. (2015, 25 de agosto), "Alemania facilita la llegada de refugiados sirios a su territorio", *El País Internacional*. Consultado en https://elpais.com/internacional/2015/08/25/actualidad/1440537082_813286.html.

Muñoz, E. (2017, 25 de agosto), *Los Nadien. Siete historias de inmigrantes doblemente invisibles*, Sederec/Gobierno de la Ciudad de México.

Negrete, J. F. (2021, 9 de agosto), "Cédula de Identidad Digital Universal", *Reforma*. Consultado en https://www.reforma.com/aplicacioneslibre/preacceso/articulo/default.aspx?__rval=1&urlredirect=https://www.reforma.com/cedula-de-identidad-digital-universal-2021-08-09/op209966?referer=--7d616165662f3a3a6262623b727a7a7279703b767a783a--.

OIM (2020), *Informe sobre las migraciones en el mundo*, Ginebra, ONU/OIM. Consultado en https://publications.iom.int/system/files/pdf/wmr_2020_es.pdf.

ONU (2018), Pacto Mundial para una Migración Segura, Ordenada y Regular, Estados Unidos, Oficina del Alto Comisionado de las Naciones Unidas para los Derechos Humanos. Consultado en https://www.ohchr.org/es/migration/global-compact-safe-orderly-and-regular-migration-gcm.

ONU (1990), Convención Internacional sobre la Protección de los Derechos de Todos los Trabajadores Migratorios y sus Familiares, Estados Unidos, Oficina del Alto Comisionado de las Naciones Unidas. Consultado en https://www.ohchr.org/es/instruments-mechanisms/instruments/international-convention-protection-rights-all-migrant-workers.

Ortega Ramírez, A. S., H. Vázquez Ramos, y A. V. Zúñiga Ortega (2022), *Derecho y migración*, México, Tirant lo Blanch, colección La Práctica del Derecho Mexicano.

Papa Francisco (2020), *Fratelli tutti*, Vaticano, *Vatican News*.

Pradilla, A. (2020), "Migrantes de otro mundo", *Animal Político*. Consultado en https://www.animalpolitico.com/migrantes-de-otro-mundo/.

Triandafyllidou, A., y M. McAuliffe (eds.) (2018), *Migrant Smuggling Data and Research: A Global Review of the Emerging Evidence Base*, vol. 2, Ginebra, OIM.

Urbano Reyes, J. (2020), *Migración y desarrollo. Propuestas para una gestión alternativa de la política migratoria en México*, México, Universidad Iberoamericana/Obimid.

Varela, A. (2019, 25 de enero), "La transmigración que nos obliga a imaginarnos como país de acogida", *Animal Político*, sección Plumaje. Consultado en https://www.animalpolitico.com/diversidades-fluidas/la-transmigracion-que-nos-obligar-a-imaginarnos-como-pais-de-acogida/.

La dinámica de la
movilidad regional

ALLERT BROWN-GORT

La dinámica de la movilidad regional en América del Norte nunca ha sido simple, ya que por más de un siglo y medio se ha caracterizado por ser la fuente de uno de los flujos continuos más largos y más grandes en la historia moderna de la inmigración. Por muchos años se trató predominantemente de la migración entre dos países vecinos, México y Estados Unidos, y si bien ha sido causa de interminables fricciones entre ellos, a través de ese periodo muchas veces se entendió —aunque no necesariamente en público— como un beneficio para ambos.

Todo esto comenzó a cambiar durante los últimos 40 años, empezando con las guerras civiles en Centroamérica y el inicio de la migración de refugiados, primordialmente de Guatemala, El Salvador y Honduras. Este flujo ha perdurado, extendiéndose en tiempo y cifras, dados los cambios demográficos, económicos, ecológicos y de seguridad que ha sufrido nuestra región.

En parte en reacción a este aumento de demanda por ingresar, Estados Unidos ha impuesto un enfoque casi exclusivo de seguridad total en relación con la migración. Aunque la atención a la seguridad en términos de migración comenzó al principio de la Segunda Guerra Mundial, los cambios fuertes comenzaron en la década de 1990, con operaciones para aumentar el control de la frontera. A raíz de los ataques del 11 de septiembre de 2001 y de otros cambios políticos en Estados Unidos, la seguridad se convirtió en la razón de

45

ser, y se han creado progresivamente más presiones para controlar la entrada de personas a ese país. A pesar de este clima poco favorable para la migración, Estados Unidos mantiene una gran necesidad de trabajadores, aún más a raíz de la pandemia por covid-19 (Rampell, 2023). La naturaleza de los cambios económicos y políticos en ese país ha causado una situación incongruente, en la cual la inmigración es cada vez más controlada, mientras la oferta de trabajo sigue creciendo. Es importante destacar que mientras los niveles de migración "regular" han demostrado cierta estabilidad, la cantidad de inmigrantes no autorizados viviendo en Estados Unidos ha disminuido de manera significativa, y son ellos quienes verdaderamente son críticos para la economía (Chishti y Capps, 2021).

A pesar de las dificultades que representa entrar, los factores de inseguridad y necesidad económica han resultado en un incremento importante de las personas que quieren vivir en Estados Unidos ya no solo provenientes de México y Centroamérica. Además, mientras la lógica política y social interna de Estados Unidos resulta en una reacción de rechazo, la realidad es más en la frontera misma, es decir, mientras que se ha hecho más y más difícil cruzar la frontera, una vez dentro es relativamente fácil encontrar trabajo (Bureau of Labor Statistics, 2023), mientras que la posibilidad de ser removido es baja (U. S. Department of Homeland Security, s. f.).

Esta incongruencia de realidades ha mermado la posibilidad de una migración segura, ordenada y regular[1] para personas sin educación avanzada y sin recursos económicos. Esto lleva a una situación en la que aparentemente las únicas opciones factibles son tratar de entrar a Estados Unidos solicitando asilo o sin autorización.[2]

---

[1] El concepto de la migración segura, ordenada y regular fue central en el Acuerdo de Marrakech en 2018. El convenio fue firmado por todos los Estados miembros de la ONU, con la excepción de Estados Unidos, aunque posteriormente se deslindaron varios países más. Véase Organización de las Naciones Unidas (2018).

[2] La definición básica de refugiados es que son personas que se encuentran fuera de su país de origen por temor a la persecución, el conflicto, la violencia generalizada u

La falta de opciones para poder entrar a residir en Estados Unidos legalmente, ya sea con programas de trabajo temporales o con visas de residencia, ha llevado en los últimos años a un crecimiento de solicitudes de asilo. De cierta manera, el sistema está promoviendo la llegada de las personas a la frontera. En Estados Unidos, la principal diferencia entre refugio y asilo es la ubicación física de la persona en el momento de hacer la solicitud. Los refugiados generalmente están fuera de Estados Unidos cuando se les considera para el reasentamiento, mientras que los solicitantes de asilo presentan sus solicitudes cuando están presentes en ese país o en un puerto oficial de entrada.

Quienes buscan el estatus de asilado pueden presentar una solicitud de asilo afirmativa o defensiva. El proceso de asilo afirmativo se aplica a las personas que inicialmente presentan una solicitud ante el Servicio de Ciudadanía e Inmigración de los Estados Unidos (US Citizen and Immigration Services —USCIS—), así como a aquellos a quienes posteriormente los USCIS remiten su solicitud a la Oficina Ejecutiva de Revisión de Inmigración (Executive Office of Immigration Review —EOIR—). El proceso de asilo defensivo se aplica a las personas en proceso de deportación que comparecen ante la EOIR y a las que solicitan asilo en las fronteras y puntos de entrada de Estados Unidos (Ward y Batalova, 2023).

Cada año, el presidente, en consulta con el Congreso, establece el límite máximo anual de admisión de refugiados y las asignaciones por región de origen. Para el año fiscal 2020, la administración de Trump estableció el límite más bajo desde la creación formal del programa de reasentamiento en 1980: 18 000 refugiados (Ward y Batalova, 2023).

Actualmente la administración del presidente Biden fijó el límite máximo en 125 000 personas para los años fiscales 2022 y 2023,

---

otras circunstancias que hayan perturbado gravemente el orden público y, en consecuencia, requieren protección internacional. Véase, por ejemplo, Organización de las Naciones Unidas (1951).

lo que representa un aumento del límite enmendado de 62 500 para 2021 (originalmente fijado en 15 000 por la administración de Trump).

De acuerdo con cifras de las Naciones Unidas, en 2020 Estados Unidos y Canadá en conjunto registraron alrededor de 58.7 millones de personas migrantes; es decir, 20.9% del total de la población migrante internacional, por mucho la cifra más alta del mundo. De estos, unos 25.5 millones provenían de Latinoamérica y el Caribe, cifra que representa 43.5% de los migrantes en ambos países (ONU, s. f.).

La realidad es que Estados Unidos y Canadá —aunque este último a menor escala— siguen siendo los destinos más importantes para los migrantes, los cuales proceden no solo de nuestra región o continente, sino de un rango de países cada vez más amplio.

En 2020, residían en Estados Unidos alrededor de 51 millones de personas nacidas en el extranjero, y Canadá tenía más de ocho millones de migrantes, una cifra que, aunque muy inferior a la de Estados Unidos, situó a ese país en el octavo lugar entre los principales países de destino de migrantes del mundo. En Estados Unidos, estas personas proceden tradicionalmente de América Latina, el Caribe y Asia, en particular de países como México, India y China. Mientras tanto, la mayoría de los migrantes de Canadá proceden de India, China y Filipinas (McAuliffe y Triandafyllidou, 2021: 118).

En la actualidad, aunque los residentes nacidos en México siguen representando la mayor población de migrantes en Estados Unidos, su proporción ha ido disminuyendo con el tiempo, a la vez que aumentan los migrantes de países como República Dominicana, China, Filipinas y El Salvador (Ward y Batalova, 2023). También se ha registrado un incremento notable de las poblaciones de migrantes procedentes de Venezuela, Afganistán y de diversos países de África, cuyas tasas de crecimiento han figurado entre las más altas del último decenio (Ward y Batalova, 2023).

Esta combinación de factores de alta atracción y dificultad de acceso a Estados Unidos ha creado una situación un tanto complicada, ya que la región, principalmente México, se ha convertido en una de las principales geografías de origen, tránsito y destino de migrantes en el mundo.

México, que históricamente se había configurado como el principal país de origen de los migrantes residentes en Estados Unidos, ahora se ha convertido en el principal corredor en la ruta migratoria de personas centroamericanas y de otras nacionalidades que transitan con rumbo a ese país, y se ha vuelto un espacio de intensa migración temporal y transfronteriza (Morales, 2016). México hoy en día constituye un importante lugar de convergencia de múltiples flujos migratorios, predominantemente de naturaleza irregular. Se estima que entre 2010 y 2017 el número de personas en tránsito irregular por México registró un incremento de más del doble, con lo que paso de 128 000 eventos a casi 297 000 (UPMRIP, 2019).

Esta situación se complicó aún más, primero por los efectos de la llegada de Donald Trump a la presidencia de Estados Unidos en 2017, y en 2020 a causa de la pandemia por covid-19.

La presidencia de Donald Trump tuvo en la mira el tema migratorio desde sus primeros momentos.[3] En total, durante los cuatro años de la administración de Trump, entre enero de 2017 y 2021, se efectuaron más de 400 modificaciones a la política de inmigración, incluso algunas después de las elecciones de 2020. En su conjunto, las acciones ejecutivas, la orientación de políticas y el cambio del marco regulatorio remodelaron prácticamente el sistema de inmigración de Estados Unidos.

Por su parte, la pandemia por covid-19, una gran emergencia de salud pública, afectó la migración por sus efectos económicos y por las reacciones políticas hacia la migración en los países de origen, tránsito y destino.

---

[3] Durante su discurso de anuncio presidencial el 16 de junio de 2015, Donald Trump dijo: "Cuando México envía a su gente, no están enviando lo mejor. No te están enviando a ti. No te están enviando a ti. Están enviando personas que tienen muchos problemas y traen esos problemas con nosotros. Están trayendo drogas. Están trayendo el crimen. Son violadores. Y algunos, supongo, son buenas personas".

Entre los muchos impactos de la pandemia en el mundo, hubo importantes interrupciones en la movilidad humana, incluida una suspensión casi sin precedentes de la migración a través de las fronteras internacionales. La División de Población de las Naciones Unidas estima que la población de migrantes internacionales se redujo en aproximadamente dos millones a mediados de 2020, lo que detuvo el crecimiento significativo observado en las últimas dos décadas (ONU, 2020). Sin embargo, el movimiento transfronterizo se reavivó en 2021 y 2022, ayudado por el fin de los confinamientos, y con la disponibilidad de vacunas se reanudó la motivación para que las personas se trasladasen en busca de seguridad, trabajo, reunificación familiar, educación o asistencia humanitaria (Batalova, 2022, 21 de julio).

Así, la movilidad humana en la región se puede explicar en gran parte por esta serie de factores:

a) migrantes tratando de entrar a un país con una lógica de seguridad total en las fronteras, pero donde sigue habiendo muchísimos empleos en el interior;

b) creando en gran medida un creciente número de migrantes en condición "irregular", impulsados por fuerzas de seguridad y económicas, pero inhabilitados de la posibilidad de ser incluidos dentro de un flujo de migración "seguro, ordenado y regular";

c) lo anterior complicado por la presidencia extraordinariamente antiinmigrante de Trump, y por la pandemia por covid-19.

LA POLITIZACIÓN DEL TEMA DE LA INMIGRACIÓN

Las siguientes preguntas son fundamentales: ¿por qué el tema de la migración se ha vuelto tan difícil en Estados Unidos? ¿Por qué el sistema político de Estados Unidos no ha podido implementar una legislación migratoria integral desde 1986, cuando el presidente

Ronald Reagan firmó la Ley de Reforma y Control de Inmigración (Immigration Reform and Control Act —IRCA—), que regularizó la situación de más de tres millones de migrantes indocumentados, la mayoría (unos 2.3 millones) mexicanos?[4] La respuesta breve es que la inmigración se convirtió en víctima de la atmósfera política cada vez más polarizada del país. Pero fue más que eso: si bien estuvo lejos de ser el único tema que sufrió el destino de politizarse, sus propias características lo convirtieron en un representante de muchos de los factores económicos y sociales subyacentes que han impulsado lo que a menudo se ha caracterizado como una era de acritud (Dimock *et al.*, 2014). Al mismo tiempo, la época después de los ataques del 11 de septiembre en 2001 dio un ímpetu adicional de securitización al tema migratorio, en especial después de que estas funciones se dieron al nuevo Departamento de Seguridad Nacional (Department of Homeland Security —DHS—).

Durante la mayor parte del siglo XX, la inmigración había dividido internamente a cada uno de los dos partidos, con sus respectivos electorados económicos y culturales tirando en direcciones opuestas, y así creando una especie de balance político. Entre los republicanos, eran los intereses económicos (es decir, las corporaciones) que empujaban a su partido a apoyar la inmigración. Mientras tanto, los principales constituyentes culturales de los republicanos (los conservadores sociales) tendían a estar en contra de la inmigración. Por su parte, entre los demócratas tales intereses económicos, o sea laborales, generaban resistencia al incremento de la inmigración, mientras que sus electorados culturales (las minorías y sus aliados) respaldaban políticas de apoyo a la inmigración.

Sin embargo, en los albores del siglo XXI estas posiciones tradicionales sobre la inmigración comenzaron a cambiar cada vez más bajo la embestida de importantes cambios económicos, sociales y

---

[4] Para más información, véase Immigration Reform and Control Act (IRCA) (1986), en Immigration History. Consultado en https://immigrationhistory.org/item/1986-immigration-reform-and-control-act/.

demográficos, y con ellos el cálculo de costo-beneficio dentro de cada partido.

Entre los demócratas, los sindicatos, enfrentados durante mucho tiempo, reconocieron que los inmigrantes representaban su principal fuente de nuevos miembros; por eso, en febrero de 2000 el Consejo Ejecutivo de la AFL-CIO aprobó una resolución que apoya la legalización de todos los trabajadores no autorizados (AFL-CIO, 2000).

Entre los republicanos, los eventos del 11 de septiembre y la posición económica cada vez más tensa de las clases medias movilizaron con rapidez a su base culturalmente conservadora, lo que limitó de manera significativa los intereses comerciales del Partido Republicano. Los cambios demográficos, en especial entre el electorado, también desempeñaron su papel: el número de minorías continuó aumentando a gran velocidad, mientras que la población blanca comenzó a envejecer, lo que provocó una reducción proporcional entre la población general y, dentro de la próxima década, una disminución proyectada en números absolutos (U. S. Census Bureau, s.f.). Por lo tanto, la creciente proporción de minorías fortaleció el apoyo de los demócratas a la inmigración, mientras que los temores de desplazamiento económico y de cambio cultural y étnico inminente entre una población blanca que envejece parecen haber fortalecido la tendencia de los republicanos hacia la oposición (Kimmel, 2013).

Para los republicanos, la oposición a la inmigración ha sido beneficiosa para movilizar y energizar a su base, pero al costo potencial de perder a los grupos de votantes de más rápido crecimiento: los latinos y los asiático-estadounidenses. Esto no se debe tanto a que la mayoría de estos votantes políticos consideren la inmigración como su principal problema; hay una larga historia en Estados Unidos de resistencia étnica a una mayor migración, incluso de personas de la misma etnia. Más bien, es la forma en que se habla de la inmigración lo que deja la impresión muy clara de que lo que se está discutiendo no es el hecho de la inmigración *per se*, sino la "aptitud" de sus etnias para ser parte de la sociedad estadounidense. El alboroto con los comentarios de Donald Trump sobre los mexicanos en el periodo previo a las primarias republicanas para las elecciones de 2016 es un buen ejemplo; parece que su ascenso se debió en gran parte a hacer explícitos los sentimientos no expresados de una parte considerable de la base republicana.

Por lo tanto, el Partido Republicano está atrapado en una dinámica que —dados los cambios demográficos— recompensa a corto plazo la oposición a la inmigración, aunque mantener esta postura represente riesgos a largo plazo. Sacar al Partido Republicano de esta posición se ha complicado por el surgimiento en 2010 de la facción del Tea Party (Partido del Té), la cual se convirtió con Donald Trump en el movimiento MAGA (Make America Great Again). El tema de la inmigración se ha utilizado como un indicador de las preguntas sobre qué hacer con los cambios culturales y demográficos masivos en la sociedad estadounidense que parecen estar alimentando la guerra cultural dentro del partido. Y, con el populismo de Trump, la base republicana ha reaccionado a su xenofobia exigiendo una postura cada vez más dura sobre la inmigración. Es por esto que los republicanos han insistido constantemente, desde las elecciones de 2020, que la frontera con México está "fuera de control", y una serie de políticos republicanos han impugnado en las cortes casi todos los cambios que la administración Biden ha tratado de hacer con respecto a las leyes de la época de Trump.

En cambio, para los demócratas esta ha sido una propuesta de valor relativamente clara. Están consolidando con rapidez la mayor parte del voto minoritario en expansión, el cual en lo interno ha creado pocas divisiones. La mayoría de su electorado económico central depende y, cada vez más, consiste en inmigrantes. Al mismo tiempo, su electorado cultural central, las mujeres, los jóvenes y las minorías, puede tener preocupaciones, pero poco miedo, del impacto étnico o cultural de los inmigrantes.

LA PRESIDENCIA DE DONALD TRUMP

No es exagerado decir que el presidente Trump hizo de la inmigración la pieza central de su campaña de 2016, así como de las elecciones intermedias de 2018. Ya en los comicios de 2020 habló menos sobre el tema, pero tal vez porque las elecciones se vieron superadas por la pandemia, la cual mató a cientos de miles de estadounidenses y diezmó la economía. Aun así, la única política de salud pública que verdaderamente apoyó fue la del uso del Título 42 para impedir la posibilidad de que los migrantes pidieran asilo. En sentido opuesto, Trump minimizó el virus mientras este arrasaba Estados Unidos, convirtiéndose en una de las principales causas de muerte del país (Phillips y Sacchetti, 2022).

En sus primeros días, la administración de Trump negó visas a ciudadanos de varias naciones de mayoría musulmana (la "prohibición musulmana") y erigió más de 650 kilómetros de un muro de acero de nueve metros a lo largo de la frontera sur, en gran parte un reemplazo un poco más resistente de lo que ya estaba allí.

Pero las herramientas más importantes de la administración de Trump fueron los mecanismos para dificultar que los migrantes pudieran solicitar asilo: la política de medición, los programas Tolerancia Cero y Migrant Protection Protocols (MPP), además del uso del Título 42. Todo esto es importante porque la ley federal indica que las personas que pisan suelo estadounidense tienen el derecho de solicitar asilo. Además, muchas de estas políticas violaban el principio internacional de no enviar personas a países donde puedan ser perseguidas.

Casi de inmediato, la nueva administración amplió la política de medición (*metering*), con la cual los funcionarios de la Oficina de Aduanas y Protección Fronteriza (Customs and Border Protection —CBP—) ordenaban a solicitantes de asilo que aún no habían cruzado la frontera con Estados Unidos que permanecieran en México si no había suficiente espacio o recursos en el puerto de entrada de Estados Unidos para un procesamiento ordenado. La CBP informaba diariamente a las autoridades mexicanas cuántos solicitantes de asilo podían dejar pasar. En general, organismos no gubernamentales o grupos informales de migrantes en cada localidad crearon y mantuvieron "listas de espera" que identificaban a los solicitantes de asilo en orden de llegada. Mientras tanto, quienes quisieran pedir asilo tenían que esperar en México (Congressional Research Service, 2022, 8 de marzo).

En enero de 2017, la administración de Trump lanzó un programa piloto para separar a los niños en la frontera de sus padres y familias. El 7 de mayo de 2018 el fiscal general, Jeff Sessions, presentó oficialmente el programa denominado Tolerancia Cero (Departamento de Justicia de Estados Unidos, 2018). Según la política, los adultos que ingresaran a Estados Unidos desde la frontera sur serían procesados por entrar de modo ilegal. Sin embargo, dado que los niños no pueden ser encarcelados con sus padres u otros miembros de la familia, los menores fueron puestos bajo custodia federal, a menudo lejos de la frontera (Diaz, 2021). El número total de separaciones familiares conocidas entre enero de 2017 y junio de 2018 fue de más de 4 000 (Dickerson, 2022).

A medida que comenzaron a circular los detalles del programa, la amplitud de las violaciones de los derechos humanos provocó rápidamente una crisis, lo que llevó a que finalizara de manera extraoficial después de ocho semanas, aunque solo se canceló de modo oficial al comienzo de la administración de Biden, el 26 de enero de 2021.

En enero de 2019, la administración de Trump lanzó un nuevo programa llamado Protocolos de Protección de Migrantes (Migrant Protection Protocols), también denominado Quédate en México (Remain in Mexico). Bajo el MPP, las personas que llegaban a la frontera sur y solicitaban asilo (ya fuera en un puerto oficial de entrada o después de cruzar la frontera entre puertos de entrada) recibían avisos para comparecer ante la corte de inmigración y eran enviadas de regreso a México. Se les indicaba que regresaran a un puerto de entrada específico —el cual podía ser diferente (y hasta el otro extremo de la frontera) de donde comenzaron el proceso—, en una fecha y hora específicas, para su próxima audiencia en la corte (American Immigration Council, 2022).

Cabe señalar que el MPP es distinto de la política de medición, ya que esta se aplicaba antes de cruzar la frontera y el MPP se utilizaba mientras se "examinaba" la solicitud de asilo (Congressional Research Service, 2022, 8 de marzo).

El MPP se utilizó para regresar a México a casi 70 000 migrantes antes de que fuera suspendido, al igual que la política de medición, a raíz de la pandemia, la cual llevó a la imposición del Título 42.

El surgimiento de la pandemia por covid-19 en 2020 le dio a la administración de Trump un arma adicional para combatir la entrada de migrantes irregulares, específicamente aquellos que insistían en su derecho de pedir asilo. Con la excusa de controlar la transmisión de una grave enfermedad, una que se podría acelerar en los espacios cerrados y congestionados de las estaciones de procesamiento de la CBP, se reintrodujo una antigua ley de salud pública de la década de 1940, el Título 42. Esta ley faculta a las autoridades sanitarias federales a prohibir el ingreso de migrantes al país si se determina que hacerlo podría prevenir la propagación de enfermedades contagiosas.

La administración de Trump, a través de los Centros de Control y Prevención de Enfermedades (Centers for Disease Control and Prevention —CDC—), invocó el Título 42 de la Sección 265 del Código de Estados Unidos el 21 de marzo de 2020, al comienzo del brote de coronavirus. Según esta orden,

La CBP prohíbe la entrada de ciertas personas que potencialmente representan un riesgo para la salud, ya sea por estar sujetas a restricciones de viaje previamente anunciadas o porque ingresaron ilegalmente al país para eludir las medidas de detección de salud. Para ayudar a prevenir la introducción de covid-19 en las instalaciones fronterizas y en los Estados Unidos, las personas sujetas a la orden no serán retenidas en áreas de congregación para su procesamiento, sino, al contrario, serán expulsadas de inmediato al país de último tránsito (U. S. Customs and Border Protection, s. f.).

No solo se utilizaba el Título 42, ya que seguía en vigor la ley que se aplicaba de manera habitual, el Título 8. Pero, aunque el uso del Título 8 potencialmente conlleva consecuencias más severas, el proceso lleva mayor cantidad de tiempo y permite que muchos solicitantes de asilo sean liberados en Estados Unidos mientras esperan su audiencia ante la corte.[5] Por su parte, el Título 42 permitía una expulsión "exprés". Esto es, el uso del Título 42 otorgó a los agentes de la patrulla fronteriza la autoridad de expulsar con rapidez a migrantes que intentaban ingresar a Estados Unidos antes de permitirles buscar asilo dentro del país, ya que bajo el protocolo de esta ley los migrantes son expulsados de inmediato a su país de origen o al país de tránsito más reciente (Gramlich, 2022).

El gobierno también trató de imponer mayores restricciones al programa de visas para trabajadores altamente calificados H-1B, del cual, según se alegaba, abusaban los empleadores estadounidenses para

---

[5] El Título 8 del Código de Estados Unidos identifica los delitos penales federales relacionados con la inmigración y la nacionalidad, en especial los delitos de "entrada ilegal" y "regreso ilegal", o colectivamente "delitos relacionados con la entrada".

La "entrada ilegal" (Sec. 1325) se aplica a las personas que no ingresan con la inspección adecuada en un puerto oficial de entrada, es decir, aquellas que ingresan entre puertos oficiales de entrada, evitan el examen o la inspección, o que hacen declaraciones falsas al ingresar o intentar ingresar. La primera ofensa es un delito menor punible con una multa, hasta seis meses de prisión, o ambos.

El "regreso ilegal" (Sec. 1326) se aplica a las personas que reingresan ilegalmente, intentan reingresar ilegalmente o son encontradas en Estados Unidos después de haber sido deportadas, expulsadas o negada su admisión. Este delito es punible como delito grave con una pena máxima de dos años de prisión.

Decenas de miles de migrantes (y claro, solicitantes de asilo) son objeto de enjuiciamiento penal por estos delitos cada año. Y combinadas, las violaciones de estas dos secciones del Título 8 se han convertido en los delitos federales más perseguidos en los últimos años. Por ejemplo, a finales de 2018 constituían 65% de todos los procesos penales en los tribunales federales.

Para más información, véase American Immigration Council (2021).

reemplazar a los trabajadores con mano de obra extranjera más barata. La actualización reduciría los tipos de trabajos que podrían solicitar los trabajadores extranjeros, al tiempo que exigiría que los empleadores pagaran más a los trabajadores extranjeros; cambios que el gobierno predijo afectarían al menos a un tercio de las peticiones H-1B. También propusieron abandonar el proceso de selección de lotería aleatoria normal para las visas, y en su lugar priorizar los espacios de visa para los empleadores que ofrecieran los puestos mejor pagados.

Aun después de las elecciones, la administración de Trump estaba tratando de poner candados a cambios legales que seguirían afectando la migración. Por ejemplo, se anunciaron cambios al Manual de Políticas del USCIS que empoderarían a los funcionarios federales con más discreción para aprobar solicitudes de inmigración. El gobierno declaró que el nuevo lenguaje haría que las decisiones fueran más consistentes y justas, pero defensores de los inmigrantes reclamaron que los nuevos factores conducirían a tiempos de procesamiento más prolongados y denegaciones adicionales (Kumar, 2020, 30 de noviembre).

Aun así, el presidente Trump no pudo cumplir todas sus promesas en torno a la inmigración. Quizá lo más notable es que no pudo poner fin al programa DACA (Deferred Action on Childhood Arrivals o Acción Diferida para Ingresantes Infantiles), que ha ofrecido permisos de trabajo a cientos de miles de inmigrantes que llegaron ilegalmente a Estados Unidos cuando eran niños.[6]

LA PRESIDENCIA DE JOE BIDEN

El presidente electo Joe Biden prometió revertir de inmediato las políticas de inmigración restrictivas de la administración de Trump. Pero la realidad política actual indica que llevará años cumplir esa promesa. Un

---

[6] Trump intentó acabar con el programa en su primer año, pero la Corte Suprema rechazó su propuesta de acción ejecutiva.

proceso regulatorio largo y engorroso ha provocado demoras en cambiar las reglas. Meses de desafíos legales han puesto en peligro o negado órdenes ejecutivas. Además, los recalcitrantes miembros republicanos del Congreso han utilizado la situación fronteriza cambiante para crear continuamente dificultades políticas, en particular desde que obtuvieron el control de la Cámara de Representantes en las elecciones intermedias de 2022. De hecho, la situación en la frontera con México ha sido uno de los temas políticos más peligrosos para el presidente Biden (*The Washington Post-ABC News*, 2022).

Al asumir la presidencia, Biden derogó de inmediato la "prohibición musulmana", detuvo la financiación destinada al muro fronterizo sur y acabó una moratoria de trabajadores extranjeros implementada durante la pandemia. Canceló oficialmente la política de Tolerancia Cero el 26 de enero de 2021. Días después, el presidente Biden firmó una orden ejecutiva formando un Grupo de Trabajo de Reunificación Familiar, para seguir rastreando y reuniendo a las 1 500 familias que permanecían separadas después de más de dos años del final efectivo del programa Tolerancia Cero (Office of the Federal Register, National Archives and Records Administration, 2021).

Pero otros pasos han mostrado ser más difíciles de tomar. Por ejemplo, Biden ha querido aumentar las admisiones de refugiados de 15 000 a 125 000 por año, pero se necesita tiempo para desarrollar una vez más la capacidad necesaria para aceptar tal aumento.

El MPP por fin fue oficialmente cancelado después de que el presidente Biden asumió el cargo, y se peleó el tema en las cortes. En agosto de 2021, un tribunal federal de Texas ordenó al DHS restablecer el MPP. El 3 de diciembre de 2021 la administración de Biden restableció de manera formal el MPP y comenzó a enviar personas de regreso a México bajo el llamado MPP 2.0 el 6 de diciembre de 2021. Al final la Suprema Corte falló a favor de la administración el 30 de junio de 2022.[7]

---

[7] "La rescisión del MPP por parte del gobierno no violó la sección 1225 de la INA [Ley de Inmigración y Naturalización de Estados Unidos], y los memorandos del 29 de octubre constituyeron una acción final de la agencia".

Más al punto, la administración de Biden buscó a principios de 2022 acabar con el uso del Título 42, una política de la época de la pandemia que ha llevado a la patrulla fronteriza a rechazar a cientos de miles de migrantes que han intentado ingresar a Estados Unidos por la frontera con México durante los últimos dos años. La medida de la administración para poner fin a la política del Título 42 ha sido aplaudida en algunos rincones y criticada en otros, y los opositores a esa decisión la desafiaron en los tribunales y en el Congreso, hasta que el final oficial del estado de pandemia, el 11 de mayo de 2023, terminó con el Título 42.

LOS NÚMEROS

Analizando los números entre 2020 y 2023, podemos ver los efectos tanto de la pandemia como de la administración de Trump particularmente en el uso y los efectos del Título 42 (U. S. Customs and Border Protection, s. f.).

· Los datos de encuentros incluyen "detenciones" del Título 8 de la patrulla fronteriza de Estados Unidos (USBP), "inadmisibles" del Título 8 de la Oficina de Operaciones de Campo (Office of Field Operations —OFO—) y "expulsiones" del Título 42 para los años fiscales (de octubre a septiembre) 2020, 2021, 2022 y 2023. Estos datos están disponibles para encuentros fronterizos terrestres de las fronteras norte y sudoeste y nacionales (es decir, ambas fronteras más modos de transporte aéreo y marítimo).

El DHS utiliza el término "encuentros" tanto para las expulsiones como para las detenciones de migrantes: expulsiones en las que los migrantes son removidos de inmediato de Estados Unidos bajo el Título 42, y aprehensiones en las cuales los migrantes son detenidos en Estados Unidos, al menos temporalmente, bajo el Título 8. El término se ha utilizado desde que entró en vigor el Título 42, que, como se señaló antes, permite la expulsión inmediata de cualquier persona que ingrese al país sin autorización, incluidas las personas que tengan la intención de solicitar asilo (Ward y Batalova, 2023).

Por su parte, la USBP ha conservado cierta discreción sobre si procesar a los migrantes bajo el Título 42 o el Título 8, pero la mayoría de los encuentros durante el covid-19 terminaron en expulsión bajo el Título 42.

Es importante resaltar que los encuentros son eventos, no individuos. En otras palabras, se puede encontrar al mismo individuo más de una vez, pero cada encuentro se cuenta por separado. La tasa de reincidencia ha aumentado considerablemente desde que comenzó la política de expulsiones del Título 42, dado que los migrantes interceptados no están siendo sometidos a procedimientos formales de deportación que podrían desencadenar sanciones penales en un futuro reingreso. Esto porque aquellos que son deportados bajo el Título 8 no pueden intentar reingresar durante cinco años bajo pena de confinamiento, mientras que aquellos expulsados bajo el Título 42 podían tratar de reingresar sin mayores consecuencias (Ward y Batalova, 2023).

De acuerdo con los datos de la CBP, entre el año fiscal 2020 y los seis meses que han corrido del año fiscal 2023, el número de encuentros creció vertiginosamente a partir del primer año de la pandemia. En el año fiscal 2020 se reportaron 624 000 encuentros, seguidos por 1.95 millones en el año fiscal 2021—un incremento de 300%—. En el año fiscal 2022, el número de encuentros ascendió a 2.75 millones —141% más que el año anterior—. Finalmente, en la primera mitad del año fiscal 2023 se reportaron 1.54 millones de encuentros, lo que significa que, si sigue aumentando a ese ritmo, el total de encuentros acabará en unos 3 millones, o una alza de 112% con respecto al año anterior.

Como sería de esperarse, estas cifras cambian significativamente entre la frontera con México, la frontera con Canadá y los medios de transporte (marítimos y aéreos). En el transcurso de cuatro años en la frontera sur hubo 5.78 millones de encuentros, representando 84% de los 6.88 millones de encuentros reportados a nivel global. Los medios de transporte aéreo y marítimos reportaron el segundo total más grande de encuentros, un poco menos de 849 000, y la frontera norte reporta por mucho la cantidad más pequeña de encuentros: 253 000.

En términos de países, México es por mucho el país de mayor procedencia, con 2.2 millones de encuentros a través de los tres años y seis meses que abarcan los datos. Naturalmente, la preponderante mayoría de los encuentros, un total de casi 5.8 millones, se dieron en la frontera entre México y Estados Unidos.

Aunque ningún país se acerca a México en número de encuentros, si tomamos el conjunto de países latinoamericanos, Colombia, Cuba, Ecuador, El Salvador, Guatemala, Haití, Honduras, Nicaragua y Venezuela, vemos que los ciudadanos de estos países sobrepasaron a los mexicanos después del año fiscal 2020. Así, mientras que se registraron 309 000 encuentros de mexicanos y 140 000 encuentros de personas provenientes de otros países latinoamericanos en 2020, para el siguiente año ya habían rebasado a México (675 000) los encuentros de otros países latinoamericanos (904 000). La tendencia siguió en 2022, con 823 000 encuentros con mexicanos y 1.3 millones con otros latinoamericanos. El primer semestre del año fiscal 2023 cierra con 390 000 encuentros con ciudadanos mexicanos y 572 000 con otros ciudadanos latinoamericanos.

Entre los demás países latinoamericanos destacan los ciudadanos de Honduras, con un total de 656 000 encuentros desde 2020 hasta la mitad de 2023; Guatemala, con 653 000; Cuba, con 413 000; Venezuela, con 339 000, y Nicaragua, con 322 000.

Las motivaciones de los migrantes que buscan entrar a Estados Unidos varían, pero en general el rápido aumento en llegadas en los últimos tres años refleja impactos económicos desiguales de la pandemia por covid-19; crisis en las Américas, incluido el gran desplazamiento desde Cuba, Haití, Nicaragua y Venezuela, así como la violencia en curso en América Central; la persecución política y otros factores que impulsan la emigración de China, India, Rusia y Turquía; la guerra de Ucrania, y el cambio de administración presidencial de Estados Unidos. Y tal vez dando la percepción de una ventana de oportunidad única, redes de contrabando cada vez más sofisticadas, entre muchos otros factores.

¿QUÉ SIGUE?

En una situación política normal, la solución requeriría una reforma integral del código de migración que no se ha dado en décadas. Debería ser un proyecto de ley que incorporara las prioridades de ambos partidos para reformar el sistema de inmigración para mejorarlo. Si bien habría detalles a negociar, es casi seguro que tal reforma integral del régimen migratorio implicaría una confirmación más estricta del estatus legal de los trabajadores; un camino a la ciudadanía para los "soñadores" llevados a los Estados Unidos de niños y otros migrantes indocumentados residiendo en el país por mucho tiempo; una reforma al programa de trabajadores invitados para que las personas puedan ir a Estados Unidos temporalmente a trabajar y después regresar a sus países de origen; un aumento en la inmigración legal y, como siempre, una mayor financiación de la seguridad fronteriza.

Pero, entonces, ¿cuál es la situación actual? Si bien el gobierno de Biden trató de eliminar el MPP, el programa entró en una rebatinga judicial impulsada por los fiscales de los estados de Texas y Missouri, cuando demandaron al gobierno federal por haber violado la Ley de Procedimiento Administrativo y pidieron que el programa se restableciera, lo cual se hizo hasta que la Corte Suprema falló a favor del presidente.

Siguiendo con sus planes de renovación de las leyes migratorias heredadas de la administración de Trump, el presidente Biden comunicó en abril de 2022 la eliminación del uso del Título 42, que también entró en discusiones político-legales, hasta que el final oficial de la pandemia, el 11 de mayo de 2023, puso fin al debate. Al final, más de 2.6 millones de personas fueron expulsadas bajo la política del Título 42 (Blanco *et al.*, 2023).

Sin embargo, la conclusión del Título 42, aunada a un flujo sin precedentes, causó miedo en la administración, ya que este acto podría generar problemas significativos en la frontera al llevar a más personas a tratar de entrar a Estados Unidos de manera irregular. Esto llegó en un momento muy sensible, dadas las acusaciones por parte de los republicanos de que la frontera está "fuera de control".

Entre los planes de la administración de Biden para lidiar con el número récord de personas que se espera seguirán cruzando ilegalmente la frontera con México están los siguientes:

- La apertura de "centros regionales de procesamiento" en Colombia y Guatemala, y eventualmente en otros lugares, donde los funcionarios estadounidenses, en colaboración con la Oficina del Alto Comisionado de las Naciones Unidas para los Refugiados y la Organización Internacional para las Migraciones, dirigirán a los migrantes al reasentamiento de refugiados en Estados Unidos, Canadá o España.
- Al ya no poder expulsar rápida y fácilmente a los solicitantes de asilo dada la terminación del Título 42, Estados Unidos llegó a un acuerdo con México por el cual hasta 30 000 migrantes de cuatro países (Venezuela, Nicaragua, Cuba y Haití) pueden ser enviados a México cada mes para no tener que regresarlos a sus países de origen (Miroff, 2023).
- Al mismo tiempo, Estados Unidos se compromete a permitir la entrada de un número semejante de ciudadanos de estos países a través de un mecanismo de libertad condicional para aquellos que tengan familiares en el país (Sacchetti y Miroff, 2023).
- Se está lanzando una nueva plataforma en línea para que los migrantes puedan solicitar citas tanto en los centros de procesamiento regionales como dentro de Estados Unidos. Esta aplicación está diseñada para reemplazar la problemática y muy criticada CBP One, dando prioridad a aquellos que han esperado más tiempo.

- Se han propuesto cambios a la ley federal de migración. En la actualidad, por lo menos en teoría, cualquier persona que ponga un pie en territorio estadounidense y exprese temor de regresar a su país de origen puede solicitar protección humanitaria. Las nuevas modificaciones suponen que las personas no son elegibles si ingresaron ilegalmente a los Estados Unidos (o sea que no se encuentren en un puerto oficial de entrada) o pasaron por un país donde podrían haber solicitado asilo, pero no lo hicieron (Sacchetti y Miroff, 2023).
- Además, las agencias del Departamento de Seguridad Nacional (CBP, USBP, etc.) están intensificando la aplicación de la ley, expandiendo instalaciones de detención, instalando miles de nuevas camas y más vuelos de deportación. El Departamento de Salud y Servicios Humanos (Department of Health and Social Services —DHHS—) también está aumentando su capacidad en la frontera, para albergar a niños y adolescentes migrantes no acompañados que han estado cruzando la frontera en cantidades récord (Sacchetti y Miroff, 2023).
- Y, por si fuera poco, se están enviando 1 500 soldados a la frontera con México para sumarse a los 2 500 elementos de la Guardia Nacional desplegados, con el fin de ayudar a la CBP con la vigilancia e ingreso de datos. Las tropas se unen a oficiales de asilo, médicos y 24 000 oficiales y agentes del DHS (Sacchetti y Miroff, 2023).

Algunos funcionarios pensaban que terminar con el Título 42 podría alentar implícitamente a más inmigrantes a ir en busca de asilo, con la esperanza de obtener un permiso temporario para residir en Estados Unidos. Pero los cruces indocumentados habían disminuido a menos de 5 000 por día después de la cancelación del Título 42. A pesar de los temores de los funcionarios, una serie de migrantes entrevistados a lo largo de la frontera mencionaron el 11 de mayo como una fecha límite para llegar a los Estados Unidos. Citaron advertencias de funcionarios estadounidenses de que la política de pandemia sería reemplazada por medidas más duras, que incluían deportaciones aceleradas (Miroff, Sacchetti e Hinojosa, 2023).

MIENTRAS TANTO, EN MÉXICO

Cabe señalar que México tiene una definición de refugiado más amplia que Estados Unidos y la Convención de Refugiados de la Organización de las Naciones Unidas (ONU) de 1951. México reconoce la Declaración de Cartagena de 1984, bajo la cual el derecho de asilo puede ser otorgado cuando existe "violencia generalizada; agresión extranjera; conflictos internos; violaciones masivas de los derechos humanos; y demás circunstancias que conduzcan a una grave perturbación del orden público" (ACNUR, 2001). Como resultado, muchos de los migrantes que llegan a México desde el Triángulo del Norte podrían calificar como refugiados.

Aun así, México ha tenido que lidiar con presiones de los Estados Unidos para limitar el número de migrantes que llegan a la frontera norte. Desde 2014, con apoyo de Estados Unidos, México ha establecido bases navales en sus ríos, cordones de seguridad al norte de sus fronteras con Guatemala y Belice y vigilancia con drones. Agentes del Instituto Nacional de Migración (INM) han aumentado los operativos a lo largo de las rutas del tren y en las estaciones de autobuses. Y el Departamento de Estado ha gastado más de 58.5 millones de dólares en fondos de la Iniciativa Mérida para apoyar los esfuerzos de control de inmigración y seguridad fronteriza de México (Congressional Research Service, 2022, 3 de enero).

Desde antes de asumir la presidencia, Andrés Manuel López Obrador ya había criticado la Iniciativa Mérida, y como presidente ha reducido la cooperación federal en materia de seguridad con Estados Unidos, aunque con una excepción importante: la aplicación de la ley migratoria (Congressional Research Service, 2022, 12 de diciembre).

En diciembre de 2018, el presidente López Obrador asumió el cargo, respaldando un enfoque humanitario de la migración y comprometiéndose a promover el desarrollo de Centroamérica como una solución a la migración no autorizada. Pero muy pronto, el 30 de mayo de 2019, Donald Trump amenazó con que "hasta que se detuviera el flujo de migrantes indocumentados" su gobierno impondría un arancel de 5% a todos los productos mexicanos destinados a Estados Unidos. Antes Trump ya había amenazado con enviar militares a la frontera con México (Instituto Nacional de Migración, 2021).

Y efectivamente, el 7 de junio México llegó a un acuerdo con Estados Unidos bajo el cual intensificaría la aplicación de leyes migratorias y recibiría un número más elevado de inmigrantes en espera de sus audiencias de asilo. Según el acuerdo: "Dado el dramático aumento de migrantes que se mueven desde Centroamérica a través de México hacia los Estados Unidos, ambos países reconocen la vital importancia de resolver con rapidez la situación de seguridad y emergencia humanitaria. Los gobiernos de los Estados Unidos y México trabajarán juntos para implementar de inmediato una solución duradera" (Fredrick, 2019).

Aparentemente, la promesa principal del gobierno mexicano fue desplegar a la Guardia Nacional, aunque esta aún no se había creado oficialmente. Poco más de una semana después, el 18 de junio de 2019, el gobierno de México inició el despliegue de las Fuerzas Armadas en la frontera con Guatemala y Belice (Fredrick, 2019).

Trump, aparentemente satisfecho, anunció que sus amenazas habían dado resultado y que había alcanzado un acuerdo en materia migratoria con México, por lo que suspendió la aplicación de aranceles (Pérez y Lucey, 2019).

Desde entonces, el gobierno de México ha adoptado una línea más dura con respecto a la migración. Han aumentado las aprehensiones de migrantes y se ha restringido el acceso a visas humanitarias, particularmente para aquellos que viajan en caravanas. Pero México también comenzó a imponer restricciones a las visas de turista de ciertos países en 2021, para limitar la inmigración irregular

(Oquendo, 2023). Desde entonces, más personas han estado haciendo el viaje a través de Sudamérica y Centroamérica, lo cual implica cruzar el Darién, una ruta muy peligrosa. Por ejemplo, la mayoría de los migrantes ecuatorianos, colombianos y hasta venezolanos que intentaban llegar a la frontera entre Estados Unidos y México solían viajar a México como turistas y luego se dirigían hacia ese punto (Gonzalez, 2023).

Pero no son solo los migrantes latinoamericanos los que ahora intentan el viaje. También hay evidencia de que ciudadanos de la India (Debusmann, 2022) y de China (Dong, 2022) están entrando en cantidades cada vez más elevadas a través de esa ruta.

En consecuencia, hoy los migrantes han comenzado a tomar rutas más peligrosas, incluso más que en episodios anteriores de fortalecimiento de las fronteras (Congressional Research Service, 2022, 3 de enero).

La estrategia del presidente López Obrador tiene como eje el Plan de Migración y Desarrollo de las Fronteras Norte y Sur. Este plan se puso en marcha en junio de 2019 y comprende dos operaciones simultáneas: en la frontera sur, para disuadir el paso de personas migrantes, y en el norte, para impedir que abandonen el territorio nacional. El objetivo es impedir que los migrantes se acerquen a Estados Unidos (Nájar, 2022).

Para lograr esto, el gobierno del presidente López Obrador emprende una inédita estrategia militar con el fin de contener la migración irregular que viene del sur. En 2019 la Secretaría de la Defensa Nacional (Sedena) informó el despliegue de 8 715 elementos de las Fuerzas Armadas para vigilar las dos fronteras. Para abril de 2022 el número aumentó a 28 542: más de tres veces la cifra original, incluidos elementos de la Guardia Nacional, pero también del Ejército, la Secretaría de Marina y la Fuerza Aérea. Y esto no es todo. Desde 2020 se designaron militares, en activo o retirados, como responsables de la mayoría de las delegaciones estatales del INM (Nájar, 2022).

A pesar de las dimensiones del despliegue, López Obrador no es el primer presidente que utiliza a las Fuerzas Armadas para contener la migración, pero sí es el plan de mayor envergadura visto en México.

¿Y EL FUTURO?

Cabe preguntarse por qué un presidente que comenzó su mandato con un enfoque humanitario hacia la migración ha desplegado todos los cambios de leyes y un alto porcentaje de las fuerzas del Estado para contener a los migrantes. En parte es obvio que las amenazas extremas de Trump forzaron una posición más enérgica. Sin embargo, no es claro por qué este esfuerzo no solo continúa, sino que se sigue expandiendo durante la presidencia de Biden.

Una probable explicación es que el presidente López Obrador haya encontrado una oportunidad para contrarrestar la asimetría de las relaciones bilaterales en el hecho de que la frontera con México represente el mayor peligro político para Biden. Esto es, mientras más se ciña el gobierno mexicano a los deseos del vecino del norte en el tema migratorio, más libertad de acción tendrá en otros temas que generalmente causan fricciones, como el manejo del sector energético, la importación de alimentos transgénicos, las visiones de democracia y los derechos humanos.

Si esto es así y los estadounidenses piensan que, no obstante el estatus de otros temas binacionales, López Obrador es un aliado en temas de migración (Sheridan y Sieff, 2023), la migración irregular seguirá siendo vista con un enfoque casi exclusivo de seguridad. Tal visión augura que el futuro de la movilidad en Norteamérica continuará siendo complicada y, desafortunadamente, una fuente de miseria.

REFERENCIAS

ACNUR (2001), *Guía sobre el derecho internacional de los refugiados*. Consultado en https://www.acnur.org/fileadmin/Documentos/Publicaciones/2012/8951.pdf.

AFL-CIO (2000, 16 de febrero), "Immigration", Washington, D.C., AFL-CIO, Executive Council Statements. Consultado en http://www.afl-cio.org/About/Exec-Council/EC-Statements/Immigration2.

American Immigration Council (2021, 23 de agosto), "Fact Sheet: 'Prosecuting People for Coming to the United States'". Consultado en https://www.americanimmigrationcouncil.org/research/immigration-prosecutions.

American Immigration Council (2022, 7 de enero), "Fact Sheet: The 'Migrant Protection Protocols' ". Consultado en https://www.americanimmigrationcouncil.org/research/migrant-protection-protocols.

Batolava, J. (2022, 21 de julio), Top Statistics on Global Migration and Migrants, Migration Policy Institute. Consultado en https://www.migrationpolicy.org/article/top-statistics-global-migration-migrants.

Blanco, A., S. Granados, H. Dormido *et al.* (2023, 10 de mayo), "Title 42 is Over. Here's How it Works at the Border Now", *The Washington Post*. Actualizado el 12 de mayo 2023. Consultado en https://www.washingtonpost.com/nation/2023/05/10/title-42-title-8-us-mexico-border/?utm_campaign=wp_the_daily_202&utm_medium=email&utm_source=newsletter&wpisrc=nl_daily202.

Bureau of Labor Statistics (2023, 18 de mayo), "Foreign-Born Workers: Labor Force Characteristics — 2022", News Release USDL-23-1013. U.S. Department of Labor, Washington, D. C. Consultado en https://www.bls.gov/news.release/pdf/forbrn.pdf.

Chishti, M., y R. Capps (2021, 26 de mayo), "Slowing U.S. Population Growth Could Prompt New Pressure for Immigration Reform". Migration Policy Institute. Consultado en www.migrationpolicy.org/article/slowing-us-population-growth-immigration-reform.

Congressional Research Service (2022, 12 de diciembre), "U.S.-Mexico Security Cooperation: From the Mérida Initiative to the Bicentennial Framework". Consultado en https://sgp.fas.org/crs/row/IF10578.pdf.

Debusmann Jr., B. (2022, 10 de octubre), "US immigration: Why Indians are Fleeing Halfway Around the World", *BBC*. Consultado en https://www.bbc.com/news/world-us-canada-62893926.

Congressional Research Service (2022, 3 de enero), "Mexico's Immigration Control Efforts". Consultado en https://sgp.fas.org/crs/row/IF10215.pdf.

Congressional Research Service (2022, 8 de marzo), "The Department of Homeland Security's 'Metering' Policy: Legal Issues". Disponible en https://crsreports.congress.gov/product/pdf/LSB/LSB10295.

Departamento de Justicia de Estados Unidos (2018, 6 de abril), "Attorney General Announces Zero-Tolerance Policy for Criminal Illegal Entry", boletín de prensa. Consultado en https://www.justice.gov/opa/pr/attorney-general-announces-zero-tolerance-policy-criminal-illegal-entry.

Diaz, J. (2021, 27 de enero), "Justice Department Rescinds Trump's 'Zero Tolerance' Immigration Policy", *NPR News*. Consultado en https://www.npr.org/2021/01/27/961048895/justice-department-rescinds-trumps-zero-tolerance-immigration-policy.

Dickerson, C. (2022, 7 de agosto), "The Secret History of the U.S. Government's Family-Separation Policy", *The Atlantic Magazine*. Consultado en https://www.theatlantic.com/magazine/archive/2022/09/trump-administration-family-separation-policy-immigration/670604/.

Dimock M., *et al.* (2014, junio), *Political Polarization in the American Public: How Increasing Ideological Uniformity and Party Antipathy Affect*

Politics, Compromise, and Everyday Life, Washington, D.C., Pew Research Center. Consultado en http://www.people-press. org/files/2014/06/6-12-2014-Political-Polarization-Release.pdf.

Dong, M. (2022, 21 de diciembre), "Fleeing China's Covid lockdowns for the US - through a Central American jungle", BBC. Consultado en https://www.bbc.com/news/world-us-canada-64008633.

Fredrick, J. (2019, 13 de julio), "How Mexico Beefs Up Immigration Enforcement To Meet Trump's Terms", *NPR*. Consultado en https://www.npr.org/2019/07/13/740009105/how-mexico-beefs-up-immigration-enforcement-to-meet-trumps-terms.

Gonzalez, J. (2023, 18 de enero), "Why More People are Crossing the Darien Gap, One of the World's Most Treacherous Migration Routes", *Semafor*. Consultado en https://www.semafor.com/article/01/18/2023/why-more-people-are-crossing-the-darien-gap-one-of-the-worlds-most-treacherous-migration-routes.

Gramlich, J. (2022, 27 de abril), "Key Facts About Title 42, the Pandemic Policy that has Reshaped Immigration Enforcement at U.S.-Mexico Border", Pew Research Center, Washington, D.C.. Consultado en https://www.pewresearch.org/short-reads/2022/04/27/key-facts-about-title-42-the-pandemic-policy-that-has-reshaped-immigration-enforcement-at-u-s-mexico-border/.

Instituto Nacional de Migración (2021, 12 de marzo), "Tema Migratorio 130421", Ciudad de México. Consultado en https://www.inm.gob.mx/gobmx/word/index.php/tema-migratorio-130421/.

Kimmel, M. (2013), *Angry White Men: American Masculinity at the End of an Era*, Nueva York, Nation Books.

Kumar, A. (2020, 30 de noviembre), "Behind Trump's Final Push to Limit Immigration", *Politico*. Consultado en https://www.politico.com/news/2020/11/30/trump-final-push-limit-immigration-438815.

McAuliffe, M., y A. Triandafyllidou (eds.) (2021), *Informe sobre las Migraciones en el Mundo 2022*, Ginebra, OIM.

Miroff, N. (2023, 2 de mayo), "Deal with Mexico Will Allow U.S. to Deport Non-Mexicans at Border", *The Washington Post*. Consultado en https://www.washingtonpost.com/nation/2023/05/02/border-deportations-mexico-united-states/.

Miroff, N., M. Sacchetti y A. Hinojosa (2023, 15 de mayo), "Biden Officials Say Border Crossings Down 50 Percent Since Title 42 Lifted", *The Washington Post*. Consultado en https://www.washingtonpost.com/nation/2023/05/15/border-biden-title-42-migrants/.

Morales, A. (2016), "Migraciones laborales y la integración en los mercados de trabajo regionales", en H. Zubieta (coord.), *El sistema migratorio mesoamericano*, México, El Colegio de la Frontera Norte/CIDE.

Nájar, A. (2022), "México: la vieja historia de controlar la migración con militares", en *Bajo la Bota*. Consultado en https://bajolabota.com.mx/contexto-historico-militarizacion.html.

Office of the Federal Register, National Archives and Records Administration (2021, 2 de febrero), "Executive Order 14011-Establishment of Interagency Task Force on the Reunification of Families". Consultado en https://www.govinfo.gov/content/pkg/DCPD-202100110/pdf/DCPD-202100110.pdf.

ONU (1951, 28 de julio), Convención sobre el Estatuto de los Refugiados (Convención de Ginebra), Ginebra, Suiza. Consultado en https://www.acnur.org/fileadmin/Documentos/BDL/2001/0005.pdf?file=fileadmin/Documentos/BDL/2001/0005.

ONU (2018, 30 de julio), Conferencia intergubernamental encargada de Aprobar el Pacto Mundial para la Migración Segura, Ordenada y Regular Marrakech (Marruecos), 10 y 11 de diciembre de 2018, documento final de la Conferencia, Nueva York. Consultado en https://documents-dds-ny.un.org/

doc/UNDOC/GEN/N18/244/50/PDF/N1824450.pdf?
OpenElement.

ONU (2020), *International Migration 2020. Highlights.* Consultado
en https://www.un.org/development/desa/pd/sites/www.
un.org.development.desa.pd/files/undesa_pd_2020_inter-
national_migration_highlights.pdf.

ONU (s. f.), International Migrant Stock 2020. Consultado en https://
www.un.org/development/desa/pd/content/internatio-
nal-migrant-stock.

Oquendo, C. (2023, 13 de enero), "El alarmante incremento de migrantes ecuatorianos cruzando por el Darién", *El País.* Consultado en https://elpais.com/america-colombia/2023-01-13
/el-alarmante-incremento-de-migrantes-ecuatorianos-cru-
zando-por-el-darien.html.

Pérez, S., y C. Lucey (2019, 1 de julio), "Trump Praises Mexico Amid
Record Detention of Migrants", *The Wall Street Journal.*
Consultado en https://www.wsj.com/articles/mexico-de-
tains-record-number-of-migrants-following-deal-with-
u-s-11562017847.

Phillips, A., y M. Sacchetti (2022, 30 de marzo), "What is Title 42?
Explaining the Trump-era Border Policy", *The Washinton Post.*
Actualizado el 20 de diciembre de 2022. Consultado en https:
//www.washingtonpost.com/politics/2022/03/30/what-is-
title-42/.

Rampell, C. (2023, 2 de mayo), "Earth to Politicians: The U.S.
Has too Few Immigrants — not too many", *The Washington Post.* Consultado en https://www.washingtonpost.com/
opinions/2023/05/02/immigration-inflation-worker-shor-
tages-labor-costs/.

Sacchetti, M., y N. Miroff (2023, 10 de mayo), "Biden Administration Mobilizes Troops, Prepares New Asylum Restriction",
The Washington Post. Consultado en https://www.washing-
tonpost.com/national-security/2023/05/10/border-troops-
title-42-migrants/.

Sheridan, M. B., y K. Sieff (2023, 11 de enero), "Friends or Foes? Biden and Mexico's López Obrador are Both", *The Washington Post*. Consultado en https://www.washingtonpost.com/world/2023/01/11/biden-lopez-obrador-relations/.

The Washington Post-ABC News (2023, 27 de enero a 1 de febrero), sondeo telefónico. Consultado en https://www.washingtonpost.com/documents/252b7c95-a806-4eca-8cee-96b94ed2f5be.pdf?itid=lk_inline_manual_7&itid=lk_inline_manual_20.

U.S. Census Bureau (s.f.), 2014 National Population Projections: Summary Tables. Consultado en http://www.census.gov/population/projections/data/national/2014/summarytables.html

U.S. Customs and Border Protection (s. f.), Nationwide Encounters. Consultado en https://www.cbp.gov/newsroom/stats/nationwide-encounters.

U.S. Department of Homeland Security (s. f.), Inmigration Data and Statistics. Consultado en https://www.dhs.gov/immigration-statistics.

UPMRIP, (2019), *Nueva política migratoria del gobierno de México 2018-2024*. Consultado en http://politicamigratoria.gob.mx/work/models/PoliticaMigratoria/Documentos/NPM/npm2018-2024.pdf.

Ward, N., y J. Batalova (2023, 14 de marzo), Frequently Requested Statistics on Immigrants and Immigration in the United States, Migration Policy Institute. Consultado en https://www.migrationpolicy.org/article/frequently-requested-statistics-immigrants-and-immigration-united-states.

Dialéctica de las migraciones mexicana y centroamericana en Estados Unidos. El destino en coyuntura

GENOVEVA ROLDÁN DÁVILA[1]

INTRODUCCIÓN

Entre 2019 y el transcurso de 2022 las caracterizaciones para identificar las particularidades y condiciones en las que se desenvuelven los desplazamientos humanos, principalmente desde países centroamericanos (el Triángulo del Norte[2] [TN]) y México hacia Estados Unidos, se orientan a distinguirlos como de crisis; ya sea "migratoria", "humanitaria", "de fronteras", "de refugiados" o "del patrón migratorio". De ello surge un gran tema que aquí comentaremos: ¿cómo ponderamos esta coyuntura?, ¿a qué tipo de crisis se corresponde?, ¿cuáles son las condiciones mundiales en las que se desenvuelven las migraciones y sus especificidades en esta región? No olvidemos que de un mal diagnóstico, las políticas que se construyan pueden resultar fatídicas.

[1] Agradezco el apoyo técnico académico de la maestra Daniela Castro A. en la sistematización de datos.

[2] Guatemala, El Salvador y Honduras, identificados como el "Triángulo del Norte", concepto de origen militar estadounidense que se ha generalizado en su uso. Desplazamientos en los que también se encuentran ciudadanos de otras nacionalidades: haitianos, cubanos, venezolanos y procedentes de países africanos y asiáticos.

Otro aspecto a destacar de este periodo es que la mayoría de las noticias y análisis se enfocan al proceso del tránsito migratorio en la región. El objetivo de este ensayo es incorporar elementos en cuanto a otra de sus aristas: ¿se puede disociar origen de destino y minimizar las condiciones del tránsito?, ¿qué está pasando con estos migrantes en el país de destino?, ¿a qué escenarios sociales y políticos se incorporan?, ¿en qué sectores económicos se insertan?, ¿cuáles son las condiciones laborales que enfrentan? Finalizaremos con las conclusiones más significativas de este ensayo.

¿CÓMO PONDERAR ESTA COYUNTURA?

Cuando hablamos de lo que sucede en nuestra región, proponemos superar el sentido común y recuperar la complejidad de la coyuntura, lo cual nos obliga a revisar los acontecimientos mundiales y sistémicos. Al ampliar el tamaño de la lupa encontramos que "nuestra coyuntura" no va en solitario, situación que es resultado de que la raíz de las migraciones internacionales de los últimos 40 años[3] no crece ajena al conjunto de los cambios de la globalización capitalista, a las condiciones

---

[3] Lo cual no es exclusivo de esta etapa. Las migraciones internacionales están asociadas, de forma directa, con el devenir del capitalismo en su conjunto. Solo rescataremos lo más significativo de la etapa previa: el fin del liberalismo con dos guerras mundiales y la gran recesión dio lugar a un nuevo modelo de desarrollo que exigió la presencia directa de los Estados nacionales, por algunos identificado como el capitalismo monopolista de Estado, el Estado del bienestar, el keynesianismo. En ese contexto se implementaron acciones mundiales, con sellos nacionales, para "ordenar" un mercado laboral internacional reclamante de grandes contingentes de trabajadores. En Estados Unidos se promueven los Convenios Braceros de 1942 a 1962, con México; mientras que en Europa (1945-1974), particularmente en Inglaterra, se instrumenta la European Voluntary Workers; en Francia, la Office National d'Immigration (ONI); en Alemania, la Bundesanstalt fur Arbeit (OFT). La política migratoria fue común: los contratos de trabajadores-huéspedes (*guest-workers*) en Europa y los braceros en Estados Unidos, acompañados del incremento de los indocumentados, tuvieron por objetivo proveer a sectores económicos de trabajadores en condiciones de precariedad, temporales, transitorios (*gastarbeiter*), limitando la reunificación familiar (Alemania, Austria y

de la organización social y su reproducción, a la estructura de la producción mundial, a su ideología; le es consustancial y les estampa un sello particular que se identifica como su *patrón migratorio*. No hablamos de la globalización en la versión lineal, idílica y superficial que supone el fin de las contradicciones, el camino a la homogeneidad, la desaparición de los Estados nacionales y sus fronteras, la eliminación de las crisis, la pleitesía a los tratados comerciales y a las nuevas tecnologías, y que tiene como colofón, en el tema migratorio, el supuesto de que las migraciones abonan al enriquecimiento mutuo, cultural y socioeconómico de los países de origen y destino.

Nuestra estrategia de análisis parte de dos reflexiones: *1)* la modernidad significa nuevas y cambiantes formas de producir y de la reproducción de la sociedad, de procesos políticos, económicos, culturales e históricos que engendran condiciones sociales e individuales para el aumento global de las migraciones modernas. Las encontramos en diferentes momentos articuladas con la evolución del capitalismo, no comparables con las del origen de la humanidad, el cual no puede limitar el radio de acción del capital, de las mercancías y el trabajo a las fronteras que se fueron delineando entre los diversos capitalismos y a las competencias entre ellos, y exige la presencia de los Estados, vital para su protección y consolidación nacional. Su fortaleza estará fincada, entre otras condiciones, en la de convertirse en fieles guardianes del control de la movilidad por las fronteras, de preservar la garantía de una supuesta uniformidad poblacional, dotados de soberanía para actuar en consecuencia y corresponsables de promover una identidad que fortalezca lo "nacional", aun en condiciones de "apertura" y globalización. Cómo olvidar el reclamo del Brexit, "una nación fuerte y unida en un mundo cambiante", o el "America First", y tengamos presente que todo indica que Estados Unidos ha iniciado una nueva "guerra fría"

Suiza) y los derechos laborales, "con un alto grado de control estatal sobre el reclutamiento, condiciones laborales y derechos de los migrantes" (Castles, 2013).

con China y Rusia y "lo que está en juego es su hegemonía global" (Stiglitz, 2022), su supremacía como nación.

Pero ¿nos estamos desviando? ¡No! Es imprescindible precisar que esta paradoja del capitalismo es de profundas raíces y se debe revisar dialécticamente. Las migraciones internacionales se propagan en el seno de contradicciones que no resultan de la condición humana, que no son una secuela de una simple paradoja en los discursos lógicos. Los mercados meten en cintura a los Estados cuando sus regulaciones no les resultan benéficas; pero, en cuanto a la posibilidad de liberalizar la movilidad de las personas, las acciones y normas están sujetas a una gama muy amplia de contrasentidos que surgen por el hecho de que se enfrentan directamente con los principios de la construcción estatal; y, en condiciones de predominio del mercado, cuando con la explotación, precarización y desigualdad se potencia el rechazo social a los "otros", con la prevalencia del sentido común, se agudizan las acciones que los responsabilizan de aquello y los convierten en el enemigo a combatir.

El hecho fundamental de la vida moderna es que esta es profundamente contradictoria en su esencia, es un mundo en el cual "todo está preñado de su contrario" (Berman, 1988). Esa condición se ejemplifica muy bien en la frase "los necesitamos, pero no los queremos". Ese "factor de la producción" (concepto ortodoxo) tiene características que convierten a los migrantes en blanco perfecto para adjudicarles todos los males sistémicos. Las migraciones de refugiados no escapan de esas contradicciones: mientras que formalmente se garantizan sus derechos, encontramos o su abandono con argumentos sobre los altos costos económicos, sociales y culturales que significan; o su aceptación por los requerimientos de los mercados laborales, o por considerarlos más "semejantes" por su fenotipo, cultura o religión, o porque se concatenan con objetivos geopolíticos e ideológicos (Roldán, 2022). Que no nos extrañe que, mientras el capital necesita de esta movilidad, las políticas públicas lo contradigan y, en otros casos, se controviertan con ellas mismas, particularmente con las que no son *vinculantes* y solo quedan en discursos;

80

lo que, finalmente, les resulta benéfico a quienes los emplean, porque además de flexibilizados, su criminalización abarata costos. Esperar lo contrario, por lo menos, resulta ingenuo, y cuando más, es tendencioso.

2) Las directrices generales y la coyuntura migratoria están enraizadas en la desigualdad entre países. En algunos casos, "como evidencia Sayad, la colonización prolonga su presencia en la inmigración, [las migraciones] no responden a una mera movilidad transestatal, sino que se refieren, por ejemplo, a relaciones entre poblaciones con estatus sociales y posiciones de poder diferenciadas" (Avallone y Molinero, 2021: 2 y 11). Claro ejemplo de lo anterior es la denuncia del pueblo de Sri Lanka, que en su *aragalaya* (lucha) reciente ha exhibido la dependencia de una administración subcontratada al Fondo Monetario Internacional (FMI), que exporta mano de obra y recursos baratos e importa productos terminados caros: el modelo colonial básico (Samarajiva, 2022).

En otros casos, las actuales relaciones de dependencia y desigualdad no son resultado de la colonización, sino de posteriores vínculos de subordinación que no están ligados con "voluntarismos" de uno u otro gobernante en turno, aunque no podemos negar que algunos lo hacen con mucho entusiasmo, y otros, que perfilan acciones independientes, se enfrentan al encarnizado rechazo de las estructuras de poder internas asociadas con las que rigen a nivel internacional, a demandas internacionales, amenazas y, en su caso, golpes de Estado, "golpes electorales" o "preventivos". Son relaciones históricas fincadas en lo político, económico, cultural e ideológico y que, en la globalización, se institucionalizan con los tratados comerciales. Hoy en día deconstruirlas exige revertir las profundas reformas estructurales que han acompañado a este modelo de desarrollo que, pese a su grave crisis, no podemos darlo por muerto. Los países que alcanzaron niveles de industrialización alto lo hicieron sobre la base de políticas muy distantes a las que sugiere el neoliberalismo y que en la actualidad, con la inmigración, reciben un apoyo integral de parte de los países de donde se origina dicha movilidad (Castles y Kosack, 1984), en condiciones muy lejanas al supuesto del "beneficio mutuo". Las migraciones se suman a las diversas formas de expoliación del neoextractivismo (Svampa, 2019) de recursos naturales y humanos de los países dependientes. Varias investigaciones han corroborado las aportaciones a la economía estadounidense a partir de la inmigración (García y Gaspar, 2022, 2016; Delgado y Gaspar, 2019; Canales y Gaspar, 2010); mientras países como México y los del TN pierden su bono demográfico, a sus jóvenes en su mejor edad productiva y de compromiso social. ¿Quién se beneficia de que esas mujeres y hombres no se queden en su comunidad, con sus familias, amigas y amigos, a presionar e impulsar una sociedad en la que sí se generen trabajos, condiciones para su progreso, erradicando la violencia y con respeto a la naturaleza? La respuesta no es muy compleja: el capital que los requiere y el capital que los expulsa. Cada vez es más débil la narrativa que ha pretendido asociar migración con desarrollo, a través de las remesas. En México, algunos de los estados de la República que, históricamente, más las han recibido son los más dependientes de ellas al representar más de 10% de su producto interno bruto (PIB): Michoacán, Zacatecas y Nayarit; y hoy en día tenemos mayor conocimiento sobre la destrucción del tejido social y las familias en las comunidades de origen.

El sueño se derrumbó, la globalización no avanzó hacia la convergencia y el desarrollo. De ello da cuenta América Latina y el Caribe, la cual sigue siendo la región con mayor desigualdad de ingreso en el mundo y, de acuerdo con la Comisión Económica para América Latina y el Caribe (CEPAL), atraviesa la crisis económica más grave en 120 años: el PIB cayó 7% en 2020, el doble de la caída mundial y más que en cualquier otra región. Vale aclarar que es la economía vulgar la que ve el origen de la actual crisis en la pandemia por covid-19, además de que, previamente, entre 2014-2019, la tasa de crecimiento del PIB regional fue de 0.4%, ¡la peor desde la década de 1950! Como señala Pierre Salama: *la pandemia no golpea un cuerpo sano*. Estos son claros ejemplos de que no fue suficiente con declararlos países "emergentes" y firmar tratados comerciales para eliminar su dependencia. Su papel de maquiladores, proveedores de materias primas y fuerza de trabajo barata *in situ* y en migraciones revela la *complementariedad subordinada* existente, lo cual explica el descontento de sectores sociales mayoritarios, que cuestionan ese modelo de desarrollo y que están exigiendo cambios políticos alentadores, pero cuya profundidad y trascendencia es incierta, ya que se enfrentan a fuertes estructuras de poder nacionales e internacionales. Lo cierto es que "el neoliberalismo y la economía del derrame jamás gozaron de mucha aceptación en el Sur Global, y ahora están perdiéndola en todas partes" (Stiglitz, 2022).

En ese escenario están las amenazas al gobierno mexicano, de parte del estadounidense, en mayo de 2019, para que se subordinara a la política migratoria estadounidense, y el reclamo, en julio de 2022, ante el supuesto incumplimiento del Tratado entre Estados Unidos, México y Canadá (T-MEC), por su política energética. Su hipocresía no le es exclusiva, también la ejerce la Unión Europea, que inauguró la política migratoria de "tercer país seguro". Ambos han mantenido los subsidios agrícolas para proteger sus soberanías alimentarias y a sus productores. El mensaje real y amenazante es "Haz lo que yo digo y no lo que yo hago" (Stiglitz, 2022), renuncien a su soberanía porque de lo contrario se "aíslan", mientras no solo mantenemos la nuestra, sino que la fortalecemos para apoyar a las empresas monopólicas nativas.

No es un asunto menor reconocer las condiciones de desarrollo desigual y dependencia en las que se sostienen los procesos migratorios, particularmente cuando lo que ha dominado en las últimas cuatro décadas es la narrativa de que las migraciones están ligadas a relaciones de "interdependencia", es decir, a una relación de mutua dependencia, en la que los países involucrados resultan igualmente beneficiados. Estados Unidos resultó el vencedor indiscutible al término de la Segunda Guerra Mundial y, ante el fin de la Guerra Fría con la caída del poder soviético y en pleno impulso del capitalismo neoliberal, su maltrecha hegemonía no estaba a discusión, de tal manera que sus necesidades se imponen y detonan las migraciones y las condiciones de "crisis" en las que se desenvuelven. Los "progresismos" en América Latina y el Caribe, en países expulsores de migrantes, no han logrado, o no se lo proponen, eliminar la dependencia con el país imperialista por excelencia y principal destino de la migración internacional desde 1970. Se mantiene una dependencia profunda, arraigada no solo en el conjunto y las partes de lo que se produce y circula, con diversificaciones menores, sino también en el plano de las ideas y lo social. La región como "patio trasero" o "patio delantero", pero al fin "patio".

Si nos trasladamos a Europa, encontramos relaciones de subordinación y dependencia de los países expulsores de migrantes (Turquía, Siria, Polonia, Argelia, Marruecos, Mauritania, Senegal, Gambia), sin importar si mantienen la eterna aspiración o ya tienen la membresía en la Unión Europea, y todavía más profundas, cuando observamos las condiciones del continente africano, con el mayor índice de pobreza y cantidad de conflictos armados del mundo.

Corsino Vela (2018) señala que la palabra *crisis*, a fuerza de repetirse de forma desmedida y a propósito de cualquier contexto, acababa por volverse una cacofonía, vacía de sentido; de ahí la importancia de darle significado e identificar el real contenido de la coyuntura migratoria en nuestra región, la cual consideramos que está afectada y vinculada a la crisis por la que atraviesa el capitalismo globalizante, al carácter sistémico de la crisis de 2008 que generó dinámicas materiales e ideológicas que agudizaron la conflictividad en la que ya estaban inmersos los procesos migratorios. La Organización Internacional para las Migraciones de Naciones Unidas (OIM, 2020) es suficientemente clara al señalar que la crisis y las transformaciones mundiales más amplias y las que están presentes en la cotidianidad repercuten en el entorno en que se produce y analiza actualmente la migración. ¿Habrá quien tenga dudas al respecto? Previo a la pandemia, la OIM en 2019 señalaba que se tiene la sensación de estar en un periodo "de considerable incertidumbre", que "muchos comentaristas" están poniendo "en tela de juicio la solidez de aspectos del orden político mundial que se forjaron inmediatamente después de las dos guerras mundiales" y que "otros" denominan esta época como "los tiempos de la ira" originada por el descontento con la "lógica" y el "racionalismo liberal". Expresiones un tanto evasivas, pero que revelan la fuerte dificultad para ocultar la gravedad de la crisis contemporánea y su impacto en las condiciones migratorias.

La CEPAL señala que la crisis de 2008 "llegó en un momento en que la confianza en la globalización y el multilateralismo como herramientas para el desarrollo acumulaba más de un decenio de deterioro", de ahí las profundas dificultades para avanzar en la "gobernanza" mundial de las migraciones. Las descripciones sobre las condiciones actuales son diversas. Solo una más: el FMI, en voz de su directora gerente, afirmó en abril de 2022 que nos encontramos "frente a una crisis encima de otra", la pandemia, la guerra en Ucrania, el crecimiento disminuye, la inflación aumenta, fragmentación de la gobernabilidad mundial y mayores retos y decisiones más complicadas que las que estuvieron presentes en 1944. No podemos perder de vista la estratagema que hay detrás de algunos discursos, que no presentan ningún análisis sobre la tremenda responsabilidad que tienen los organismos internacionales en ese contexto mundial, ni por el impulso que dieron a políticas que se mantienen vigentes, pese a su contribución en esas condiciones de crisis. Como señala Silvia Ribeiro (2020), el capitalismo funciona con mecanismos perversos para ocultar las causalidades profundas de sus crisis.

En ese escenario, en los últimos 40 años se han generado condiciones para que las migraciones internacionales se desenvuelvan en los niveles de conflictividad más altos en su historia moderna, en condiciones de antagonismos latentes y en coyunturas en las que se hacen patentes algunas de sus expresiones más extremas. No tenemos espacio para hacer un recuento pormenorizado, solo rescataremos que en Estados Unidos el neoliberalismo se inaugura, en cuanto al tema migratorio, con el discurso que consideró la migración de latinos como una amenaza, ya que la ley Simpson-Rodino (1986), además de la regularización, se acompañó de la ilegalización de los inmigrantes y contempló la institucionalización de la discriminación y violencia por parte de las autoridades migratorias. Entre 1987-1993 se incrementan exponencialmente las denuncias por la actuación de la policía migratoria; con nuevos proyectos de "control fronterizo"; en los noventa: *Operación Bloqueo*, el Plan Portero, Salvaguarda y Río Grande, con el objetivo de obstaculizar los caminos más frecuentes que utilizaban los migrantes. En 1996, una nueva ley con la que se propuso controlar la "inmigración ilegal", y es cuando más aumenta. En 2001 los atentados terroristas fueron el excelente pretexto para apretar más la tuerca: la migración se asocia al terrorismo, se aprueba la Ley Patriótica y se crea el Servicio de Control de Inmigración y Aduanas (ICE, por sus siglas en inglés). Este "endurecimiento" coadyuvó al fortalecimiento de otro protagonista: el crimen organizado; migrantes muertos en el río Bravo y en los desiertos de Arizona y Texas; los *minutemen* y la xenofobia que ha derivado en matanzas de mexicanos y centroamericanos en territorio estadounidense; la propuesta de leyes hiperxenófobas como la 187; los deportadores en jefe: Bush y Obama; los muertos de San Fernando, Tamaulipas; los niños cruzando solos; los discursos y acciones de odio de Trump; las caravanas, los muertos en tráiler y tantos y tantos etcéteras más. En contradicción con lo anterior, entre los años noventa del siglo XX y hasta el 17 aniversario del XXI migraron a Estados Unidos 12 millones de mexicanos y casi 3 400 000 del TN (salvadoreños más de 1 430 000, guatemaltecos más de 1 100 000 y hondureños casi 820 000) (IPUMS-CPS, 2022).

Pero el país vecino no ha estado solo, Europa no se queda atrás. Vale preguntarse qué tan profundas son las diferencias entre las políticas migratorias instrumentadas por Europa y Estados Unidos, en México y el Magreb. La globalización no resolvió las dificultades para construir una política común europea sobre inmigración, fundamentalmente por las consideraciones que le atribuyen a este fenómeno una gran cercanía a la línea divisoria entre las decisiones que se consideran soberanas de los Estados miembros y las de competencia comunitaria. En lo que sí hay acuerdo es en realizar acciones comunes para el control "coherente" de las fronteras exteriores mediante su "impermeabilización" ante los flujos migratorios, particularmente de los "sin papeles" y a través del espacio Schengen, cuya libertad de circulación se ha suspendido en diversas ocasiones. Precisamente con las condiciones migratorias de 2015 se dio lugar a que Francia, Alemania, Suecia, Austria, Dinamarca y Noruega impusieran controles en casi todas sus fronteras con otros países Schengen. Desde finales de los años setenta del siglo pasado se observa una tendencia al endurecimiento de las políticas de entrada y acogida (Naïr, 2006), así como una política cada vez más agresiva en las fronteras para controlar la inmigración procedente del Magreb, África subsahariana, Asia occidental y países del Este. Pese a las desigualdades entre los Estados que conforman la Unión Europea (UE) se advierte la tendencia general a modificar sus legislaciones con la finalidad de limitar los ingresos por asilo, así como el número de refugiados, y en cuanto a la migración laboral, la asocian directamente con las necesidades del mercado de trabajo intentando, particularmente, que no se instalen de forma definitiva. Al igual que en Estados Unidos, años después, han dado paso a procesos de reagrupación familiar, con muchas reticencias y con un endurecimiento generalizado en ingresos y condiciones de admisión. En 2004 se crea la Agencia Europea de la Guardia de Fronteras y Costas (Frontex), con operativos como los Amazon I y II (2006 y 2007), para controlar el ingreso de inmigrantes procedentes de América del Sur (Bolivia, Brasil y Paraguay). Las acciones en el Mediterráneo oriental se realizaron a través de la Operación Poseidón; en el Mediterráneo central y Malta, el Plan Nautilius; en las Islas Canarias, zona de gran importancia, se operó con Hera III. El Niris (en el mar Báltico), el Hydra (para mantener el control aéreo de la inmigración procedente de China) y la Operación Indalo en España, con el fin de controlar a la inmigración procedente de Argelia y Marruecos (Roldán, 2010).

Los llamados "muros de la vergüenza" de Ceuta y Melilla han presenciado en 2005 y 2014 saltos a las verjas de seis metros de altura, con consecuencias dramáticas para los migrantes; en 2015 más de un millón de refugiados llegaron a las costas europeas y más de 6 000 personas perdieron la vida en su travesía. Más de 75% de los que llegaron a Europa huían de Siria, Afganistán e Irán. Después de un largo recorrido del Convenio de Dublín (1990), pero que desde 1991 ya contemplaba el derecho de los Estados a "devolver o expulsar a un solicitante de asilo a un tercer Estado", en 2015 la UE crea la Agenda Europea de Migraciones para "mejorar" su sistema de reparto de responsabilidades a través de su externalización con Turquía, con el cual se firmó un plan de acción en el que este país contendría los flujos hacia la UE a cambio de 6 000 millones de euros, liberalización de visas y la reapertura de la revisión de su entrada en la UE (Lorca, 2016). Conmovió al mundo la fotografía del niño sirio Aylan, a quien el mar llevó a una playa turca, cuando sus padres intentaban llegar a Grecia. En agosto se detectó un camión frigorífico abandonado con 71 refugiados e inmigrantes muertos, en Austria. Entre 2014 y 2018 se conoció la muerte de casi 18 000 personas en migración en el mar Mediterráneo (OIM, 2020). En estas condiciones, y contradictoriamente, han migrado a Europa alrededor de 87 millones de individuos, en particular hacia Alemania, que ocupa el segundo lugar en migrantes a nivel mundial como país, y que para 2020 había recibido a casi 16 millones.

Imposible no mencionar el paralelismo en tragedias como la de los 53 migrantes muertos en un tráiler en Texas, Estados Unidos, con la de Melilla, también conocida como de Nador, con al menos 37 migrantes muertos y más de 150 heridos (ambas en junio de 2022). Uno y otro caso ponen de relieve las condiciones sistémicas en las que se tiene que realizar el conjunto de los flujos migratorios y que dan lugar a pérdidas humanas. A lo anterior se suma que la pandemia por covid-19 ha tenido un fuerte impacto en las condiciones de las migraciones internacionales. En conclusión, las contradicciones migratorias no las originan los migrantes, son resultado de la xenofobia institucional, social y criminal, que se robustece ante la crisis integral del capitalismo en esta etapa.

EL DESTINO DE LA MIGRACIÓN
EN LA COYUNTURA

En este apartado también partimos de dos consideraciones medulares: *1)* A. Sayad (2010) ha caracterizado la migración como un "hecho social total", por lo cual se requiere de una perspectiva multi e interdisciplinar que nos proporcione las herramientas para alcanzar un conocimiento científico que permita cuestionar la construcción de modelos que fomentan la ignorancia de las articulaciones entre las condiciones históricas, sociales, jurídicas, culturales, políticas, económicas y de violencia, que las explican y terminan inclinando sus miradas ya sea en los factores económicos individuales y subjetivos (teoría neoclásica), los cuales no hay que confundir con los estructurales, o en el supuesto de que las migraciones se autonomizan, paso a paso, de las causas orgánicas y sistémicas que las originan y convierten a individuos y redes en constructoras de los flujos migratorios. En el *homus economicus vs. homus politicus* se pierde de vista que tanto en el origen como en la continuidad de los procesos migratorios el análisis integral es insustituible; del que, notablemente, adolecen quienes realizan estudios parciales (limitados a los aspectos culturales, económicos, o políticos) e interpelan con lenguaje directo y crean, en aras de romper con supuestas normas académicas, narrativas complicadas en su lectura y comprensión, tanto para los académicos, como para los migrantes, a quienes supuestamente se dirigen.

2) Las condiciones en las que se desenvuelven los flujos migratorios territorial y espacialmente nos revelan que origen, tránsito, destino y retorno "son dimensiones del mismo fenómeno, no están separados ni autonomizados" (Sayad, 2010: 19). Aquí, por razones de espacio, acudimos al "sacrificio metodológico" y nos centramos en el destino, pero en el entendido de que mantiene un vínculo inseparable con las condiciones que en el origen las gestaron, que se reproducen durante el tránsito y que mantienen vigencia en el destino, en las deportaciones y retorno, en general. Quizá sea obvio, pero marcando distancia de quienes consideran que en las migraciones hay "diversidad de orígenes de clase", tal vez porque no se han acercado lo suficiente a los procesos reales, no está por demás señalar que nos estamos refiriendo a los trabajadores que migran para insertarse en labores "difíciles, sucias y peligrosas" y, también, a las clases medias y trabajadoras, que se ven obligadas a salir de sus países e incorporarse a una migración por refugio, y en muchos casos se incorporan a los mercados laborales en los países de acogida. En 2019, los refugiados y solicitantes de asilo representaron 9.4% del total de migrantes, 26.4 millones: de Siria, 6.7 millones; Venezuela, 4.1; Afganistán, 2.6, y Sudán del Sur, 2.2 millones. Destacan dos características de esta migración: más de 73% de los refugiados son acogidos por países vecinos, y de los 10 principales países que los acogen, ocho son subdesarrollados (McAuliffe y Triandafyllidou, 2021: 46).

La gran mayoría de los migrantes lo hacen por motivos relacionados con el trabajo y la reunificación familiar (McAuliffe y Triandafyllidou, 2021: 21): casi 170 millones, 62% del total, y en los Estados del Consejo de Cooperación del Golfo, salvo Omán y Arabia Saudita, fueron la mayoría de la población. El "economicismo" en el análisis de las migraciones proviene del capital y del pensamiento neoclásico, los cuales consideran la migración laboral solo como un "factor de la producción", como si buscar trabajo en otro país solo tuviera el significado de la relación entre costo/beneficio. No valoran que los migrantes buscan trabajo como un elemento central para su reproducción individual y social, que no se desnudan de su cultura e identidad; que *su trabajo* será parte de un proceso social y de los trastornos que lo acompañan, ya que reedifica condiciones políticas, sociales y de integración familiar, que afectarán su salud física y mental, vivienda, alimentación y educación, así como los vínculos con su país de origen. El trabajo y el capitalismo en su conjunto no son un mero fenómeno económico, sino una relación social (Vela, 2018). Max Frisch acuñó una frase simbólica de ese pensamiento: *queríamos trabajadores, pero vinieron personas.* Como he venido insistiendo, esta incorporación laboral se origina y desenvuelve en condiciones de *complementariedad subordinada*, detonada por los países de destino, y se corresponde con las relaciones de subordinación y dependencia a las que nos referimos previamente.

No estamos sugiriendo que los individuos que migran son seres pasivos determinados por ese contexto, pero tampoco compartimos el discurso que refiere que son acciones resultado de su libertad, voluntariedad o "agencia"; que están ejerciendo su capacidad para "alcanzar la emancipación" y que tengan la posibilidad, en el actual contexto, de ser "estructuradores del orden social". ¡Qué más quisiéramos! Compartimos con Adela Cortina que la "libertad humana siempre está condicionada", pero no determinada; en palabras de Hannah Arendt (1993: 23), "el choque del mundo de la realidad sobre la existencia humana se recibe y siente como fuerza condicionadora". ¡Todo un tema! Sus acciones no son meros reflejos de las condiciones sistémicas, pero sí mantienen un estrecho vínculo. Los acercamientos directos, propios y ajenos, nos han permitido conocer a migrantes que están fuertemente influidos por las condiciones materiales (regionales, nacionales e internacionales), sociales, culturales, de género, violencia, estatus social, pertenencia étnica y por biografías que no son ajenas a lo anterior.

No tenemos indicios contrarios a lo que muy gráficamente sostiene Daniel Inclán en cuanto a que los migrantes que son "expulsados de sus hábitats recorren kilómetros para rasguñar el ensueño del mundo del consumo", o como señala Soledad Álvarez (2022: 8), para "transformar sus condiciones de subsistencia", lo cual está muy lejano de significar la emancipación. De la afirmación general de que "la interiorización de la razón capitalista permea la mayoría de las conciencias" (Inclán, 2020: 120, 117), desde nuestra perspectiva, no escapa la mayoría de los inmigrantes procedentes de nuestra región, lo cual no significa ignorar el significativo nivel de conciencia que se alcanza y expresa en importantes luchas, como la de 2006, que libraron millones por frenar leyes antiinmigrantes y otras de menor dimensión, pero no de importancia, en cuanto fortalecen su organización y luchas por mejores condiciones de vida y políticas en el país de destino, en

proyectos todavía limitados en sus vínculos con perspectivas de transformaciones profundas de las ominosas realidades del origen, tránsito
y destino. En cuanto a los refugiados, difícilmente podemos considerar
que toman decisiones libres, por el contrario, "son personas corrientes que
viven una vida fuera de lo corriente: arrancados de sus casas por el
miedo, los conflictos o las persecuciones, han tenido que abandonar
empleos, posesiones, sueños, incluso familias, en su lucha por sobrevivir" (ACNUR, 2006: IX).

En cuanto a las condiciones de los mexicanos y centroamericanos (TN) en su destino en la sociedad estadounidense, destacamos
que no son contextos que se pueden ver de lado o disminuidos en su
atención, por la importancia de lo que acontece en el tránsito. Todas
son caras de una misma historia, particularmente porque en esta coyuntura en el destino, al igual que en el tránsito y origen, se observa
el incremento y agudización de la xenofobia institucional, social y
criminal, así como las graves condiciones de salud y trabajo y, en
general, de su reproducción social, lo cual es resultado de la inten-
sificación del proteccionismo y nacionalismo a partir de la crisis de
la globalización que estalló en 2008, que no conoció tregua alguna
durante una década de recuperación tímida e inestable. Así que las
deportaciones, aprehensiones, endurecimiento en la contención de
los flujos migratorios en contradicción con los requerimientos de su
trabajo "esencial" y la ausencia de una reforma migratoria integral
campearon; mientras se agudizaban condiciones que presagiaban
otra tormenta económica en 2019 y que terminaron enlazándose
con la pandemia por covid-19. Las esperanzas en los demócratas han
sido fallidas, ya que, si bien el antimigrantismo conoce una faceta
más franca en la presidencia de Donald Trump, en la de Joe Biden,
con sus tímidas e inciertas políticas migratorias, no se ha logrado ni
su disminución y menos aún su desaparición.

Este escenario es con el que han tropezado los migrantes que
han visto a Estados Unidos como su país de destino y que ocupa el
primer lugar como receptor, con más de 51 millones de migrantes
internacionales y, con México, constituye el corredor migratorio

más grande del mundo y en el que, en esta nota, estamos incorporando a los procedentes del TN, no por capricho, sino porque las condiciones del origen, tránsito y destino de estas migraciones tienen importantes puntos de encuentro en lo económico, la violencia, lo territorial y espacial, los cuales se encuentran atados por lazos históricos. La coyuntura en la que estamos reflexionando aquí corresponde a la segunda mitad de la presidencia de Trump, a la pandemia por covid-19 y a la llegada de Biden como el presidente 46. Difícil encontrar conceptos y adjetivos diferentes a los ya dichos por muchos analistas; en estos ya casi cuatro años diremos que ha prevalecido y se ha potenciado la xenofobia racista y aporofóbica, pese a los temerosos esfuerzos del demócrata. El rechazo no ha sido a todos los extranjeros, ni a todos los miembros de grupos étnicos, se centra en los pobres de esas colectividades. Destacaremos, telegráficamente, tres expresiones que son ilustrativas de lo señalado: el refugio y asilo, los inmigrantes en el covid-19 y el trabajo esencial y la migración.

En cuanto a la política de refugio en Estados Unidos, el presidente es quien establece la cantidad de personas que pueden ser admitidas pero sin apoyos. En consulta con el Congreso, conoció un importante desplome en el año fiscal 2019, ya que mientras entre 2014 y 2016 el número de admisiones reales fluctuó entre 69 987 y 84 995, para ese año los admitidos fueron 30 000; en el año fiscal 2020 fue de 18 000, y para 2021 el techo se había establecido en 15 000, pero se aumentó a 62 500 en mayo de ese año (Migration Policy Institute Data Hub, 2020). La OIM informa que en 2020, a nivel mundial, fueron admitidos para reasentamiento aproximadamente 34 000 refugiados, lo que representó una merma con respecto a 2019 en que se reasentó a cerca de 108 000; en particular Estados Unidos bajó de 27 500 a 9 200. El asilo, que es otorgado después de un proceso legal a quienes lo solicitan en un puerto de entrada o en algún momento después de su entrada en Estados Unidos, fue particularmente afectado por el programa Protocolos de Protección al Migrante, conocido como Quédate en México, que puso en marcha Trump y que condujo a más de 71 000 personas a instalarse en condiciones inseguras en la frontera mexicana, para esperar audiencias. Posteriormente, después de una larga batalla legal, fue suspendida en agosto de 2022 (Homeland Security, 2022). A lo anterior se sumó la norma de salud pública de emergencia aplicada desde el inicio de la pandemia con limitado alcance en cuanto a la salud pública, conocida como Título 42, pero sí con claros fines de contener la migración y que se tradujo en el incremento del número de solicitantes de asilo, el cual estará vigente hasta 2023 como mínimo (Isacson, 2022). Casi dos millones de personas (a finales de marzo de 2022) fueron expulsadas a México desde que inició su aplicación (París, 2022), lo cual pone en evidencia que los solicitantes de asilo ven violentados sus derechos, protegidos a nivel internacional y por la legislación estadounidense.

La agudización de un clima adverso para los migrantes en el destino igualmente está presente en quienes han obtenido el Estatus de Protección Temporal (TPS), que también se encargó Trump de terminarlo para personas de El Salvador, Haití, Nicaragua y Sudán. Cabe señalar que para los nacionales de El Salvador es significativa esta acción, ya que en la actualidad hay 430 000 con dicho estatus, y de ellos, casi 240 000 proceden de ese país (más de 50%). La incertidumbre, de por sí constitutiva del TPS, ya que solo se extiende a personas que están en Estados Unidos, tienen que renovarlo cada 18 meses, no conduce a la residencia permanente legal ni otorga ningún otro estatus migratorio permanente, se suma a la disputa legal que han encabezado organizaciones sociales y que se encuentran en proceso de apelación. Mientras tanto, resulta evidente el uso político que históricamente ha tenido y en la actualidad con Biden tiene el TPS, con la reciente aprobación para nacionales de Ucrania y Venezuela.

La pandemia exhibió las condiciones vergonzosas e indignas en las que vive un importante número de los inmigrantes latinos: falta de asistencia médica (45% mexicanos y 47% otros latinoamericanos), hacinamiento habitacional e informalidad en el empleo. Realidades que fueron determinantes para su sobrerrepresentación tanto en el número de infectados como en el de muertos por covid-19 y que ha puesto en evidencia que los trabajadores migrantes frecuentemente viven y trabajan en condiciones inseguras, agudizadas por las condiciones sanitarias que fueron deterioradas por el neoliberalismo. De acuerdo con el Centro para el Control y la Prevención de Enfermedades de Estados Unidos (2022), en la población latina hay 1.5 veces más casos de contagio, dos veces más hospitalizaciones y 1.8 veces más muertos. También reportó que los latinos constituyeron 34% de los casos en todo el país, proporción muy superior a 18% que el grupo representa en la población total. Si lo revisamos a nivel estatal (Universidad de California, 2020), los resultados todavía son más alarmantes. En California las muertes por covid-19 en la población en edad laboral mostraron que los latinos representan casi 50% del total, pese a que solo constituyen alrededor de 35% de la población total. El condado de Imperial tuvo la tasa más alta de infección en California, región agrícola predominantemente latina; en San Francisco son 15% de la población y 50% de los infectados. En Carolina del Norte los latinos sumaban 10% de la población, pero 46% de los infectados; en Wisconsin, 7% de la población y 33% de los casos. "La mortalidad por covid-19 es significativamente desigual según el origen étnico-racial, pues la tasa de mortalidad de los blancos es de 48.4 muertes por cada 100 000 habitantes, mientras que en los latinos la tasa se eleva a 141.7 muertes" (Canales y Castillo, 2020).

Diversas voces han insistido en que quienes se encuentran mayormente representados en contagios y muertes es porque no cuentan con seguridad médica, tienen menores ingresos y ahorros, y tuvieron que salir de sus casas a trabajar, cuando la pandemia se encontraba en sus niveles más altos: en bodegas, repartos a domicilio, empleados de aeropuertos, agricultura, cadenas de procesamiento de alimentos, enfermeras, enfermeros, apoyos y limpieza en hospitales, asistentes de salud a domicilio, en tiendas de comestibles, empacadores de carnes, transporte, restaurantes, trabajo doméstico, cuidado de niños, adultos mayores y enfermos, entre otros. En estas actividades también se encuentran sobrerrepresentados los inmigrantes tanto mexicanos como del TN. La pandemia pone en evidencia que los migrantes se incorporan al mercado laboral estadounidense para realizar trabajos que fueron declarados imprescindibles y esenciales (destacamos los de atención a la salud, alimentos y agricultura, transporte y logística, entre otros), y que en las condiciones que se generaron tuvieron que ser reconocidos, lo cual no se refleja en salarios y condiciones laborales. En estas actividades los mexicanos tuvieron una participación de más de 70% y otros latinoamericanos casi 63%. El 70% de los indocumentados laboraba en trabajos esenciales (Alarcón y Ramírez-García, 2022). Lo anterior pone de relieve que la clasificación de estas actividades como "no calificadas", que "cualquiera puede hacer", va de la mano con los intereses del capital, pero no con su contenido real e importancia socioeconómica.

Recordemos que desde 2010 el número de los mexicanos de primera generación en Estados Unidos se mantuvo estable por las condiciones de crisis en ese país y, posteriormente, por su inestable recuperación. El remate, en esa contención, lo dan las condiciones iniciales de la pandemia (desempleo de 17%). Sin embargo, en el último año la migración se encuentra en los niveles más altos de los últimos 10 años, y en su gran mayoría no son solicitantes de asilo. Lo anterior es resultado de que el desempleo de la población mexicana y del TN disminuyó y se recuperó más rápido que en el caso de los nativos estadounidenses. Casi 33% de los mexicanos labora en servicios y comercio; en construcción, minería, instalación y mantenimiento alrededor de 23%; en transporte casi 11%, y un sustantivo 4% en la agricultura. En cuanto a los migrantes del TN, en la construcción laboran, en promedio, 25%; ventas al mayoreo y menudeo, alrededor de 22%, y destaca que en el caso de la agricultura alrededor de 6.6%, aquí resaltan los guatemaltecos, que son una proporción superior a la de los mexicanos. Su importancia se vio claramente proyectada en el comportamiento de las visas H-2A, que, pese a las dificultades, se alentó a los empleadores a su utilización. La economía estadounidense continúa teniendo un déficit laboral, con más de 11 millones de empleos: tan solo en el comercio al menudeo y mayoreo hay ofertas de alrededor de 11%, en el sector servicios más de 16%, y en la construcción cerca de 5% (US Bureau of Labor Statistics, 2022).

Lo brevemente expuesto permite concluir que inclinar la reflexión a lo local o regional, ignorando lo mundial y que a nivel global tienen más semejanzas que las distinciones que las acompañan, nos lleva a sugerir políticas y acciones limitadas o inviables que conducen a la frustración individual y colectiva. Hacerlo puede ser "políticamente correcto", pero ética y moralmente distante de la profunda defensa de los derechos sociales, culturales, laborales y políticos, que se traduzcan en cambios profundos de quienes están involucrados en las dinámicas migratorias.

No debemos identificar como única acción la de buscar políticas migratorias dignas para quienes migran, las cuales difícilmente van a modificar su carácter esencialmente contradictorio con la protección y defensa de sus derechos humanos. De igual o mayor importancia debe ser trabajar con la población potencialmente migrante, o que ya lo es, para contribuir a una redefinición ideológica, que los incline a luchar por sus derechos políticos, económicos y sociales en los países de origen y en el de destino. Generar conciencia sobre su DERECHO A NO MIGRAR. Tienen que ser acciones programadas para el corto, mediano y largo plazos, que estén articuladas por la búsqueda de una transformación de lo estructural, de aquello que permanece por encima de las coyunturas, pero que no se identifica a primera vista y que son derivaciones del funcionamiento sistémico. Somos optimistas, la realidad actual es una construcción social en la que cada vez es más evidente la exigencia de su deconstrucción.

REFERENCIAS

ACNUR (2006), *La situación de los refugiados en el mundo. Desplazamientos humanos en el nuevo milenio*, Barcelona, Icaria. Consultado en www.icariaeditorial.com.

Alarcón, R., y T. Ramírez-García (2022), "Esenciales pero vulnerables: trabajadores agrícolas mexicanos ante la pandemia del COVID-19 en Estados Unidos", *Mexican Studies/Estudios Mexicanos*, vol. 38, núm. 1, pp. 114-139. Consultado en https://doi.org/10.1525/msem.2022.38.1.114.

Álvarez, S. (2022), "En movimiento, luchando por sus vidas", *Movimientos migratorios Sur-Sur. Fronteras, trayectorias y desigualdades*, Boletín 2, pp. 8-14. Consultado en https://www.clacso.org/boletin-2-movimientos-migratorios-sur-sur-fronteras-trayectorias-y-desigualdades/.

Arendt, H. (1993), *La condición humana*, Barcelona/Buenos Aires/México, Paidós.

Avallone, G., y G. Molinero (2021), "Liberar las migraciones: la contribución de Abdelmalek Sayad a una epistemología migrante-céntrica", *Migraciones Internacionales*. Consultado en https://migracionesinternacionales.colef.mx/index.php/migracionesinternacionales/article/view/1949/1643.

Berman, M. (1988), *Todo lo sólido se desvanece en el aire. La experiencia de la modernidad*, 9ª. ed., Siglo XXI Editores.

Canales, A., y D. Castillo (2020), "Desigualdad social y étnico-racial frente a la covid-19 en Estados Unidos", *Migración y Desarrollo*, vol. 18, núm. 35, pp. 129-145.

Castles, S. (2013), "Migración, trabajo y derechos precarios: perspectiva histórica y actual", *Migración y Desarrollo*, vol. 11, núm., pp. 8-42.

Castles, S., y G. Kosack (1984), *Los trabajadores inmigrantes y la estructura de clase en la Europa occidental*, México, Fondo de Cultura Económica.

Centro para el Control y la Prevención de Enfermedades (2022), "Risk for COVID-19 Infection, Hospitalization, and Death By Race/Ethnicity". Consultado en https://www.cdc.gov/coronavirus/2019-ncov/covid-data/investigations-discovery/hospitalization-death-by-race-ethnicity.html.

CEPAL (2020), Informe especial covid-19, núm. 1, 3 de abril, Naciones Unidas. Consultado en https://bit.ly/31Xdb2K.

Homeland Security (2022), "Declaración del DHS sobre la suspensión otorgada por el tribunal que mantiene temporalmente en vigor la orden de salud pública del Título 42". Disponible en https://www.dhs.gov/news/2022/11/16/statement-dhs-court-granted-stay-temporarily-keeps-title-42-public-health-order.

Inclán, D. (2020), "Notas sobre la economía política de la violencia (en tiempos de colapso)", *Anuario de estudios políticos latinoamericanos*, Universidad Nacional de Colombia, núm. 6, pp. 111-138.

IPUMS-CPS (2022), "Current Population Survey Data for Social, Economic and Health Research". Consultado en https://cps.ipums.org/cps/.

Isacson, A. (2022), "Tres consecuencias de mantener el Título 42 [en la frontera entre México y Estados Unidos]", WOLA. Consultado en https://www.wola.org/es/analisis/tres-consecuencias-de-mantener-el-titulo-42-en-la-frontera-entre-mexico-y-estados-unidos/.

Lorca, P. (2016), *El acuerdo entre la Unión Europea y Turquía y el concepto de tercer país seguro aplicado a Turquía*, Madrid, Universidad Pontificia Comillas/Instituto Universitario de Estudios sobre Migraciones. Consultado en https://repositorio.comillas.edu/jspui/bitstream/11531/18353/1/TFM000669.pdf/.

McAuliffe, M., y A. Triandafyllidou (eds.) (2021), *Informe sobre las migraciones en el mundo 2022*, Ginebra, OIM.

Migration Policy Institute Data Hub (2022). Consultado en https://www.migrationpolicy.org/programs/migration-data-hub.

Naïr, S. (2006), *Y vendrán… las migraciones en tiempos hostiles*, Barcelona, Planeta.

OIM (2020), *Informe sobre las migraciones en el mundo*, Ginebra, OIM.

París, D. (2022), "Continuidad del Título 42", Colef Press. Consultado en https://www.colef.mx/noticia/continuidad-del-titulo-42/.

Ribeiro, S. (2020), "La fábrica de pandemias", *La fiebre*, ASPO, pp. 49-58.

Roldán G. (2022, 9 de mayo), "Las crisis de refugiados: las constantes de la historia moderna", *Praxis*. Consultado en https://praxisrevista.com/2022/05/09/las-crisis-de-refugiados-las-cons-tantes-de-la-historia-moderna/.

Samarajiva, I. (2022, 17 de agosto), "Sri Lanka no será el único país en colapsar", *The New York Times*.

Sayad, A. (2010), *La doble ausencia. De las ilusiones del emigrado a los padecimientos del inmigrado*, Barcelona, Anthropos.

Stiglitz, J. (2022, 22 de junio), "Cómo puede Estados Unidos perder la nueva guerra fría", *La Jornada*.

Svampa, M. (2019), "Las fronteras del neoextractivismo en Améri-ca Latina: conflictos socioambientales, giro ecoterritorial y nuevas dependencias", *Relaciones Internacionales*, núm. 45, pp. 469-471. Consultado en https://revistas.uam.es/relaciones-internacionales/article/view/12884.

Universidad de California (2020, 4 de mayo), "Initial Results of Mission District COVID-19 Testing Announced", Consul-tado en https://www.ucsf.edu/news/2020/05/417356/ini-tial-results-mission-district-covid-19-testing-announced/.

US Bureau of Labor Statistics (2022). Consultado en https://www.bls.gov/opub/mlr/2022/home.htm.

Vela, C. (2018), *Capitalismo terminal. Anotaciones a la sociedad implosi-va*, Madrid, Traficantes de Sueños.

La frontera norte de México y su constante evolución de la movilidad de las personas

RODOLFO CRUZ PIÑEIRO

INTRODUCCIÓN

En la última década, la llegada de nuevos inmigrantes ha provocado cambios importantes en el panorama de las ciudades fronterizas en el norte de México, y es que, aunque no son extrañas al fenómeno de movilidad y desplazamiento, las nuevas formas en las que se han alterado las dinámicas migratorias han terminado por caracterizar a estas ciudades. Los distintos factores que han impactado este tipo de dinámicas en Norteamérica y Centroamérica han logrado conjugarse para presentar un fenómeno que adquiere, cada vez más, una complejidad que requiere ser explicada.

La pobreza alcanzada en los países de la región del norte de Centroamérica, así como los niveles de inseguridad, producto de la cruenta violencia que azota a la región, han resultado en un importante éxodo de su población, sin mencionar las dramáticas consecuencias que los desastres naturales han tenido en los últimos años. Aunado a esto, la aparición de flujos migratorios poco comunes para la región, como el caso de haitianos, cubanos y venezolanos, han contribuido a los diferentes cambios arriba mencionados. Si a esto añadimos la presencia de migrantes extra-continentales, particularmente desde Asia y África, tenemos una gran mezcla de importantes flujos poblacionales que transitan por territorio mexicano y que tienen como objetivo la llegada a los Estados Unidos.

Es bajo este contexto que la política migratoria estadounidense se ha recrudecido y hermetizado. La administración Trump, marcada por las acusaciones de racismo y xenofobia hacia las poblaciones migrantes, desplegó diferentes medidas que casi terminan por desmantelar el sistema de asilo y refugio en ese país, colocando obstáculos de consideración a la migración proveniente de países como México, Guatemala, Honduras y El Salvador, entre otros. Asimismo, la administración Biden no ha sabido dar solución a los constantes flujos de personas con deseos de ingresar a los Estados Unidos.

El incremento en la migración hacia los Estados Unidos y las fuertes medidas de control y restricción migratoria han provocado que las ciudades fronterizas de la frontera México-Estados Unidos se encuentren en una fase de *entrampamiento* o *estancamiento* de las poblaciones migrantes. Por su parte, el gobierno mexicano se ha visto rebasado por la situación y no ha sido capaz de dar una solución a este fenómeno, por lo menos para ofrecer atención a los miles de migrantes que han llegado al país y que desean transitar por su territorio. Es bajo este contexto que los distintos patrones de movilidad en la región han sufrido modificaciones sustanciales.

Por otro lado, la migración mexicana hacia los Estados Unidos se encuentra en los niveles más bajos de su historia, situación que contrasta con el caso centroamericano. Además de esto, los procesos de retorno y deportación se han vuelto más visibles debido a los diferentes obstáculos y problemas que enfrentan no solo los migrantes en este tipo de situaciones, sino también las personas de las poblaciones afectadas.

Las distintas y nuevas movilidades que ocurren en esta región de América Latina tienen como principales rasgos la vulnerabilidad y la exacerbación de los riesgos físicos de los actores de estos desplazamientos. Abordamos también el tema de los *nuevos grupos de migrantes* en territorio mexicano, donde se ofrece un panorama general sobre el ingreso de centroamericanos, caribeños, sudamericanos y extracontinentales a este país. Al final, se ofrece una reflexión sobre los efectos que ha tenido la pandemia por covid-19 sobre los procesos de movilidad migratoria en la frontera entre México y Estados Unidos, así como los tipos de respuesta que han tenido los gobiernos mexicano y estadounidense, y cómo esto ha terminado por afectar a las personas en situación de movilidad.

Tomando en cuenta lo anterior, este artículo tiene el objetivo de reflexionar sobre los cambios recientes que han sufrido los procesos de movilidad, desplazamiento y migración en la frontera norte de México.

MOVILIDADES DE LA POBLACIÓN EN MÉXICO

Las regiones de Norteamérica y Centroamérica, particularmente de Canadá, Estados Unidos, México, Guatemala, El Salvador y Honduras, conforman un circuito en donde coexisten una diversidad de movimientos migratorios y una multidireccionalidad de los desplazamientos. Hasta hace pocos años el predominio, en términos de volumen del flujo, era de migrantes mexicanos hacia Estados Unidos. Actualmente, sin embargo, el panorama se ha ampliado y complejizado en términos de movilidades: las modalidades de los desplazamientos migratorios, sus causas y consecuencias se han multiplicado, y ahora, en el proceso, participa un gran conjunto de poblaciones vulnerables.

En los últimos años puede observarse un incremento sostenido de la participación de mujeres y niños en estos desplazamientos. También aparece en escena una mayor participación de poblaciones provenientes de zonas urbanas y con mayores niveles de escolaridad.

Las ciudades mexicanas de la frontera norte, específicamente Tijuana, Ciudad Juárez, Mexicali, Nuevo Laredo, Reynosa y Matamoros, experimentaron durante el periodo de 1980 al año 2000 un gran *boom* demográfico; algunas de estas ciudades se volvieron ciudades de destino para los diferentes flujos migratorios, lo que generó a su vez una serie de problemas urbanos y sociales en ellas.

La dinámica de los flujos migratorios de los mexicanos hacia Estados Unidos experimentó un cambio sustancial a partir de 2008, año en que el flujo de migrantes mexicanos alcanzó cerca de 748 000 casos. Desde ese momento los números comenzaron a declinar hasta alcanzar un monto de solo 46 000 casos de migrantes mexicanos en tan solo 10 años, es decir, una disminución de más de 740 000 (véase la gráfica 1).

GRÁFICA I.

Flujos de migrantes mexicanos hacia Estados Unidos
y ciudades de la frontera norte, 2000-2017

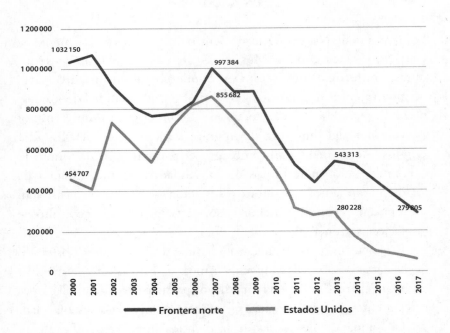

FUENTE: Encuesta de Migración en la Frontera Norte de México (Emif Norte), 2000-2017.

Los argumentos más utilizados para dar respuesta a este comportamiento fueron, primero, la fuerte crisis económica y financiera que Estados Unidos experimentó a raíz de la llamada crisis inmobiliaria, que se extendió a los demás sectores de la economía estadounidense y que incrementó de manera sucinta el desempleo, arrastrando en un primer momento a la población de migrantes. Segundo: el incremento de la vigilancia y seguridad por parte del gobierno estadounidense sobre la frontera con México, así como un mayor número de agentes de la patrulla fronteriza, un incremento en el presupuesto para la vigilancia tecnológica y la construcción de más kilómetros de muro fronterizo. Tercero: durante este periodo también se incrementaron las políticas locales antimigración en las diferentes ciudades y localidades de la frontera.

Por otro lado, el flujo de mexicanos que se desplazaron hacia las ciudades de la frontera norte de México también registró una abrupta caída, pues se pasó de más de un millón de migrantes internos en el año 2000 a menos 280 000 para 2017, mostrando un comportamiento similar al patrón observado con migrantes internacionales.

Al mismo tiempo que ocurrían estas transformaciones en la dinámica migratoria en la región, se generaban otros cambios importantes en la misma: complementando la anterior disminución de la emigración de mexicanos hacia el norte, paralelamente se incrementó la migración de retorno de la migración mexicana. Miles de migrantes retornaron a su país, y aunque este es un fenómeno que siempre ha existido en la región, el incremento en los números de retornados fue significativo.

EL REGRESO A "CASA"

Aunque cada año es común que regresen miles de mexicanos a sus lugares de origen, el periodo 2000-2015 se caracterizó por un incremento masivo en el número de retornados y, junto con ello, se tuvo que asumir el reto de reintegrar a estas personas a las distintas comunidades del país.

Por un lado están los migrantes que regresan de manera voluntaria al territorio mexicano; por otro, los migrantes que son deportados, expulsados y repatriados por las autoridades estadounidenses. Varios estudios sobre la migración de retorno han documentado el fenómeno sobre las causas y las posibles consecuencias del retorno o deportación de mexicanos. Las consecuencias de este retorno han variado, dependiendo de la región del destino de los migrantes (Mestries, 2013; Ramírez y Aguado, 2013; Gandini *et al.*, 2015; Canales y Meza, 2018). Las ciudades mexicanas de la frontera norte fueron centros de concentración de los migrantes retornados y de sus familias; en estas comunidades fue evidente la concentración de los migrantes deportados, quienes empezaron a buscar trabajo en las economías fronterizas, con la finalidad de regresar algún día a territorio estadounidense.

En la gráfica 2 se muestran los volúmenes de mexicanos residentes en territorio mexicano que mencionaron haber residido en Estados Unidos cinco años atrás. El año con el mayor volumen de retornados fue 2010, con alrededor de 824 000 casos. Este monto fue superior a lo registrado en 2005, sin embargo, el volumen disminuyó a 557 000 en 2014 y a 443 000 en 2015 (Inegi, 2005; Inegi, 2010; Inegi 2015a; Inegi, 2015b; Inegi, 2018).

GRÁFICA 2.
Volúmenes de mexicanos residentes en México
que mencionaron haber residido en Estados Unidos cinco años atrás,
2005, 2010, 2014, 2015 y 2018

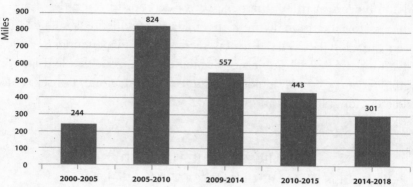

Retornados

FUENTE: Elaboración propia, con base en datos del II Conteo de Población y Vivienda 2005 (Inegi, 2005); Censo de Población y Vivienda 2010 (Inegi, 2010); Encuesta Intercensal 2015 (Inegi, 2015a); Enadid 2014 y 2018 (Inegi, 2015b y 2018).

Uno de los principales problemas que ha aquejado a la población retornada y deportada desde Estados Unidos ha sido la falta de atención desde un marco integrador que identifique las necesidades y que genere los mecanismos de asistencia necesarios para su reintegración a la sociedad mexicana. Los migrantes mexicanos retornados, después de haber estado durante varios años fuera de su país, suelen encontrarse en contextos sociales, culturales, económicos y políticos que les resultan extraños, situación que termina por impactar su capacidad de reintegración y reinserción en las distintas comunidades donde deciden asentarse.

Son varios los estudios que ya se han realizado con el objetivo de atender el problema de la migración de retorno a nuestro país y que han dejado clara la necesidad de generar propuestas de políticas públicas que orienten una estrategia para la atención de esta población (Canales, 2012; Montoya y González, 2015; Woo y Ávila, 2015; Ordaz y Li, 2016; Canales y Meza, 2018). Es preocupante que en México, un país de larga tradición migratoria, no exista una ley, reglamento u obligaciones claras entre la federación, estados y municipios, que atiendan los problemas de la población retornada y deportada. Es urgente una política integral de retorno donde las acciones del gobierno guarden una perspectiva de coordinación de carácter intersectorial, regional y multinivel. Ha sido evidente la falta de una coordinación entre las distintas secretarías y dependencias de los distintos niveles del gobierno. Si bien existen esfuerzos legislativos en lo federal y estatal, lo común es que tengan acciones por separado de atención a los migrantes retornados.

MIGRACIÓN DE TRÁNSITO CENTROAMERICANA Y OTROS MIGRANTES

La gestión de la política migratoria de los Estados Unidos ha priorizado la seguridad, la protección de sus ciudadanos contra el terrorismo, el crimen organizado y la delincuencia. Su influencia ha sido tal que se ha ejercido incluso más allá de sus fronteras, a través de la expansión de un mayor control y vigilancia de países terceros, y México es uno de ellos. Aunque el gobierno mexicano no ha aceptado estar inscrito como *tercer país seguro*, la realidad y los hechos demuestran que ha operado como tal, especialmente en los últimos años, bajo un contexto marcado por el incremento de los flujos migratorios provenientes del Triángulo del Norte de Centroamérica, conformado por Honduras, El Salvador y Guatemala, así como los nuevos flujos migratorios de otras regiones como el Caribe, con la llegada de haitianos y cubanos, o de Sudamérica y migrantes extracontinentales, con el arribo de venezolanos y personas de Asia y África.

Para finales de 2018 la migración proveniente del Triángulo del Norte de Centroamérica llamó la atención mediática internacional por su desplazamiento hacia los Estados Unidos y a través de México mediante las llamadas *caravanas migrantes*. La primera caravana inició su viaje el 12 de octubre de 2018, en San Pedro Sula, Honduras. Estos migrantes tenían la estrategia de transitar hacia el norte de manera masiva para ser acompañados por los medios de comunicación y organizaciones de la sociedad civil (osc) y con ello disminuir el riesgo de ser detenidos o extorsionados en su travesía.

En cierta medida, esta nueva estrategia funcionó, pues cerca de 7 000 personas lograron llegar a la frontera entre México y Estados Unidos con la intención de solicitar asilo en el vecino país del norte. A finales de 2018 Andrés Manuel López Obrador asumió la presidencia de México, situación que se caracterizó, entre otras cosas, por el discurso a favor de la protección de los derechos humanos de los migrantes, refrendada en el Pacto Mundial para la Migración Segura, Ordenada y Regular.[1] Sin embargo, López Obrador se vio obligado, por las presiones del gobierno estadounidense, a revertir su política migratoria, lo que dio lugar a un fuerte dispositivo de control y detención de migrantes centroamericanos en la frontera sur de México.

Otros inmigrantes que llegaron a territorio mexicano y que han marcado una nueva etapa en la dinámica migratoria regional fueron grupos poblacionales del Caribe, de Asia y de África. Probablemente los que más llamaron la atención fueron los inmigrantes haitianos.

En 2016 el Instituto Nacional de Migración registró la llegada de alrededor de 17 000 haitianos. Cabe mencionar que México no cuenta con una tradición de migración haitiana, y que este grupo tenía como finalidad transitar hasta el territorio estadounidense con la intención de solicitar asilo ante las autoridades de ese país. Miles de haitianos lograron llegar a la frontera norte de México, principalmente a las ciudades de Tijuana, Mexicali y Nogales, aunque su ingreso

---

[1] El pacto se firmó el 10 de diciembre de 2018 en Marrakech. En este contexto, el gobierno mexicano otorgó oportunidades de estancia y de trabajo a los migrantes de las caravanas.

fue por la frontera sur mexicana, en donde recibieron un oficio de salida[2] que les permitió transitar hasta llegar hasta la frontera entre México y Estados Unidos.

Por otro lado, y aunque ya existían antecedentes de migración cubana en México, los grupos de cubanos que comenzaron a llegar en 2019 fueron víctimas de operativos de detención por parte de las autoridades mexicanas (alrededor de 11 000). Anteriormente, la mayor visibilidad de inmigrantes cubanos en territorio mexicano había ocurrido en 2014, tras los procesos de negociación entre los gobiernos cubano y estadounidense para restablecer relaciones comerciales. En enero de 2017 el gobierno estadounidense eliminó la política de Pies secos, pies mojados, y miles de cubanos se desplazaron por territorio mexicano con el objetivo de ingresar a Estados Unidos. En 2015 alrededor de 8 000 cubanos quedaron varados en Costa Rica debido a que Nicaragua les cerró sus fronteras, argumentando que no podían asumir la responsabilidad de Estados Unidos (Villafuerte y García, 2016). Algunas agencias internacionales, así como México y Guatemala, intervinieron para gestionar un puente aéreo que les permitió seguir su trayecto.

Debido al incremento en el número de migrantes que buscaban ingresar a territorio estadounidense por su frontera sur, el gobierno de Estados Unidos implementó, a inicios de 2019, un programa conocido como Migrant Protection Protocols (MPP), también llamado Remain in Mexico (Quédate en México), el cual establece que personas que lleguen a territorio estadounidense desde un país contiguo, y que no sean elegibles para su admisión, pueden ser devueltas al territorio desde el que están llegando (Nielsen, 2019). Con este argumento, y el de saturación de su sistema migratorio (con alrededor de 800 000 trámites acumulados), las administraciones Trump y Biden decidieron que los migrantes no mexicanos que solicitaron

---

[2] Se trata de un documento provisional que emite el INM y da 20 días de plazo para regularizarse o salir del país.

asilo desde su frontera sur serían devueltos a México para esperar las audiencias de los tribunales de inmigración, una vez superada la entrevista de miedo creíble.

Para el cierre de 2019 México había recibido a más de 60 000 solicitantes de asilo en Estados Unidos, bajo el programa MPP. Esta situación no solo ha representado un verdadero cuello de botella para las personas solicitantes de protección, sino que, además, ha provocado problemas logísticos, especialmente en el lado mexicano. Las OSC que tienen como finalidad la defensa de los derechos humanos de los migrantes han señalado que el programa Quédate en México viola las normas elementales de protección de los migrantes que se encuentran huyendo de contextos de violencia y persecución, al ser obligados a esperar en ciudades con altos índices de violencia e inseguridad, con dificultades de acceso a abogados de ese país y con escasas posibilidades de sostenerse económicamente mientras esperan el proceso de su trámite (Human Rights First, 2019; Leutert, 2020).

La información del programa MPP muestra que la mayoría de los migrantes que esperan en las ciudades mexicanas son originarios del norte de Centroamérica: Honduras con 22 000 personas; Guatemala con alrededor de 15 000; Cuba con 9 000, El Salvador con más de 7 000 y Ecuador con poco más de 5 000. Algunos de los migrantes centroamericanos han expresado su temor de salir de los albergues para buscar opciones de trabajo que les permitan sostenerse, por encontrarse en ciudades donde podrían ser víctimas de la inseguridad o ser detenidos por elementos de la Guardia Nacional y ser deportados. Su movilidad se ve reducida a los espacios reducidos, donde además deben ajustarse a las dinámicas de operación de entradas y salidas de cada albergue, así como a la disponibilidad de transporte hacia los puestos fronterizos para mantenerse informados sobre la situación de sus casos.

FRONTERAS, ENTRAMPAMIENTO Y PANDEMIA

La situación de la movilidad de los migrantes en México disminuyó considerablemente en esta época de la pandemia por covid-19. A raíz de la crisis sanitaria mundial se volvió más compleja la situación de miles de migrantes. Desde marzo de 2020, cuando se iniciaron las medidas de contingencia en México, la gran mayoría de los albergues para migrantes se vieron obligados a cerrar sus instalaciones, limitaron sus espacios para mantener la sana distancia, evitar los contagios y duplicar sus esfuerzos para continuar con su labor humanitaria sin poner en riesgo a los migrantes bajo su cuidado. Además, desde el 24 de marzo de 2020 en la frontera norte de México el gobierno de Estados Unidos, con acuerdo del gobierno mexicano, limitó los cruces por sus fronteras terrestres para realizar actividades no esenciales, y al mismo tiempo suspendió las audiencias del programa MPP, con base en una orden del Centro para el Control y Prevención de Enfermedades (CDC), que restringe el ingreso de inmigrantes provenientes de países donde existan brotes de enfermedades transmisibles (Gallegos, 2020).

Ante la contingencia sanitaria provocada por el covid-19, los albergues de las ciudades fronterizas del norte de México tuvieron que adoptar diferentes estrategias: todos se vieron en la necesidad de reducir la oferta de hospedaje para garantizar la aplicación de la sana distancia y, a su vez, tuvieron que regular entradas y salidas de sus instalaciones. Algunos albergues decidieron solicitar certificados médicos de buena salud para permitir el ingreso de migrantes; asimismo, muchos albergues operaron a puertas cerradas, manteniendo la misma población con la que contaban antes de la pandemia, sin aceptar a nuevas personas. Otros albergues tuvieron que cesar operaciones por completo. Con el cierre total y parcial de los albergues, en conjunción con la implementación de medidas de prevención epidemiológica y de apertura de filtros, como los hoteles bajo la administración de la Organización Internacional para las Migraciones (OIM) en ciudades como Tijuana y Ciudad Juárez, se logró evitar que surgieran nuevos focos de infección asociados con la migración.

Es importante mencionar que la población migrante extranjera varada en México ha experimentado la pandemia mediante la intersección de factores como la desigualdad económica, las diferencias culturales, su rol como extranjeros y el efecto de las políticas migratorias arriba mencionadas. Más aún, estas restricciones han afectado de manera directa el bienestar psicológico, físico, social y económico de este grupo (Bojórquez-Chapela *et al.*, 2021). Otros estudios en Canadá y Estados Unidos han demostrado la forma asimétrica en la que la pandemia ha afectado a poblaciones racializadas y vulnerables, concluyendo que el covid-19 perjudicó de manera diferenciada a estos grupos de personas (IOM, 2021). Cabe destacar que, a pesar de los retos y riesgos a la salud que ha representado la pandemia, tanto a nivel institucional como a nivel personal, la preocupación principal de las personas atrapadas en la frontera entre México y Estados Unidos no deja de estar focalizada en la incertidumbre de saber si podrán obtener asilo o ingresar por otros medios al vecino país del norte.

En 2021 llevamos a cabo una serie de entrevistas a profundidad entre la población migrante centroamericana y caribeña de cuatro ciudades fronterizas en México, como parte del proyecto "COVID-19's Differential Impact on the Mental and Emotional Health of Indigenous Peoples and Newcomers: A Socioeconomic Analysis of Canada, US and Mexico", financiado por los Canadian Institutes of Health Research (CIHR), a través de la Universidad de Manitoba. Nuestro interés era conocer cómo la pandemia había impactado la salud mental y la experiencia migratoria de las personas extranjeras varadas en México, así como observar cómo las condiciones asociadas al fenómeno migratorio se intersecaban con la vivencia de la contingencia sanitaria.

Luego de analizar las 57 entrevistas realizadas encontramos temas narrativos recurrentes entre las experiencias de los entrevistados, tales como los siguientes: *1)* hay percepciones muy variadas sobre lo adecuado y severo de las medidas sanitarias y restricciones asociadas a la pandemia, pero en general las personas entrevistadas expresaron que sus países de origen eran más severos en este aspecto, mencionando toques de queda y abuso de autoridades; *2)* ingresar a los Estados Unidos siempre se mantuvo como su máxima prioridad, de tal manera que el miedo a contagiarse de covid-19 se volvía secundario al miedo de no poder ingresar al vecino país del norte o tener que regresar a sus países de origen; *3)* las personas entrevistadas mencionaron no haber sido discriminadas a raíz de la pandemia en sí, sino por el simple hecho de ser inmigrantes, como suele suceder en sus interacciones con sectores de la población y algunas autoridades locales; *4)* a pesar de que la pandemia pasa a tomar un papel secundario en las preocupaciones de los migrantes, una de las principales razones por las que se encuentran varados en México tiene que ver, efectivamente, con restricciones asociadas a la pandemia, como es el caso del Título 42 implementado por el CDC, y *5)* muy pocos casos mencionaron tener interés de solicitar refugio en México, e indicaron como alternativa el cruce indocumentado hacia la Unión Americana en caso de que las vías legales se agotaran.

En otras palabras, el miedo a no poder ingresar en los Estados Unidos fue la instancia más citada por las personas entrevistadas, superando al miedo a contagiarse o a morir por covid-19, elemento que nos sugiere cómo la pandemia es vista como un obstáculo más en la travesía por alcanzar el sueño americano, y que la mayoría del impacto psicológico del covid-19 entre las personas entrevistadas estuvo directamente relacionado con la incertidumbre de su situación migratoria a raíz de las restricciones derivadas de la pandemia y de la política migratoria estadounidense.

CONCLUSIONES

El panorama general de la dinámica migratoria en la región centro y norte del continente ha sufrido cambios importantes en los últimos años. México continúa mostrándose como un país *bisagra* en el que sus fronteras juegan, cada vez más, un rol de mayor control y filtro de las personas migrantes que se desplazan de sur a norte.

Además, durante los últimos años hemos sido testigos de un proceso gradual de endurecimiento de las políticas migratorias de Estados Unidos y México, cuyos objetivos giran en torno a frenar la migración irregular en la región, lo que afecta cada vez más a las poblaciones migrantes vulnerables, necesitadas de protección internacional, que se desplazan en búsqueda de mejores alternativas de vida. Las políticas de refugio han asumido un carácter de mayor restricción incluso en México, que solía ostentar una tradición de puertas abiertas.

Por parte del gobierno estadounidense, particularmente a partir de las administraciones Trump y Biden, se ha observado un continuo proceso de deterioro de su sistema de asilo, así como una política de mayor control y *securitización*, aplicando normativas que complican el acceso a su territorio. Con el inicio de la administración Biden, se sigue a la espera de una atenuación en la política migratoria estadounidense y de la cancelación paulatina de cientos de órdenes ejecutivas iniciadas por la administración Trump en temas de migración y asilo. Sin embargo, la fuerte política de un mayor control y seguridad en su frontera sur con México parece que prevalecerá por muchos años.

REFERENCIAS

Bojórquez-Chapela, I., C. Infante, S. Larrea-Schiavon, e I. Vieitez-Martínez (2021), "In-Transit Migrants And Asylum Seekers: Inclusion Gaps In Mexico's COVID-19 Health Policy Response: Study Examines Public Health Policies Developed in Mexico in Response to COVID-19 and the Impact on In-Transit Migrants and Asylum Seekers", *Health Affairs*, vol. 40, núm. 7, pp. 1154-1161. DOI: 10.1377/hlthaff.2021.00085.

Canales, A. (2012), "La migración mexicana frente a la crisis económica actual. Crónica de un retorno moderado", *Revista Interdisciplinar da Mobilidade Humana*, vol. 20, núm. 39, pp. 117-134.

Canales, A., y S. Meza (2018), "Tendencias y patrones de la migración de retorno en México", *Migración y Desarrollo*, vol. 16, núm. 30, pp. 123-155.

Gallegos, R. (2020, 24 de julio), "Alarga Estados Unidos la espera de asilo a migrantes enviados a México", *La Verdad*. Consultado en https://laverdadjuarez.com/index.php/2020/07/24/alarga-estados-unidos-la-espera-de-asilo-a-migrantes-enviados-a-mexico/.

Gandini, L., F. Lozano-Ascencio, y S. Gaspar (2015), *El retorno en el nuevo escenario de la migración entre México y Estados Unidos*, México, Conapo.

Human Rights First (2019), *Orders from Above: Massive Human Rights Abuses under Trump Administration Return to Mexico Policy*, Washington D. C., Human Rights First.

Inegi (2018), Encuesta Nacional de la Dinámica Demográfica 2018. Consultado en noviembre de 2020 en https://www.inegi.org.mx/programas/enadid/2018/.

Inegi (2015a), Encuesta Intercensal, 2015. Consultado en noviembre de 2020 en https://www.inegi.org.mx/programas/intercensal/2015/default.html.

Inegi (2015b), Encuesta Nacional de la Dinámica Demográfica, 2014. Consultado en noviembre de 2020 en https://www.inegi.org.mx/programas/enadid/2014/.

Inegi (2010), Censo de Población y Vivienda, 2010. Consultado en noviembre de 2020 en https://www.inegi.org.mx/programas/ccpv/2010/.

Inegi (2005), II Conteo de Población y Vivienda 2005. Consultado en noviembre de 2020 en https://www.inegi.org.mx/programas/ccpv/2005/.

IOM (2021), "COVID-19 Forces Sharp Rise in Vulnerable Migrants Transiting Americas: IOM Report". Consultado el 30 de marzo de

2022 en https://www.iom.int/news/covid-19-forces-sharp-rise-vulnerable-migrants-transiting-americas-iom-report.

Leutert, S. (2020), Protocolos de Protección a Migrantes: Implementación y consecuencias para los solicitantes de asilo en México, Austin, Estados Unidos, Strauss Center-FM4 Paso Libre.

Masferrer, C., E. Hamilton, y N. Denier (2019, 11 de julio), "Medio millón de menores estadounidenses vive en México", *The Conversation*. Consultado en noviembre de 2020 en https://theconversation.com/medio-millon-de-menores-estadounidenses-vive-en-mexico-119973.

Mestries, F. (2013), "Los migrantes de retorno ante un futuro incierto", *Sociológica*, vol. 28, núm. 78, pp. 171-212. Consultado en noviembre de 2020 en http://www.scielo.org.mx/scielo.php?script=sci_arttext&pid=S018701732013000100008&lng=es&tlng=es.

Montoya Ortiz, M. S., y J. G. González Becerril (2015), "Evolución de la migración de retorno en México: migrantes procedentes de Estados Unidos en 1995 y de 1999 a 2014", *Papeles de Población*, vol. 21, núm. 85, pp. 47-78.

Nielsen, K. (2019), "Policy Guidance for Implementation of the Migrant Protection Protocols" [memorándum], Department of Homeland Security. Consultado el 20 de noviembre de 2020 en https://www.dhs.gov/sites/default/files/publications/19_0129_OPA_migrant-protection-protocols-policy-guidance.pdf.

Ordaz, J. L., y J. J. Li Ng (2016), "Perfil socioeconómico y de inserción laboral de los migrantes mexicanos de retorno: análisis comparativo entre 2005-2007 y 2008-2012", en E. Levine, S. Núñez y M. Verea (eds.), *Nuevas experiencias de la migración de retorno*, México, UNAM-CISAN/Instituto Matías Romero, pp. 81-98.

Ramírez, T., y D. Aguado (2013), "Determinantes de la migración de retorno en México, 2007-2009", en Conapo, *La situación demográfica de México, 2013*, México, Conapo, pp. 175-190.

Villafuerte, D., y M. C. García (2016, julio-diciembre), "De la crisis de los niños migrantes a la crisis de la migración cubana: intereses geopolíticos y expresiones de la crisis del sistema migratorio Centroamérica-México-Estados Unidos entre 2014 y 2015", *Boletín de Antropología*, Universidad de Antioquia, Medellín, vol. 31, núm. 52, pp. 15-33. Consultado en doi: 10.17533/udea.boan.v31n52a03.

Woo Morales, O., y A. L. F. Ávila (2015), "La migración de retorno de migrantes mexicanos en el siglo xxi", *Población y Desarrollo-Argonautas y Caminantes*, vol. 11, pp. 23-36.

El país de los muros

Ana Mercedes Saiz Valenzuela

Una de las promesas de campaña del presidente Trump fue la construcción de un gran muro fronterizo para proteger a esa nación de las invasiones de inmigrantes. Este es un discurso que vale la pena detenerse a desmenuzar. Nos demuestra la visión actual de la gestión migratoria en nuestra región que tiene un enfoque de seguridad nacional y que tristemente ha permeado en la opinión pública como si fuera el adecuado. Esta visión es consistente con lo que implica la protección de un territorio de una amenaza enemiga, de una invasión, de una agresión o de un atentado terrorista, y se fraguó los últimos años, agudizándose y evidenciándose después de los atentados del 11 de septiembre.

A partir de entonces se materializó una visión de seguridad nacional sobre la migración que se sostiene y toma forma mediante diversas barreras o muros que, observados en conjunto, obstaculizan la movilidad de las personas más desfavorecidas desde el enfoque político, social y económico.

La realidad es que vivimos en un mundo desigual. Para ejemplificar, tomemos en cuenta dos datos: 1) el ingreso per cápita y 2) la tasa de homicidios per cápita por cada 100 000 habitantes de algunos países. Este análisis superficial es útil para darnos una idea de cuán desigual es la realidad en países expulsores de nuestro continente y aquellos receptores de las personas en movilidad.

Por ejemplo, tomemos los datos de Honduras, México, Venezuela y Haití:

Países por producto interno bruto per cápita (en dólares) de acuerdo con el Banco Mundial (2021).

- Honduras 2 771
- México 10 045
- Venezuela 3 965[1]
- Haití 1 829
- Estados Unidos 70 240

Países por tasa de homicidio intencional de acuerdo con la Oficina de Naciones Unidas Contra la Droga y el Delito (ONUDD, 2021).

- Honduras 37.6
- México 21.6
- Venezuela 41.6
- Haití 13.0
- Estados Unidos 7.8

Como vemos, la diferencia es abismal y podemos considerar que la situación descrita es similar a la que viven los países del Sur Global con respecto al Norte. Esta brutal desigualdad, combinada con las barreras o muros que pretendo mostrar, es la causa de las tragedias que aquejan a las personas en movilidad y que vemos tan frecuentemente. Basta voltear a ver las llamadas pateras, balsas improvisadas en donde las personas tratan de cruzar el Mediterráneo para llegar a Europa desde las costas del norte de África.

Esos viajes peligrosos también suceden en las Américas. Las tragedias son cosa de todos los días, aunque nos detenemos en ellas cuando, por su magnitud o contundencia, nos recuerdan que se trata de seres humanos, de familias o de niñas o niños pequeños. Quien la haya visto sabrá que es imposible borrar de la mente la imagen de

---

[1] Datos obtenidos del sitio web de la División de Estadísticas de las Naciones Unidas.

Alan Kurdi, el niño sirio de apenas tres años ahogado en la playa de Turquía; igual que la de Óscar y Valeria Martínez, padre e hija salvadoreños flotando boca abajo en el lodo de la margen del río Bravo a unos cuantos metros de la frontera.

Estas imágenes nos sacuden, así como lo hacen las terribles tragedias de las muertes masivas de personas como consecuencia de viajar en las cajas metálicas de los tráileres, como las que vimos en Chiapas en diciembre de 2021 o en San Antonio, Texas, en junio de 2022, casos en los que perdió la vida más de un ciento de personas.

Las personas víctimas de la migración forzada emprenden estos viajes riesgosos porque no tienen otra opción. El cálculo se reduce a morir en sus lugares de origen o salir para sobrevivir, aunque eso implique morir en el trayecto. Es frecuente escuchar frases que juzgan a estas personas como irresponsables, como tontas, o considerarlas insensatas por arriesgar a sus hijos e hijas. Esas afirmaciones ignoran la realidad de los países expulsores y no ven la evidente falta de opciones. Justamente por esta situación, el derecho internacional de los refugiados considera la importancia de asegurar el acceso al territorio y del principio de no devolución (ACNUR, 1951). También toma en cuenta el hecho de que las personas en desplazamiento forzoso no llevan documentos consigo.

La situación de una persona que huye de un peligro inminente, como la amenaza de una pandilla o la falta de acceso a insulina padeciendo diabetes, no es muy distinta de las personas que perdieron sus medios de vida por efectos del cambio climático, o que se encuentran en la extrema pobreza, al grado de no tener acceso a alimentos para sobrevivir. Es una línea imposible de trazar, por más que las leyes exijan distinguir a las personas refugiadas de las migrantes.

Resulta muy complejo separar las situaciones por las que migran las personas, pues se trata de factores multicausales. A estos flujos masivos se les ha denominado flujos mixtos, ya que están compuestos de personas víctimas de desplazamientos internacionales forzados provocados por la persecución, la violencia, el crimen, los desastres naturales, la violencia intrafamiliar, la de género, o bien la pobreza extrema, la falta de oportunidades y las expectativas o la intención de reunificarse con sus familiares: en suma, por la necesidad de sobrevivir dignamente. Además de los desplazamientos forzosos, tenemos que considerar la migración económica, impulsada por los precarios salarios en los lugares de origen y las enormes brechas salariales marcadas entre el Sur y el Norte.

Ante la cobertura mediática y la percepción que generan las personas en movilidad, la reacción ha sido levantar o reforzar barreras que generen la sensación de separación, de protección. Recordemos los desafortunados *tuitazos* del entonces presidente Trump en abril de 2018 que ocasionaron un giro de 180 grados en la construcción de la política migratoria del presidente López Obrador apenas llegado al cargo (Linthicum, 2018). A partir de ese momento, vimos un endurecimiento evidente que ha generado la preocupación unánime de las agencias de las Naciones Unidas con presencia en nuestro país y de diversas organizaciones de la sociedad civil.

Con múltiples acciones de este gobierno se pretende "controlar" la migración, y es evidente que se tata de una misión imposible. La migración es una característica de la sociedad, un motor para la economía, es inherente a los seres humanos. La migración no es un problema, se vuelve en un problema al tratar de controlarla violando los derechos humanos y al ser un tema politizado que convierte a las personas en moneda de cambio.

Ante esa realidad, la respuesta gubernamental ha sido obligar, presionar a las personas a permanecer en el sureste del país, básicamente en la ciudad de Tapachula, Chiapas. Hoy sabemos que en esa ciudad hay más de 60 000 personas migrantes y solicitantes de asilo —se calcula que 40% son niños, niñas y adolescentes— en situación de calle, sin permiso para trabajar, sin acceso a salud, educación o servicios básicos. Cabe mencionar que, de acuerdo con la Secretaría de Economía, la tasa de informalidad laboral es de 74.2% en ese estado sureño del país (2022).

La Ley sobre Refugiados, Protección Complementaria y Asilo Político se aprobó en 2011, junto con la reforma de derechos humanos. Si bien es una ley de avanzada en varios aspectos, como muchas de las leyes en México, fue concebida con base en la experiencia de las guerras de Centroamérica, en particular a partir de la recepción de las personas que llegaron a raíz de la guerra civil en Guatemala. Pero la situación actual es radicalmente diferente y el texto de la ley es el mismo, al igual que su reglamento, que no se ha modificado en los últimos 10 años.

La autoridad competente para procesar las solicitudes de asilo es la Comisión Mexicana de Ayuda a Refugiados (Comar). Una de las disposiciones en la ley establece que el procedimiento para solicitar la condición de refugiado se tendrá por abandonado en caso de que las personas dejen de residir en la entidad donde se inició el trámite. La mayor parte de las solicitudes de reconocimiento de la condición de refugiado se presentan en la ciudad de Tapachula, por lo que, si las personas quieren continuar con su trámite, deben esperar a su resolución en el estado de Chiapas con limitadas oportunidades laborales que las condenan a vivir en condiciones precarias.

La espera de la resolución de la solicitud de asilo puede durar meses o incluso años. El rezago de la Comar es enorme, al grado de que 7 de cada 10 solicitudes están pendientes de resolución (Rojas, 2023). Además, hay que reconocer que la situación de la Comar podría ser aún más precaria si no contara con el respaldo presupuestal y técnico de la Oficina del Alto Comisionado de las Naciones Unidas para los Refugiados (ACNUR).

Así, con este muro burocrático se pretende hacer esperar a las personas durante meses por trámites interminables. Esta espera ha provocado que recientemente las personas se organicen desde esa ciudad sureña para avanzar en caravanas, por lo menos para moverse con la intención de sortear ese primer muro y llegar a la Ciudad de México o a ciudades con mejores oportunidades laborales (VOA, 2023).

Las personas que salen desde la ciudad de Tapachula hacia el centro de país lo hacen orilladas por la desesperación provocada por los meses de espera para la resolución de sus trámites ante la Comar, institución rebasada y regida por un reglamento que no responde a la realidad actual.[2] Se trata de un organismo que cuenta actualmente con alrededor de 56 millones de pesos de presupuesto y que ha visto aumentar exponencialmente la demanda de sus servicios y, en cambio, reducirse su presupuesto los últimos dos años.

A pesar de la situación normativa e institucional del sistema de asilo mexicano, las personas que logran obtener una constancia de inicio de trámite y deciden moverse hacia el norte buscando ya sea llegar a la frontera con Estados Unidos o bien, como ya se ha descrito, conseguir trabajo en el centro u occidente del país se encuentran con la situación normativa del abandono del procedimiento iniciado ante la Comar, o bien que las autoridades migratorias hacen caso omiso de dicha constancia que, incluso, les es retirada o destruida ante la incredulidad de las personas solicitantes de la condición de refugiado.

A la par, y contraviniendo lo que señala el Pacto Mundial para una Migración Segura, Ordenada y Regular, impulsado y suscrito por México, que en su objetivo 5 establece que los Estados deben aumentar la disponibilidad y flexibilidad de las vías de migración regular (ONU, 2018), la realidad es que las vías de regularización migratoria que otorga el Instituto Nacional de Migración (INM) son inaccesibles para la mayoría de las personas.

Según la Ley de Migración, aprobada también en 2011, el año de la gran reforma de derechos humanos del sistema jurídico mexicano, hay varios supuestos para lograr una situación migratoria regular en el país (Secretaría de Gobernación, 2011). Por ejemplo, una posibilidad es contar con una oferta de trabajo, hipótesis que solo se puede materializar —según la interpretación del INM— si dicha oferta se informa al ingresar en el país. Esta interpretación no se actualiza, generalmente, para las personas migrantes que ya se en-

---

[2] Para más información, véase el Reglamento de la Ley sobre Refugiados, Protección Complementaria y Asilo Político.

cuentran en México. Aclaro que utilizo la palabra "generalmente" porque el INM aplica excepciones a sus prácticas e interpretaciones a conveniencia. Esta posibilidad de regularización migratoria por oferta laboral es alcanzable para personas que cuentan con recursos para salir y entrar al país, además de contar con pasaporte vigente o alguna otra documentación que les permita cruzar una frontera internacional. Sumado a lo anterior, no podemos ignorar que se trata de un documento para cuya obtención se requiere hacer un pago de derechos bastante oneroso cada periodo de vigencia (INM, 2023). Así implementada la regularización migratoria, las limitaciones para obtener esa condición impactan de manera adversa y desproporcionada a las personas de escasos recursos y sin documentos.[3]

Otra posibilidad de regularización que contempla la Ley de Migración es la de visitante por razones humanitarias, la cual se puede obtener por ser víctima, ofendido o testigo de un delito grave; ser niño, niña o adolescente; ser solicitante de asilo, ya sea político, de la condición de refugiado o solicitante de protección complementaria, e incluso se puede otorgar, de acuerdo con el texto de la ley, cuando exista una causa humanitaria o de interés público que haga necesaria la internación o regularización en el país de una persona (Secretaría de Gobernación, 2011). La realidad es que su emisión está vinculada a la solicitud de asilo acreditada mediante constancia emitida por la Comar, o bien, a total discreción del INM.

La emisión amplia de documentos a quienes cumplan los supuestos de la ley, además de avanzar los compromisos de los objetivos 4, 5 y 6 del Pacto Mundial para una Migración Segura, Ordenada y Regular, serviría para generar un control migratorio a través de mecanismos administrativos que permitan que las personas migrantes puedan acceder a derechos, contar con mejores oportunidades laborales y de desarrollo y no caer en riesgos de extorsión, deportación

---

[3] Para más información, véase la Ley de Migración, art. 52, fracción VII, condición de visitante temporal.

o trata; es decir, acceder a una vida digna en nuestro país. Pero en contra de los compromisos internacionales y de nuestras propias leyes, estas vías siguen estando restringidas y limitadas por la política migratoria y la corrupción de los operadores.

Este es un verdadero muro burocrático y económico que desgasta y frustra a las personas que quedan sin documentos en México. Ante la ineficacia del control administrativo, se erige el muro militar con el despliegue de la Guardia Nacional como resultado de un compromiso suscrito por ambos países en 2019 (Becerra, 2020).

Así, de conformidad con el compromiso, la administración del presidente López Obrador empezó a recibir solicitantes de asilo para esperar la resolución de sus procesos bajo el programa Quédate en México o Migrant Protection Protocols, además de desplegar a por lo menos 21 000 elementos de la Guardia Nacional en el sur del país, con la encomienda de hacer labores de contención migratoria (Guerra, 2019; Arista, 2019).

Este acuerdo mantuvo a las personas a la espera de su cita en las ciudades fronterizas del norte de México, y al mismo tiempo atrapó a las personas en el sur mediante esperas interminables para la resolución de sus trámites ante la Comar, institución que, como ya se explicó, se encuentra rebasada y sin financiamiento suficiente para hacer frente al reto que implica recibir más de 140 000 solicitudes en 2023 (Rodríguez, 2023).

Al inicio de la pandemia por covid-19, los Estados Unidos de Norteamérica aplicaron una vieja regulación conocida como el Título 42, pretextando razones de salud para regresar inmediatamente a las personas que cruzaban de manera indocumentada desde México hacia ese país. Bajo esta práctica, México recibió a más de dos millones de personas, gran parte de ellas mexicanas, alrededor de 35% (Isacson, 2022). Esta norma se utilizó a la par del Título 8, directriz que siguió vigente y que implica la limitación de volver a entrar a Estados Unidos en ciertos años después de que la persona entró sin documentos e incluso implica sanciones de carácter penal y menor acceso al derecho a solicitar asilo (Seisdedos, 2023).

Todas las políticas migratorias que se implementan en Estados Unidos repercuten de manera importante en gran parte de México, así como lo hacen, de forma simultánea y dramática, en las fronteras norte y sur. Con la finalidad de evitar las concentraciones de personas en su frontera y desincentivar el cruce de personas sin documentos, desde el 12 de octubre de 2022 se implementó, en colaboración con el gobierno mexicano, una opción para personas de Venezuela, Nicaragua, Cuba y Haití, ciudadanos de países con los que no tiene buenas relaciones diplomáticas, para solicitar una estancia temporal de dos años a través de requisitos tales como iniciar el trámite fuera de territorio estadounidense, no haber ingresado de manera indocumentada, contar con un patrocinador en ese país y cumplir con requisitos de elegibilidad (USCIS, 2023).

A partir del 12 de enero de 2023 se dio el siguiente paso, que fue la implementación de la aplicación CBP One para agendar una cita para solicitar asilo desde fuera del territorio estadounidense. Aunque gracias a este mecanismo se logra recibir alrededor de 1 000 personas al día en ocho puntos fronterizos, sin duda el mecanismo empleado vía internet y a través de un teléfono inteligente representa un muro tecnológico y económico para muchas de las personas más desfavorecidas y que además pueden tener necesidades de protección internacional (Martínez, 2023).

Las personas venezolanas fueron afectadas con estas nuevas disposiciones, ya que desde hace algunos años hay un desplazamiento constante, incluso caminando a través de la selva del Darién, con la finalidad de avanzar hacia el norte, casi siempre hacia Estados Unidos. Por si fueran pocas las barreras, desde el 21 de enero de 2022 el gobierno de México impuso la necesidad de visa para dicha población, edificando así otro muro difícil de sortear, debido a que muchas de ellas ni siquiera pueden aspirar a tener un pasaporte de su propio país. Según cifras del ACNUR, hay más de siete millones de personas originarias de Venezuela desplazadas por el continente.

También vale la pena detenernos en la migración de origen haitiano, que está siendo particularmente afectada por la aplicación de las políticas de contención y la falta de opciones para obtener un estatus regular en México. Acorralada sin más opciones que presentar solicitudes de asilo ante la Comar, dicha población representa 34% de las solicitudes de asilo presentadas en Tapachula (Silva, 2023). Esperando meses y meses sin respuesta ante una institución sobrepasada y sin muchas perspectivas de obtener el reconocimiento de la condición de refugiado, ya que muchos de ellos no vienen directamente de Haití, sino que, después de años en movilidad, llegan desde Brasil y Chile. Varios de ellos tienen doble nacionalidad, calidad que también dificulta el reconocimiento de la Comar. Como sabemos, son originarios de un país devastado y sin posibilidades, al que, por razones humanitarias, no pueden ser retornados. Para la gran mayoría de estas personas México representa una nueva oportunidad, significa estar con sus familiares y amigos ya establecidos desde hace años en nuestro país.[4]

Así, hemos sido testigos del uso de la violencia institucional por parte del INM y también de la violencia física en contra de personas migrantes, incluso de grupos familiares con bebés y niños pequeños. El uso, con todo el rigor, de la fuerza por parte de la Guardia Nacional se ha justificado incluso desde la tribuna presidencial bajo el argumento de protegerlos de los peligros que representa seguir avanzando hacia el norte (INM, 2021). Resulta paradójica la justificación en el discurso de protección al notar los uniformes de asalto y las armas largas de los elementos desplegados.

Las detenciones y deportaciones han continuado, incluso durante los momentos más intensos de la pandemia. El INM implementó operativos a lo largo del país. Llevó a cabo deportaciones masivas sin detectar las necesidades de protección internacional de personas vulnerables, y privó de la libertad a las personas en las estaciones migratorias y las estancias provisionales.

---

[4] Según el último Censo de Población y Vivienda 2020, en México viven más de 5 000 personas haitianas.

La detención migratoria en México se ha practicado por años como la regla y no como la excepción. Sin Fronteras ha hecho un esfuerzo sostenido por denunciar y documentar esta práctica desde hace más de una década y ha emitido varios informes que vale la pena consultar para entender las condiciones inhumanas que prevalecen en esas instalaciones (Sin Fronteras, 2023). A pesar de las múltiples denuncias de riesgos y abusos, incluso después de que han acontecido desgracias como motines e incluso la muerte de 40 personas en una estancia provisional en Ciudad Juárez, Chihuahua, el INM continúa deteniendo a las personas sin considerar que en México estar en situación migratoria no es un delito, sino una falta administrativa.

Ser privadas de la libertad es uno de los mayores riesgos para las personas migrantes y refugiadas, que implica una experiencia humillante y traumática (Fernández de la Reguera, 2021). Es otro muro casi imposible de superar, ya que las personas se encuentran incomunicadas y sin información, es escaso el apoyo legal disponible y muchas de las veces por desesperación se desisten de recursos legales o de su intención de solicitar asilo. La práctica es que sean devueltas a sus países de origen sin importar si su vida, salud o integridad corren riesgo y sin oportunidad de solicitar asilo.

Da la impresión de que, más que personas, son objetos para el INM, que los mueve a conveniencia, sin individualizarlos. Resulta una práctica frecuente trasladarlas de una estación a otra, o bien dejarlas abandonadas en parajes desolados o en algunos puntos fronterizos menos transitados, en la madrugada. Cuando su presencia resulta incómoda en alguna plaza pública, el INM se encarga de subirlas a autobuses y llevarlas a otra entidad federativa, de dejarlas a su suerte a la intemperie sin importar si son mujeres embarazadas o niños.

El INM ejecuta una contención violenta de las personas migrantes y refugiadas escondiéndose detrás del título del Pacto Mundial para una Migración Segura, Ordenada y Regular, sin tomar en cuenta el contenido del instrumento internacional. Las cláusulas a las que México se comprometió, como abrir vías regulares para migrar y hacer de la detención migratoria una excepción y no una regla, entre otras, no dejan de ser una ilusión. El costo de estas políticas migratorias que violan los derechos humanos ha sido muy elevado.

Nadie puede negar la necesidad de atender las llamadas causas raíz de la migración, que se refieren a fenómenos multicausales y complejos. No podemos reducir la problemática de los países expulsores a una falta de oportunidades laborales, tenemos que observar también la falta de un Estado de derecho, de acceso a la justicia y democracia. Sin embargo, estas soluciones son proyectos de largo plazo. Hoy la realidad es que las personas están en el México de los muros.

Hemos llenado México de muros, unos más visibles que otros. Por ejemplo, en Tijuana el muro es parte del paisaje y está presente y visible de manera constante en muchas partes de la ciudad hasta clavarse dentro del mar. Una de las cosas que más atrae mi atención es ver el contraste: mientras que del lado de México hay muchas construcciones, de todo tipo y categoría, del otro lado, junto a los enormes barrotes de metal, solo se ve el desierto y no hay ninguna construcción cercana. Ello es aún más notorio en la noche, pues del lado mexicano se aprecian las luces de las casas y los edificios, mientras que la luminosidad urbana de San Ysidro se ve a lo lejos. Da la impresión de que Tijuana también quiere pasar a San Diego.

Más allá de lo que se observa, sabemos que en Tijuana se concentran miles de personas desplazadas internas, muchas de ellas originarias de Michoacán y Guerrero. Más de la mitad de los albergues están ocupados por nuestros connacionales que están huyendo de las amenazas del crimen organizado y de las persecuciones por razón de género. Madres con niños pequeños, personas adultas mayores, familias completas tratando de abrir un pequeño hueco en el muro para pedir asilo en Estados Unidos.

Así también, buscando rendijas en esa gran muralla, están las personas refugiadas que vienen desde otros países. Enrique Chiu, el artista que ha dedicado años a pintar —o, mejor dicho, a borrar con su arte— el muro de Tijuana, me compartió un dato interesante: el muro está construido un metro dentro del territorio estadouniden- se. Se hizo así para tener control sobre él. Paradójicamente, cuando te paras justo a un lado de las enormes columnas de metal estás en Estados Unidos. Y ese metro de tierra es a lo más que puede aspirar la gran mayoría de esos miles de personas desesperadas.

El muro es cruel a la vista: representa el obstáculo más evidente y visible de la dificultad de alcanzar un lugar seguro, un trabajo mejor pagado o una vida digna para miles de personas. Pero además de esa barrera de metal están los muros que representa el sistema de visas, que discrimina por nivel económico y por color de piel; están los muros burocráticos de México, los muros que violentan con mi- litares, cárceles y prácticas de exclusión y discriminación.

Resulta impostergable atender de manera regional las causas de la migración económica abriendo vías para la migración laboral que permitan la circularidad y la temporalidad, el acceso a visas de trabajo equitativas, sin discriminación por razón de género, dando acceso a salarios justos, a protección de derechos laborales, a con- diciones dignas de trabajo e incluso acceso a sistemas de seguridad social.

Con respecto a la migración forzada, la atención debe ser distin- ta. En primer término, se deben respetar los tratados internacionales y las obligaciones que tiene cada país, fortalecer los sistemas de asilo en nuestra región y abordar la emergencia humanitaria en la que están las familias que ya se encuentran en nuestro territorio. Se debe exigir la aplicación de la ley sin diferencias ni discriminación, porque se tra- ta de vidas que no pueden esperar décadas a enderezar los rumbos de países enteros, que sufren los estragos provocados por el cambio climático, los gobiernos corruptos y la operación de las pandillas transnacionales.

México tiene a su alcance soluciones viables desde el punto de vista legal, social, económico y político. Sin dejar de atender de ma- nera regional las casusas estructurales, que podrían verse corregidas en décadas, hoy debemos prestar atención a la coyuntura respetando los derechos humanos. Instituciones y personas de vasta experiencia en movilidad humana han puesto opciones sobre la mesa: vías factibles de regularización migratoria por razones humanitarias que se han hecho públicas (Comisión de Asuntos Migratorios, 2021). Y, sin embargo, nuestras autoridades se empeñan en seguir levantando muros.

La solución está en la ley, la política, el sentido común y la solidaridad. Las personas en movilidad son usadas como monedas de cambio, como elementos de negociación. Existen varias posibilidades y ejemplos exitosos en la historia reciente que nos muestran otras alternativas: regularización migratoria por razones humanitarias,[5] programas de regularización específicos[6] y programas de reubicación (ACNUR, 2021). Por todo esto, los muros no son la solución, pues separan, segregan y lastiman, y porque, de una u otra manera, las personas que buscan vivir dignamente seguirán intentando derrumbarlos sin descanso (Saiz, 2021).

REFERENCIAS

ACNUR (2021), "México: reubicaciones para la integración de personas refugiadas superan la cifra de 10 000". Consultado en https://www.acnur.org/noticias/briefing-notes/mexico-reubicaciones-para-la-integracion-de-personas-refugiadas-superan-la.

ACNUR (1951, 28 de julio), Convención sobre el Estatuto de los Refugiados. Consultado en https://www.acnur.org/media/convencion-sobre-el-estatuto-de-los-refugiados.

Arista, L. (2019), "Guardia Nacional ha desplegado 21,000 elementos para contener la migración a Estados Unidos", *El Economista*. Consultado en https://www.eleconomista.com.

---

[5] Como testiguamos que se otorgó a mujeres afganas.

[6] Para más información, véase el informe "Programas de Regularización Migratoria en México", de Sin Fronteras.

mx/politica/Guardia-Nacional-ha-desplegado-21000-elementos-para-contener-la-migracion-a-Estados-Unidos-20190720-0018.html.

Becerra, M. (2020), Declaración Conjunta México-Estados Unidos del 7 de junio de 2019. *Anuario Mexicano de Derecho Internacional, 20*. Consultado en https://doi.org/10.22201/iij.24487872e.2020.20.14486.

Comisión de Asuntos Migratorios (2021), "Gobierno mexicano tiene opciones para solucionar situación migratoria en Chiapas". Consultado en https://www.youtube.com/watch?v=8zqZEEwv-vw

Fernández de la Reguera, A. (2021), *Detención migratoria: prácticas de humillación, asco y desprecio*, México, UNAM-Secretaría de Desarrollo Institucional. Consultado en http://www.libros.unam.mx/detencion-migratoria-practicas-de-humillacion-asco-y-desprecio-9786073051774-ebook.html.

Guerra, G. (2019), "Mexico, United States: Agreement on Migration Concluded", Library of Congress. Consultado en https://www.loc.gov/item/global-legal-monitor/2019-06-17/mexico-united-states-agreement-on-migration-concluded/.

INM (2023), "¡Conoce las nuevas tarifas de pagos de derechos 2023!". Consultado en https://www.gob.mx/inm/articulos/conoce-las-nuevas-tarifas-de-pagos-de-derechos-2023?idiom=es.

INM (2021), "Tema Migratorio 090921". Consultado en https://www.inm.gob.mx/gobmx/word/index.php/tema-migratorio-090921/.

Isacson, A. (2022), "Tres consecuencias de mantener el Título 42 [en la frontera entre México y Estados Unidos]", WOLA. Consultado en https://www.wola.org/es/analisis/tres-consecuencias-de-mantener-el-titulo-42-en-la-frontera-entre-mexico-y-estados-unidos/.

Linthicum, K. (2018), "Los tweets de Trump contra México, más ficción que realidad", *Los Angeles Times*. Consultado en https://

www.latimes.com/espanol/eeuu/la-es-los-tweets-de-trump-contra-mexico-mas-ficcion-que-realidad-20180 402-story.html.

Martínez, H. (2023), "Han otorgado 79 mil citas con app CBP One", *El Diario MX*. Consultado en https://diario.mx/ juarez/han-otorgado-79-mil-citas-con-app-cbp-one-2023 0519-2057138.html.

ONU (2018), Pacto Mundial para una Migración Segura, Ordenada y Regular. Consultado el 26 de mayo de 2023 en https://www. ohchr.org/es/migration/global-compact-safe-order-ly-and-regular-migration-gcm#:~:text=El%20Pacto%20 Mundial%20para%20una,de%20forma%20hol%C3%ADsti-ca%20y%20completa.

Rodríguez, I. (2023), "Solicitudes de refugio superarían las 140,000 en 2023", *El Economista*. Consultado en https://www.eleco-nomista.com.mx/politica/Solicitudes-de-refugio-superaria n-las-140000-en-2023-20230517-0140.html.

Rojas, A. (2023), "En rezago más de 320,000 solicitudes para re-fugiarse", *El Economista*. Consultado en https://www.ele-conomista.com.mx/politica/En-rezago-mas-de-320000 -solicitudes-para-refugiarse-.

Saiz, A. (2021), "Sin muros de papel", *Animal Político*. Consultado en https://www.animalpolitico.com/analisis/organizacio-nes/por-un-mundo-sin-fronteras/sin-muros-de-papel.

Secretaría de Economía (2022), Data México [data set], Chiapas. Consultado en https://datamexico.org/es/profile/geo/chia-pas-cs.

Secretaría de Gobernación (2011), Ley de Migración (ley de 25 de mayo de 2011), *Diario Oficial de la Federación*.

Seisdedos, I. (2023), "Expiró el Título 42 en la frontera Méxi-co-Estados Unidos: ¿ahora qué?", *El País*. Consultado en https://elpais.com/internacional/2023-05-13/expiro-el-ti-tulo-42-en-la-frontera-mexico-estados-unidos-ahora-que. html.

Silva, A. [@AndresRSilva_] (2023, 2 de mayo), "Al concluir el primer tercio del año, los *top* 10 países de origen de los solicitantes de la condición de refugiado en México son Haiti: 18,860[;] Hond: 10,993[;] Cuba: 3,374[;] Vene: 2,892 [;] El Salvador: 2,152[;] Brasil: 1,822[;] Chile: 1,814[;] Guate: 1,672[;] Angola: 876[;] Nica: 874" [tweet].

Sin Fronteras (2023), Informes temáticos, Sin Fronteras. Consultado en https://sinfronteras.org.mx/informestematicos/.

United Nations Statistics Department (2021), Basic Data Selection. Consultado en https://unstats.un.org/unsd/snaama/Basic.

USCIS (2023), "Procesos para cubanos, haitianos, nicaragüenses y venezolanos", U.S. Citizenship and Inmigration Services. Consultado en https://www.uscis.gov/es/CHNV.

VOA (2023), "Miles de migrantes en caravana hacia centro de México tras meses atrapados en el sur". Consultado en https://www.vozdeamerica.com/a/miles-migrantes-caravana-hacia-centro-mexico/7062659.html.

Las migraciones de Centroamérica y México a Estados Unidos y el reto del desarrollo económico

Rodolfo García Zamora
Selene Gaspar Olvera

INTRODUCCIÓN

En México al final del gobierno de Peña Nieto, en diciembre de 2018, se vivía un complicado escenario de movilidad humana en el país con seis dimensiones migratorias: como país de origen, tránsito, retorno, desplazamientos internos y creciente asilo y refugio de migrantes. Lo anterior a pesar de las múltiples propuestas de las organizaciones de migrantes y de la sociedad civil para la elaboración de políticas públicas sobre desarrollo, migración y derechos humanos, algunas de las cuales fueron incluidas en el Programa Especial de Migración, publicado el 30 de abril de 2014 en el *Diario Oficial de la Federación*, sin ser vinculante y con un presupuesto de 50 millones de pesos. Aún ahora la política migratoria vigente de seguridad nacional y asistencialismo binacional para los mexicanos en Estados Unidos resulta insuficiente y la normatividad y capacidad institucional del país es superada y cuestionada de forma creciente ante las nuevas modalidades de la movilidad humana (García, 2019).

En una perspectiva de más de 40 años resalta la incoherencia del gobierno mexicano, que frente a la gran importancia y aporte de los migrantes para el funcionamiento del país y la presencia de seis dimensiones de la movilidad humana en todo el territorio nacional no ha construido las políticas públicas y el marco normativo indispensable para atender la migración de forma adecuada. No obstante la existencia en Estados Unidos de más de 38.5 millones de habitantes de origen mexicano, 11.5 millones de mexicanos que viven permanentemente en ese país en 2020, entre los que se encuentran 5.9 millones de mexicanos indocumentados, incluidos 640 000 *dreamers*, que en su conjunto transfirieron 40 000 millones de dólares de remesas familiares en ese año, y el creciente aumento de los flujos de transmigrantes por la frontera sur, sigue sin incluirse la movilidad humana en la agenda nacional y los presupuestos como prioridad (García y Gaspar, 2020a).

Durante la campaña presidencial y al inicio de su gobierno en 2018, López Obrador prometía la construcción de un nuevo proyecto de nación y políticas públicas que incidieran en las causas de la migración internacional, sin embargo, después de tres años de gobierno no se conoce ninguna estrategia integral de transformación económica, social e institucional, ni tampoco se ha presentado ninguna política de desarrollo y migración con enfoque de derechos humanos como parte central de la agenda nacional. Por el contrario, se persiste en una política migratoria con enfoque en la seguridad nacional hacia los transmigrantes y corporativismo y asistencialismo hacia los mexicanos en Estados Unidos. Frente al gobierno antiinmigrante y antimexicano de Trump, el gobierno actual sigue la subordinación del gobierno anterior a la política de migración y seguridad regional de Estados Unidos, especialmente frente a las caravanas migratorias de Centroamérica de 2018 a 2020, cuando ante la amenaza de poner aranceles a las exportaciones mexicanas a aquel país en junio de 2019 el canciller mexicano firma y acepta formalmente subordinarse a ambas políticas del gobierno estadounidense.

Pese que entre 2000 y 2015 hay una gran cantidad de propuestas de las organizaciones migrantes y la sociedad civil transnacional para el diseño de políticas públicas sobre migración, que en parte se incluyen en el Programa Especial de Migración (2014), en el gobierno de la Cuarta Transformación (2018-2024) no se retoman las propuestas, ni tampoco se actualiza y aplica ese programa, excluyendo la movilidad humana como parte de dicha transformación. Paradójicamente, la movilidad humana como crisis migratoria, crisis humana y de gobernabilidad, se expresa en la frontera norte, la frontera sur, los corredores migratorios de Chiapas a Tamaulipas y Baja California, con tensiones y disfuncionalidades crecientes entre el gobierno federal, los gobiernos estatales y municipales, y en particular con Estados Unidos. La respuesta fue mandar a la Guardia Nacional, convertida *de facto* en la "patrulla migratoria" de México para reducir la entrada de migrantes de Centroamérica, regular a los migrantes en tránsito por el país y controlar y evitar la entrada irregular a Estados Unidos de 70 000 migrantes "devueltos" por su gobierno mediante los nuevos acuerdos con México.

Luego de tres años del gobierno actual han quedado claras las grietas del desarrollo económico y la migración dentro de la Cuarta Transformación, justo cuando la movilidad humana en sus diferentes dimensiones exige una política de Estado, con planes, programas, proyectos y presupuestos adecuados. La incoherencia entre la realidad migratoria y la ausencia de políticas públicas adecuadas es evidente con la comunidad migrante mexicana frente a sus aportes históricos de remesas al país en 2019, 2020 y 2021 con 36 400 millones, 40 600 millones y 50 000 millones de dólares y la exclusión de los programas más importantes para los migrantes en el Presupuesto de Egresos de la Federación de 2020, 2021 y 2022 con el riesgo de una fractura histórica con el gobierno actual y todo el Estado mexicano.

Al inicio de 2021, Joe Biden al frente del gobierno de Estados Unidos prometió un cambio en la política migrante en su país enviando una reforma migratoria al Congreso que incluye respeto a los derechos humanos, suspensión de la construcción del muro, restablecimiento de los derechos de asilo y refugio, alternativas para regularizar a 10.5 millones de migrantes indocumentados y solución definitiva a por lo menos 640 000 *dreamers* con Acción Diferida para los Llegados en la Infancia (DACA, por sus siglas en inglés; 80% de ellos nacieron en México, sin contar a los que quedaron fuera del programa) y el compromiso de invertir en Centroamérica 4 000 millones de dólares para su desarrollo económico. Se generó un optimismo efímero sobre las posibilidades de un esfuerzo conjunto para promover el desarrollo económico en la región; sin embargo, su oferta se diluyó en los meses siguientes, y en el caso de México la duda es si el gobierno y el Congreso tendrán la voluntad política de realizar los cambios institucionales para incluir la migración como parte central de la agenda nacional, de las políticas públicas y de los presupuestos con una nueva arquitectura normativa e institucional, especialmente en el campo del desarrollo económico.

LA MIGRACIÓN INTERNACIONAL DE CENTROAMÉRICA Y MÉXICO, 2015-2020

Con la crisis económica de Estados Unidos de 2007 a 2009 y sus consecuencias, se pasó del sueño a la pesadilla neoliberal de los gobernantes de la región cuando se redujo de manera dramática la migración a ese país, cayeron las remesas y se incrementaron las políticas antimigrantes frente a sus economías presas de la jaula neoliberal, de los tratados comerciales con Estados Unidos y su estrategia de control y seguridad en la región. Los efectos anteriores fueron distintos entre México y los países de Centroamérica (Guatemala, Honduras y El Salvador) por las enormes diferencias en sus estructuras económicas, institucionales y los procesos de violencias económicas, sociales, políticas y ambientales que en los últimos cuatro lustros han generado una tipología migrante diferente. Mientras en México, en general, se trata de migrantes económicos, con frecuencia con fuertes redes sociales, en el caso de los países de Centroamérica se trata de migraciones forzadas por la pobreza extrema, la violencia creciente de las organizaciones criminales y los desastres naturales. Esta situación ya era evidente en el aumento de los flujos migrantes de Centroamérica desde finales de los años noventa y que tiene su expresión más trágica en la masacre de San Fernando, Tamaulipas,

140

en 2010, con el asesinato de 73 migrantes mayoritariamente centro-americanos, que fue uno de los detonantes para reconocer cómo en México crecían la inseguridad y las violencias en ambas fronteras y sobre las diferentes rutas migratorias que enlazan los movimientos migratorios de Guatemala con el río Bravo de Estados Unidos (García y Gaspar, 2020b: 56).

La situación de Centroamérica ha sido mucho más complicada por lo atrasado de su estructura económica rural, a consecuencia de su tratado comercial con Estados Unidos, la enorme dependencia de las remesas que llegan a representar más de 15% del producto interno bruto (PIB) en países como Honduras y El Salvador, la inestabilidad política permanente y una violencia generalizada que obliga a migraciones crecientes en los últimos años, como se evidencia con las famosas caravanas de finales de 2018 a 2021.

La sincronía de la crisis económica en México y la región con los problemas migratorios y de fronteras de nuestro país hacen que Gustavo Mohar (2019) considere que México vive una encrucijada sin precedente en la historia de nuestra política migratoria, en las fronteras y la seguridad. Para él, la explican tres factores: por vez primera, el presidente de Estados Unidos utiliza la migración desde la frontera con México con retórica y mentiras para su estrategia de reelección; la masividad y diversidad de la migración proveniente de Centroamérica, mayoritariamente forzada por las violencias, y la posición del nuevo gobierno mexicano de asumir como eje de su política migratoria la defensa de los derechos humanos de los migrantes y facilitar el tránsito por el territorio nacional con una visa humanitaria.

Según Alejandro Canales et al. (2019), el escenario de las migraciones en Mesoamérica es complejo, particularmente en el área que forman los países del norte de Centroamérica (El Salvador, Guatemala y Honduras), dada la magnitud de personas que migran en la dirección sur-norte tratando de llegar a Estados Unidos. La complejidad de este proceso está vinculada con los distintos factores que impulsan la migración y con las políticas y normativas que son aplicadas en los países de origen, tránsito y destino. En estos países la migración se desencadena por factores sociales y económicos de carácter estructural. La pobreza, desigualdad social, el bajo nivel de desarrollo y crecimiento económico, una matriz productiva con bajo nivel de productividad y especializada en bienes primarios, exportaciones, maquila y servicios, sumado a condiciones de violencia e inseguridad pública, inestabilidad política y redes de delincuencia organizada, genera muy bajas expectativas de un futuro mejor para los hijos y descendencia en los lugares de origen. En este contexto, la emigración, que en otros lugares pudiera ser un proceso natural, es una de las pocas opciones que tiene la población para intentar salir de estas condiciones que la oprimen. Canales *et al.* (2019) destacan las situaciones de riesgo y vulnerabilidad en que se realizan los flujos migratorios de Centroamérica hacia Estados Unidos. Ambas condiciones se presentan desde la salida de los países, el tránsito por México y durante su estancia en el país de destino a causa del carácter irregular de los migrantes y la creciente participación de niñas, niños y mujeres. La vulnerabilidad y riesgos se manifiesta de forma particular en las migraciones transfronterizas en el sur y norte de México y entre los países de Centroamérica a causa del proceso de violencias y participación de las organizaciones criminales como nuevos "reguladores" de los flujos migratorios. Frente a la multiplicidad de causas y consecuencias de la migración, los riesgos y vulnerabilidades de la población migrante, destaca la debilidad crónica de los Estados nacionales para diseñar e implementar políticas y programas que contribuyan a atender las problemáticas que afectan y atentan contra los derechos fundamentales de la población migrante.

Sobre la situación anterior señalan cómo en el caso de México, por ejemplo, es más fácil recurrir a una política de control migratorio basada en una estrategia de aprehensiones y deportaciones masivas (más de 150 000 anuales en la última década) que asumir la situación de vulnerabilidad de las personas migrantes y desarrollar políticas y programas que atiendan este problema. Una política tan simple y básica como otorgar visados temporales a la población en tránsito contribuiría a reducir sustancialmente su exposición a riesgos y agresiones tanto por parte del crimen organizado como de las mismas autoridades mexicanas.

En cualquier contexto, los derechos humanos de las personas migrantes constituyen el aspecto central al que deben enfocarse las medidas que se implementen en todo el proceso migratorio. Esta tarea representa el principal reto de las políticas públicas, pues deben tener un carácter integral y holístico, que tomen en cuenta las causas estructurales y los factores asociados a la migración. El enfoque de los derechos humanos no puede ser usado para justificar la detención o la disuasión, sino para la protección efectiva de las personas migrantes.

Para los investigadores citados los Estados tienen el reto de emprender mayores esfuerzos, mediante el fortalecimiento de sus instituciones y de la cooperación en distintas escalas (local, nacional e internacional) y la concurrencia de distintos sectores para que la llamada gobernanza de la migración no se quede en la retórica ni en la realización de múltiples y diversas reuniones, sino que sea un mecanismo efectivo que propicie el respeto y proteja los derechos de los migrantes, para lo cual se deben establecer diferentes mecanismos de monitoreo.

Las estadísticas que se presentan en la gráfica 1 y el cuadro 1 ilustran que El Salvador, Guatemala, Honduras, Nicaragua y México son expulsores netos de población, cuatro de ellos países centroamericanos. En todos ellos, incluidos Belice, Costa Rica y Panamá, que observan saldo neto migratorio positivo, sus emigrantes internacionales tienen como principal destino Estados Unidos. Esta característica de la migración de Centroamérica, compuesta principalmente por indocumentados, hace que México sea tránsito de migrantes de esos países. Se destaca que el principal destino de los mexicanos son los Estados Unidos, debido a la larga tradición migratoria y al hecho de que viven en ese país casi 12 millones de mexicanos junto a 13.7 millones de estadounidenses cuyos padres nacieron en

México. Ello hace que el mayor número de inmigrantes en el país sean precisamente los que proceden de Estados Unidos (71.9% de los inmigrantes en México nacieron en ese país, según datos de Naciones Unidas).

GRÁFICA I.
Emigrantes e inmigrantes internacionales
de países centroamericanos, 2019

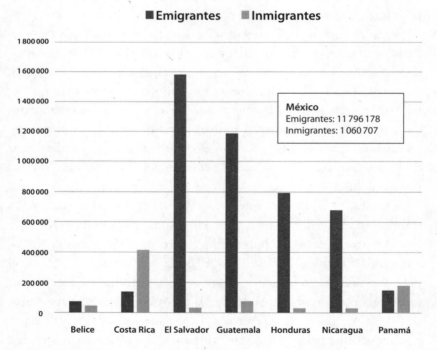

FUENTE. Naciones Unidas, 2019. Matriz de origen y destino.

144

CUADRO I.
Tres principales países de residencia de los migrantes centroamericanos, 2019

Destinos	Belice	Destinos	Costa Rica
Estados Unidos	58 472	Estados Unidos	99 285
Canadá	2 123	Nicaragua	11 283
México	2 029	Panamá	8 260
Destinos	El Salvador	Destinos	Guatemala
Estados Unidos	1 429 155	Estados Unidos	1 070 743
Canadá	51 207	México	44 178
Guatemala	19 704	Belice	25 876
Destinos	Honduras	Destinos	México
Estados Unidos	655 995	Estados Unidos	11 489 684
España	57 764	Canadá	85 825
México	15 300	España	53 158
Destinos	Nicaragua	Destinos	Panamá
Estados Unidos	302 845	Estados Unidos	125 329
Costa Rica	296 541	Costa Rica	11 592
España	25 969	España	4 399

FUENTE. Elaboración propia con datos de Naciones Unidas. Matriz de origen destino, 2019.

EL RETO DEL DESARROLLO ECONÓMICO
EN CENTROAMÉRICA Y MÉXICO

Antes de la llegada del covid-19 a México, durante 14 meses el gobierno de López Obrador aplica la misma política de austeridad y estabilidad macroeconómica vigente desde 1982, con una política social asistencialista de transferencia de ingresos hacia jóvenes y ancianos. Pese a una retórica antineoliberal frente a la pandemia se persiste en la austeridad, el rechazo reiterado a una reforma tributaria progresiva y la contratación temporal de deuda, frente a países como China, la Unión Europea, Estados Unidos y otros, que aumentan radicalmente su inversión pública, los estímulos fiscales y la contratación de deuda para reactivar sus economías. Así, el gobierno mexicano profundiza la austeridad y le apuesta al funcionamiento del Tratado entre México, Estados Unidos y Canadá (T-MEC), que entra en vigor el 1 de julio de 2020, como el principal instrumento de reactivación de la economía nacional, junto con los cuestionados megaproyectos en el sur del país y la construcción de un nuevo aeropuerto (García y Gaspar, 2020a).

Al inicio de enero de 2021, cuando la profundización de la crisis estructural en Honduras, las violencias, los impactos del covid-19 y dos huracanes provocan la salida de dos nuevas caravanas rumbo a Estados Unidos pasando por Guatemala y México, se genera la alarma de los gobiernos de estos países en gran medida por la presión del cambio en la presidencia de aquel país, que anuncia un giro progresista en la política migratoria que podría ser afectada por la recurrencia de nuevas caravanas. Situación que generó la intervención de la policía y ejército de Guatemala para detener y obligar el regreso a Honduras de los migrantes. En el caso de México se reforzó la vigilancia de la frontera sur con la Guardia Nacional y se anunció que solo podrían ingresar al país quienes tuvieran visa y un estudio médico de no contagio de covid-19. En los hechos, se frenaron las dos caravanas, pero no la migración indocumentada en tránsito por México motivada por el anuncio de una propuesta de política migratoria en Estados Unidos más flexible. La prensa nacional consigna detenciones constantes de múltiples grupos de migrantes centroamericanos en el sur del país instrumentados por los traficantes y, lo más grave, una nueva masacre de 19 migrantes en Camargo, Tamaulipas, el 22 de enero de 2021, en su mayoría guatemaltecos.

En el contexto anterior, los gobiernos de México, Guatemala, Honduras y El Salvador plantean la necesidad de establecer alianzas regionales y fortalecer el trabajo e intercambio de información estratégica con Estados Unidos para atender la crisis migratoria en la región. Los representantes de los primeros países acuerdan colaborar en una gestión integral de los procesos migratorios, considerando la migración irregular, la seguridad, el combate al tráfico de migrantes y la trata. Ratifican su interés en avanzar en una gestión migratoria ordenada, regular y segura, especialmente en la etapa actual de covid-19 con atención especial a los pequeños migrantes. Reconocen que la actual dinámica migratoria constituye un desafío regional que ningún país puede resolver solo. Frente a los rumores de que las políticas migratorias cambiarán pronto, un representante de la embajada de Estados Unidos en México declara que las políticas de inmigración implementadas en años recientes por su país continúan vigentes, incluyendo las restricciones a los cruces fronterizos, las expulsiones inmediatas debido al covid-19 y los protocolos de protección al migrante (*La Jornada*, 2021, 12 de enero).

Por parte del gobierno de México, en la segunda semana de enero de 2021 sus voceros les plantean a los representantes del equipo de Biden el plan de desarrollo en el sur de México y Centroamérica, quienes aceptan en principio atender "las causas de raíz de la migración" (*La Jornada*, 2021, 15 de enero). Frente a la recurrencia de las causas estructurales de la migración forzada en Centroamérica, agravadas por los huracanes a finales de 2020, resulta necesaria una acción internacional humanitaria concertada para atender, así sea de forma coyuntural, las necesidades esenciales de los migrantes en su propio país, para lo cual se requiere tanto la participación de los gobiernos involucrados —Estados Unidos, México, Guatemala, El Salvador y Honduras— como la de diferentes organismos internacionales. En lo que se refiere al mediano y largo plazo, es claro que el fenómeno migratorio debe resolverse suprimiendo sus causas de fondo, que son la falta de condiciones económicas y la inseguridad provocada por la violencia. Cabe esperar que, sin renunciar a sus promesas electorales de llevar a cabo una reforma migratoria, el próximo presidente estadounidense se tome en serio el proyecto del mandatario mexicano, Andrés Manuel López Obrador, respecto de propiciar en las naciones donde se originan los flujos migratorios la creación de empleos, la seguridad y la estabilidad (*La Jornada*, 2021, 19 de enero).

Cuando en mayo de 2020 la Comisión Económica para América Latina (CEPAL) presentó por primera vez su propuesta de desarrollo económico regional para el sur de México y el norte de Centroamérica pedida por el gobierno mexicano como alternativa de fondo a las causas de la migración internacional, señalamos que teóricamente era correcta, con una visión holística de que solo el desarrollo humano integral, equitativo y sustentable puede erradicar las causas estructurales de la migración. Pero falta integrar los antecedentes del Plan Puebla-Panamá, sus avances y limitaciones, y además contemplar los enormes problemas para su aplicación, como las desigualdades económicas y sociales estructurales entre los diferentes países; las enormes diferencias institucionales entre ellos de ausencia de Estados centroamericanos con capacidad de construir y promover las estrategias del desarrollo en cada uno de ellos, buscando generar sinergias en un esfuerzo conjunto, y valorar los impactos de las políticas neoliberales vigentes de austeridad forzada en todos los países de la región y su resultado de deuda creciente y ausencia de políticas públicas de desarrollo regional y sectorial (la ausencia y desmantelamiento de un Estado desarrollador en Centroamérica y México), que hacen ahora inviable una propuesta como la indicada en la región en las condiciones actuales. La ausencia de una estrategia integral para enfrentar la inseguridad y la violencia en esa zona, que, junto con la desigualdad, son los detonantes de las migraciones masivas forzadas, representa otra de las limitaciones de la propuesta de la CEPAL, junto con la actuación imperial de Estados Unidos en la región de control territorial, económico, comercial, energético y militar, contraria a una inversión masiva para promover el desarrollo económico integral y revertir la pobreza y las violencias (García y Gaspar, 2020a: 110).

Varias semanas después del triunfo de Joe Biden como presidente electo de Estados Unidos, Andrés Manuel López Obrador le manda la carta oficial de felicitación; de ella Jorge Durand (2020) destaca el reconocimiento de su postura a favor de los migrantes de México y el mundo que permitirá continuar con el plan de promover el desarrollo y el bienestar de las comunidades del sureste de México y de los países de Centroamérica, según el presidente mexicano. Pero para Durand la agenda de Biden es más compleja por el contexto político de su país y los temas que la integran, como la construcción del muro, la solución legal definitiva de los *dreamers* y beneficiarios del programa Protección Temporal para Centroamericanos y Caribeños (TPS, por sus siglas en inglés), la suspensión del MPP (Quédate en México con 70 000 migrantes devueltos a México), la atención a miles de solicitantes de refugio, el rezago de un millón de casos en los juzgados de migración, la separación de miles de niños migrantes de sus padres, el rentable negocio de los centros de detención privados y la promesa de Biden de una reforma migratoria integral que permita legalizar la situación de 10.5 millones de migrantes con estancia irregular (Budiman, 2020), en un contexto de aumento de las detenciones de migrantes por la patrulla fronteriza a finales de 2020 y el anuncio de nuevas caravanas migratorias de Centroamérica en 2021.

Bajo el contexto anterior y con la crisis sanitaria y económica, para Jorge Durand pensar en los planes de desarrollo para Centroamérica resulta ilusorio. El desarrollo es y ha sido esquivo para países pobres, con pocos recursos y muchos problemas. Pero más allá de los planes y programas asistenciales coyunturales, la raíz es el modelo neoliberal. AMLO es un solitario Quijote que arremete (verbalmente) contra un modelo y una ideología enquistada hasta el tuétano en la sociedad, que incluso se arriesga a subir salarios mínimos en tiempos de crisis. Pero Biden y los líderes de los países centroamericanos difícilmente van a cuestionar el modelo económico.

Por parte de México, Jorge Durand (2021) destaca la gran debilidad institucional del tema migratorio, su ausencia en la agenda nacional y la falta de una política de Estado sobre desarrollo, migración y derechos humanos que responda a la importancia de la movilidad humana en la reproducción económica, social, cultural y en muchas otras dimensiones. Considera que el tema migratorio es la peor crisis sorteada por AMLO en los dos primeros años de gobierno, puso en vilo al país, tuvo que dar marcha atrás en su política aperturista y ceder a las presiones y chantajes de Trump. Pese a ello, según él, no se le da la debida importancia al tema y al problema mutilando las funciones de la Secretaría de Gobernación delegando las funciones migratorias en la Secretaría de Relaciones Exteriores, dejando una pequeña Unidad de Política Migratoria, que no define ni propone ninguna política por lo marginal de su situación, equipo y recursos de todo tipo; y un Instituto Nacional de Migración como ariete de la política migratoria de seguridad nacional con enfoque policiaco. La narrativa oficial de convertir los consulados en Estados Unidos en defensorías de los mexicanos en aquel país queda en retórica ante la precariedad de los mismos, la reducción presupuestal, los problemas laborales de su personal y una demanda de servicios crecientemente insatisfecha.

Ante los retos y oportunidades que presenta la llegada de Biden al gobierno de Estados Unidos con una actitud a favor de los migrantes al inicio de 2021, las caravanas de migrantes que salen de Honduras y llegan a Guatemala enfrentan la indiferencia de su gobierno corrupto e irresponsable, la contención militar del segundo país, la amenaza del gobierno mexicano de que solo pasarán quienes tengan visa y estudio médico negativo de covid-19, reforzando la presencia de la Guardia Nacional en la frontera, y el anuncio de Estados

Unidos de que no habrá ninguna flexibilización para el ingreso de nuevos migrantes. En los hechos, Jorge Durand (2021) constata la persistencia de las causas estructurales de la migración, pobreza, corrupción, desastres naturales, violencia e irresponsabilidad estatal, la colaboración en las estrategias de contención y seguridad regional de los demás países y la falta de una estrategia integral de desarrollo para Honduras, Guatemala y El Salvador, que involucre en primer lugar a sus estados, con planes, programas, proyectos y presupuestos que sean respaldados por Estados Unidos, México y diversos organismos internacionales.

Para Daniel Villafuerte y Carmen García (2020) la llegada de Biden al gobierno de Estados Unidos y su discurso sobre el tema de políticas migratorias y la posibilidad de colaboración con los países de la región tiene una gran incertidumbre por la asimetría de poder entre los participantes, que explica en gran medida la subordinación del gobierno mexicano actual a la política de migración y seguridad de Estados Unidos a partir de los acuerdos de Washington de junio de 2019. La disyuntiva entre "cooperar" con el gobierno de Estados Unidos o no hacerlo tiene consecuencias económicas y políticas para el país, como lo evidenciaron las amenazas de imponer aranceles a las exportaciones mexicanas, de no hacerlo, por parte del presidente Trump.

Ellos sostienen que el escenario para México sobre movilidad humana es considerablemente complejo porque atiende a los intereses y presiones de Estados Unidos. El gobierno mexicano ha expresado que la solución a la migración irregular está en resolver los problemas estructurales de Honduras, Guatemala y El Salvador, para lo cual presentó en 2019 una propuesta de desarrollo regional elaborada por la CEPAL, que hasta ahora no ha avanzado por el desinterés de Estados Unidos y los países centroamericanos y la ausencia del financiamiento estimado en 45 000 millones de dólares, difícil de conseguir actualmente bajo la pandemia por covid-19, la cual viene a convertirse en un nuevo muro en la frontera sur ante la persistencia de los flujos migratorios, con o sin caravanas. Para ellos se profundizará el éxodo en los próximos años de la Cuarta Transformación, no solo por las secuelas de la pandemia en materia de pobreza, desempleo y violencias, sino también por la ausencia de medidas de los gobiernos de la región para enfrentar la grave crisis económica y las vulnerabilidades frente a la emergencia de fenómenos ambientales que han afectado severamente a gran cantidad de la población.

Villafuerte y García (2020) sostienen que ahora México está solo. Los países del norte de Centroamérica no tienen interés en hacer reformas profundas para evitar la migración forzada. Sus economías son altamente dependientes de las remesas: en 2019 Guatemala recibió 10 508 millones de dólares de remesas, El Salvador, 5 650 millones y Honduras 5 523 millones por el mismo concepto (gráfica 2). Las remesas constituyen la principal fuente de divisas para los tres países; sin embargo, el costo humano del dinero es muy alto, no solo por el número de desaparecidos y muertos. El escenario es incierto, Trump ha perdido la presidencia, pero la pesadilla no ha terminado. El trumpismo está presente en ambas Cámaras, pero sobre todo en la sociedad que acusa una profunda división, que se refleja nítidamente en la proporción de votos obtenidos por el republicano y en familias divididas: "Trump es como el catalizador de un terremoto que acaba de dividir dos continentes de pensamiento. Una vez que la Tierra se divide así, no hay vuelta atrás" (*La Jornada*, 2020, 7 de noviembre).

GRÁFICA 2.

Principales países receptores de remesas en Centroamérica, México y el Caribe, en millones de dólares, donde las remesas sobrepasan los 3 000 millones de dólares (2016-2019)

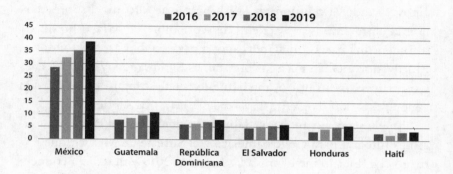

FUENTE: Elaborado con datos de la ONU, la OIM y el Banco Mundial.

El optimismo por el ofrecimiento de Biden a finales de enero de 2021 de 4 000 millones de dólares para promover el desarrollo en Centroamérica se disipa a finales de abril cuando Kamala Harris, vicepresidenta de Estados Unidos, encargada de abordar las "causas estructurales de la migración" en la región, anuncia en Washington que solo hay 310 millones de dólares para reducir la migración en Centroamérica, reforzar las fronteras, capacitar a los funcionarios de la región por el Homeland Security Department y construir centros para deportados. Se desvanece así la oportunidad de construir una verdadera estrategia de cambio estructural en la economía, la sociedad y las instituciones regionales cuando esta misma información fue ratificada por Kamala Harris en Guatemala el mes siguiente y señala que las inversiones de Microsoft, Mastercard y otras corporaciones de Estados Unidos generarán "el desarrollo en la región" (*La Jornada*, 2021, 27 de abril).

Por su parte, el 22 de abril, en reunión virtual de la Organización de las Naciones Unidas el presidente Andrés Manuel López Obrador plantea a Estados Unidos financiar en Centroamérica el

programa Sembrando Vida y dar visas temporales a los reforesta-
dores que participen en ese programa como propuesta de solución
ante la crisis migratoria y de fronteras. Esta propuesta la reitera el
3 de septiembre, cuando AMLO expresa que urge atender las causas de la migración: "Solo contener es un plan cojo". Informa que
aprovechando la reunión en Washington de alto nivel sobre economía entre ambos países del 9 de septiembre enviará al presidente Biden una carta solicitando apoyo para establecer en Honduras,
El Salvador y Guatemala los programas Sembrando Vida y Jóvenes
Construyendo el Futuro, mediante los cuales, según él, se pueden
generar 300 000 empleos (*La Jornada*, 2021, 4 de septiembre).

En el escenario anterior, llama la atención que el Plan de Desarrollo Integral para Centroamérica y el Sureste de México que encargó el gobierno mexicano a la CEPAL en 2019 y que dio a conocer
en mayo de 2020, sin ninguna acción concreta de los gobiernos de
México, Honduras, El Salvador y Guatemala, se presenta oficialmente el 17 de septiembre de 2021 en la cancillería mexicana ante
funcionarios de los cuatro gobiernos. Se plantea que el objetivo
es generar desarrollo para que los pueblos centroamericanos y del
sureste de México puedan ver la migración como una opción y
no como una necesidad impuesta por las carencias como sucede
hasta ahora. La secretaria ejecutiva de la CEPAL, Alicia Bárcena,
explica que en el diseño de la propuesta participaron 19 agencias
de desarrollo de la Organización de las Naciones Unidas y los cuatro gobiernos involucrados. Contempla 15 programas temáticos,
14 proyectos listos para ser aplicados y requerirá una inversión de
45 000 millones de dólares en cinco años y está diseñado para beneficiar a 70 millones de personas. Según ella, dicho plan se basa
en cuatro pilares: el desarrollo económico y el bienestar social, la
sustentabilidad, la atención del cambio climático y la reducción de
riesgos de desastres y la gestión integral del ciclo migratorio. Informa que cada gobierno escogió su conjunto de prioridades. En el
caso mexicano, de los ocho estados del sureste los proyectos que se
atenderán son el corredor multimodal del istmo de Tehuantepec,

Sembrando Vida y Jóvenes Construyendo el Futuro (*La Jornada*, 2021, 18 de septiembre).

Es preocupante que el evento anterior se hizo desvinculado de la importante Cumbre de la Comunidad de Estados Latinoamericanos y del Caribe (CELAC) realizada en la misma Ciudad de México el 18 de septiembre, en la que participaron 31 gobiernos, y la propia Alicia Bárcena planteó en esa reunión una estrategia económica regional frente a la pandemia por covid-19 para promover la reactivación económica con 44 propuestas. Para María Aragonés (*La Jornada*, 2021, 29 de septiembre) fue lamentable que ni el país organizador ni los demás participantes plantearan incluir en su agenda de trabajo y diseño de propuestas el tema migratorio, cuando el país presentaba una grave crisis de derechos humanos en la frontera norte, frontera sur y los diversos corredores migratorios. Coincide en que hay que ir a las causas de la migración, por ello la estrategia de integración latinoamericana es el camino, porque incorpora como objetivo central el desarrollo de la región. Pero la urgencia de los conflictos migratorios requiere de una acción rápida y concreta.

En diciembre, ante la tragedia de 55 migrantes fallecidos en Tuxtla Gutiérrez, que eran transportados de forma clandestina, Aragonés (*La Jornada*, 2021, 15 de diciembre) señala que esta dolorosa catástrofe es la manifestación más clara de lo que se ha considerado como migración forzada. Es decir, aquella que se produce porque no hay opciones en los países de origen. En este sentido, es inaceptable que un Estado no otorgue a sus poblaciones las condiciones de vida dignas para evitar estas tragedias. Si se atacan las causas estructurales de la migración, se revierte la migración forzada; esto mantiene la libertad del movimiento migratorio, pero como una opción, no como una necesidad, lo que sin duda disminuye la trágica vulnerabilidad de la migración forzada. Esta propuesta de ninguna manera pretende detener el fenómeno migratorio. De lo que se trata es de que la movilidad humana no tenga imperativos de sobrevivencia. Señala que ir a las causas es un lento camino para enfrentar el fenómeno migratorio que estamos viviendo. Es cierto, apunta ella, pero

¿cuál es la opción? ¿Que Estados Unidos finalmente se decida a invertir en los países para su desarrollo? ¿Que los migrantes se atoren en la frontera norte o sur creando más tragedias de las que viven en sus países enfrentando traficantes, narcos, sicarios, más violencia? ¿Obligar a que el vecino del norte amplíe los programas de trabajadores temporales, con todo lo que suponen de sobreexplotación y al final su expulsión cuando terminen? No puede olvidarse la historia de Estados Unidos y su política intervencionista: ha sido y es en gran parte promotor de las lamentables condiciones que se vive en la región, poniendo y apoyando a los dictadores y eliminando a los líderes que han intentado transformar sus países; la lista es larga.

Por lo anterior, para Aragonés es urgente que México convoque a una reunión con todos los países involucrados en este terrible fenómeno inhumano de migración forzada y que sean los propios gobiernos los que empiecen por aceptar que hay problemas internos y, a partir del diagnóstico, buscar entre todos cómo enfrentarlos. No es solo un problema de inversión, sino de voluntad política, de responsabilidad de los gobiernos. La CELAC es el mejor organismo para discutir y buscar formas no solo para detener la tragedia migratoria forzada, sino avanzar en la búsqueda del desarrollo del espacio latinoamericano.

Al inicio de 2022 el gobierno mexicano impone la visa a los migrantes brasileños, ecuatorianos y venezolanos en un intento por frenar los flujos migratorios hacia Estados Unidos. Pese a ello, las tensiones sociales persisten en la frontera sur con mayores presiones hacia la Comisión Mexicana de Ayuda a Refugiados (Comar). Por un lado, solicitan trámites migratorios que no brinda, como visas humanitarias, ante los problemas institucionales del Instituto Nacional de Migración (INM), y, por otro, la falta de voluntad política del gobierno mexicano de conceder esas visas frente al problema humanitario de la crisis migratoria y de fronteras en el país. Por el contrario, el INM y la Guardia Nacional disuelven con violencia el 21 de enero una nueva caravana migrante de 800 integrantes a la salida de Tapachula (*La Jornada*, 2022, 22 de enero).

Situación parecida se dio una semana antes en la frontera de Guatemala y Honduras cuando militares y policías recurrieron a la violencia para evitar la entrada de los migrantes hondureños que buscaban llegar a México y Estados Unidos. Así, los países tanto de origen como de tránsito de migrantes, es decir, Guatemala y México, se encuentran atrapados entre un fenómeno de salida masiva de población que no tiene solución posible en lo inmediato y las presiones del gobierno de Estados Unidos que busca imponer una suerte de tapón migratorio lejos de sus fronteras. Ante lo cual la solución de la crisis migratoria en el momento actual depende de Washington: que establezca una estrategia humanitaria de migración con rutas rápidas y seguras para el paso de los miles de migrantes que buscan llegar a territorio de Estados Unidos y que el gobierno de ese país se comprometa a un verdadero rescate de las economías centroamericanas y de Haití, retomando las propuestas de México y diseñando el equivalente del Plan Marshall que permitió la reconstrucción de Europa al final de la Segunda Guerra Mundial (*La Jornada*, 2022, 17 de enero).

El planteamiento anterior es parcialmente cierto, pero falta el compromiso de los propios gobiernos de la región con una estrategia seria de desarrollo económico que incida en las causas estructurales de la migración. El 11 de enero de 2022 Alicia Bárcena, secretaria ejecutiva de la CEPAL, presenta ante la reunión de los diplomáticos mexicanos el Plan de Desarrollo Integral (PDI) para Centroamérica y el sureste de México, pidiendo el apoyo de embajadores y cónsules. Pero el apoyo principal debe venir del Ejecutivo mexicano y de la Secretaría de Hacienda, que no lo incluyeron en el presupuesto de 2021 ni en el de 2022. Además, suponiendo que hubiera interés en los países de la región, que no lo hay, se requiere eliminar la desigualdad antes del PDI. Para Ana María Aragonés (*La Jornada*, 2022, 20 de enero), sin los cambios en las políticas impositivas el PDI difícilmente podrá alcanzar sus objetivos de desarrollo y abatir la movilidad de millones de personas. ¿Es posible que las inversiones extranjeras tengan por sí mismas la capacidad de transformar las condiciones de la flagrante desigualdad si se aplican sobre las mismas estructuras nacionales que la sostienen? Para evitar ese peligro se requiere de reformas fiscales que no agudicen la desigualdad del país. Las tasas de recaudación tributaria de Guatemala y México son de las más bajas del mundo; en 2018 correspondían al 10 y 13% del PIB, respectivamente. En el caso de El Salvador y Honduras alcanza 18%: una fiscalidad débil y con muchos componentes regresivos. La pobreza se sostiene y expande porque hay una política fiscal que genera la más profunda desigualdad e impide impulsar políticas sociales universales. Además, los gobiernos de la región deben acordar las condiciones en que las inversiones extranjeras van a trabajar en sus países, establecer regulaciones que eviten, como señala la propia CEPAL, que "se privilegien los derechos de los inversionistas extranjeros sobre los derechos del Estado anfitrión que busca el interés público y el desarrollo sostenible". El desafío es enorme y requiere el compromiso de los Estados y grupos sociales para consolidar un nuevo proyecto de desarrollo regional y hacer realidad el derecho a no emigrar, así como el derecho a migrar.

CONCLUSIONES

El año 2021 mostró las grietas institucionales del sistema migratorio en Centroamérica, México y Estados Unidos. En los primeros países se trata de una crisis estructural multidimensional con claras diferencias entre ellos (diferente densidad institucional), que coinciden en la ausencia de verdaderas estrategias de desarrollo económico nacional independientes, con políticas económicas robustas de desarrollo regional y sectorial, con políticas nacionales de empleo que arraiguen a su población, con empleos permanentes y bien remunerados, para que la población pueda realmente ejercer el derecho a no emigrar o ver a la migración como una opción y no como una necesidad como sucede hasta ahora. La subordinación de la mayoría de los gobiernos latinoamericanos y del Caribe, de sus burguesías y clase política al gobierno de Estados Unidos, a su hegemonía económica y geopolítica explica la falta de interés en la región de construir una verdadera estrategia de desarrollo nacional con prioridad en el empleo, el bienestar y la seguridad humana. Ello explica cómo a pesar de que la CEPAL ya había presentado su Plan de Desarrollo Integral para la región en mayo de 2020 no hubo ninguna respuesta ni compromiso económico concreto de México, Honduras, El Salvador y Guatemala. Lo mismo sucedió con su presentación oficial el 17 de septiembre de 2021 en la cancillería mexicana: no hubo ningún compromiso económico, financiero, de planeación y aterrizaje conjunto del plan de acuerdo con las condiciones de cada país, asumiendo con hechos que el desarrollo económico es la clave de fondo para incidir en las causas más importantes de la migración internacional. Por el contrario, cada país sigue aplicando las recetas neoliberales, la austeridad impuesta por el Fondo Monetario Internacional y el Banco Mundial, en el mejor de los casos, como México, con programas asistencialistas como Sembrando Vida y Jóvenes Construyendo el Futuro, pero sin ninguna propuesta de cambio económico y social estructural.

En el caso de Estados Unidos está claro que las estrategias de desarrollo económico estructural de México y Centroamérica no son prioridad ni de su interés, es un desafío al interior de cada país, de las poblaciones en su conjunto, de las diferentes organizaciones sociales y empresariales, organizaciones no gubernamentales, mujeres, hombres, indígenas, jóvenes y ancianos. Lo mismo sucede con las políticas migratorias. ¿Seguirá siendo del interés de los gobiernos de la región en su conjunto intensificar el extractivismo migrante de expulsar a la mayoría de su población para recibir mayores montos de remesas y luego presumirlas como logro de su gobierno como hace AMLO? Ante esa situación serán las organizaciones sociales progresistas del campo y la ciudad, mujeres, indígenas, campesinos, obreros y jóvenes los que decidan si quieren seguir siendo la principal mercancía de exportación de la región y de sus países; si quieren replicar la experiencia de transitar por el infierno de los corredores

159

migratorios y las fronteras de Mesoamérica hacia el norte con toda su secuela de violencias, riesgos y muerte o si se decantan por un esfuerzo de construcción desde abajo, por un verdadero proyecto de desarrollo con empleo, bienestar y seguridad humana para todos, promoviendo un cambio en la clase política y las instituciones en su conjunto en cada país, asumiendo que el *big brother* y sus aliados locales están y estarán defendiendo el modelo económico actual del cual son soporte principal y beneficiarios.

REFERENCIAS

Budiman, A. (2020), "Key Findings about U.S. Immigrants", Pew Research Center. Consultado en https://www.pewresearch.org/fact-tank/2020/08/20/key-findings-about-u-s-immigrants/.

Canales Cerón, A. I., y M. L. Rojas Wiesner (2018), "Panorama de la migración internacional de México y Centroamérica", CEPAL, documento elaborado en el marco de la Reunión Regional Latinoamericana y Caribeña de Expertas y Expertos en Migración Internacional preparatoria del Pacto Mundial para una Migración Segura, Ordenada y Regular. Consultado el 19 de febrero de 2021 en https://repositorio.cepal.org/bitstream/handle/11362/43697/1/S1800554_es.pdf.

Canales Cerón, A. I., J. Alberto Fuentes Knight, y C. R. de León Escribano (2019), *Desarrollo y migración. Desafíos y oportunidades en los países del norte de Centroamérica*, Chile, CEPAL/FAO. Consultado el 19 de febrero de 2019 en https://repositorio.cepal.org/bitstream/handle/11362/44649/1/S1000454_es.pdf.

Durand, J. (2021, 17 de enero), "La caravana hondureña", *La Jornada*. Consultado el 19 de febrero de 2021 en https://www.jornada.com.mx/2021/01/17/opinion/014a1pol.

Durand, J. (2020, 20 de diciembre), "AMLO, Biden y la migración", *La Jornada*. Consultado el 19 de febrero de 2021 en https://www.jornada.com.mx/2020/12/20/opinion/016a1pol.

García Zamora, R. (2019), *México: La nación desafiada. Análisis y propuesta ante la migración y la falta de desarrollo en México*, México, Miguel Ángel Porrúa/UAZ.

García Zamora, R., y S. Gaspar Olvera (2020a), *Migración y desarrollo económico. Grietas en la Cuarta Transformación en México, 2018-2024*, Londres, Transnational Press.

García Zamora, R., y S. Gaspar Olvera (2020b), "México. Crisis económica y crisis migratoria al inicio del nuevo gobierno", en Alicia Girón y Eugenia Correa (coords.), *México hacia la incertidumbre*, México, UNAM-IIES/DGAPA.

La Jornada (2020, 7 de noviembre), "Biden, más cerca de la Casa Blanca; afina agenda de gobierno". Consultado el 19 de febrero de 2021 en https://www.jornada.com.mx/2020/11/07/.

La Jornada (2021, 12 de enero), "Gobiernos de Centroamérica urgen a crear alianza contra crisis migratoria: SRE". Consultado el 19 de febrero de 2021 en https://www.jornada.com.mx/notas/2021/01/12/politica/gobiernos-de-centro-america-urgen-a-crear-alianza-contra-la-crisis-migrato-ria-sre/.

La Jornada (2021, 15 de enero), "Propone México al equipo de Biden plan de desarrollo en sur de México y CA". Consultado en https://www.jornada.com.mx/2021/01/15/politica/020n1pol.

La Jornada (2021, 19 de enero), "Migración: por una solución de raíz". Consultado el 19 de febrero de 2021 en https://www.jornada.com.mx/notas/2021/01/19/opinion/migracion-por-una-solucion-de-raiz/.

La Jornada (2021, 4 de septiembre), "Crisis Migratoria. Inconstitucional, limitar ingreso de solicitantes de asilo a EU: juez". Consultado en https://www.jornada.com.mx/2021/09/04/politica/005n1pol.

La Jornada (2021, 18 de septiembre), "Presenta Cepal plan para arraigar a las comunidades de Centroamérica". Consultado en https://www.jornada.com.mx/notas/2021/09/18/politica/

presenta-la-cepal-plan-para-arraigar-a-las-comunidades-de-centroamerica/.

La Jornada (2021, 29 de septiembre), "AMLO pide perdón a pueblos yaquis a nombre del Estado". Consultado en https://www.jornada.com.mx/2021/09/29/.

La Jornada (2021, 15 de diciembre). "Aragonés, Ana María. Tragedias migrantes deben y pueden terminar". Consultado en https://www.jornada.com.mx/2021/12/15/opinion/021a2pol.

La Jornada (2022, 17 de enero), "Empresarios por la 4T se apuntan para comprar Citibanamex". Consultado en https://www.jornada.com.mx/2022/01/17/?gclid=Cj0KCQiA6LyfBh-C3ARIsAG4gkF8YoipDnG-kCUJTkUYUw_bxC-7dqX-bho5GC3OSRdQZ6-xTJWuF3DbUaAozxEALw_wcB.

Mohar, G. (2019, 14 de abril), "La encrucijada migratoria", *Excélsior*. Consultado el 19 de febrero de 2021 en https://www.excelsior.com.mx/opinion/gustavo-mohar/encrucijada-migratoria-i/1307594.

Villafuerte Solís, D., y M. C. García Aguilar (2020), "Fin de la era de Trump y las promesas de Biden: ¿nuevos aires en la política migratoria de la Cuarta Transformación?", *Migración y Desarrollo*, vol. 18, núm. 35. Consultado el 19 de febrero de 2021 en https://estudiosdeldesarrollo.mx/migracionydesarrollo/wp-content/uploads/2021/01/35-5.pdf.

El quebrantado sistema de asilo en México: un desafío a la seguridad humana y al acceso a la justicia

Sandra Elizabeth Álvarez Orozco

INTRODUCCIÓN

México históricamente ha sido considerado como uno de los países con mayor tradición de asilo y protección internacional, con normas nacionales que visibilizan en teoría principios internacionales y que reconocen temáticas relevantes que se sitúan en documentos no vinculantes que intentan colocar como eje la dignidad humana y el respeto irrestricto a los derechos humanos, reflejados desde sus inicios en la Ley sobre Refugiados y Protección Complementaria (2011) y su Reglamento, así como en la actual Ley sobre Refugiados, Protección Complementaria y Asilo Político (2014). En la práctica, no obstante, hay un terreno fragmentado que dificulta el acceso a derechos a las personas sujetas de protección internacional, desde diferentes escenarios: *a su ingreso a territorio, en contexto de detención migratoria, durante el procedimiento de reconocimiento de la condición de refugiado, en la resolución misma (independientemente de su naturaleza), la ejecución o ante la existencia de procedimientos subsecuentes y por último y no menos importante la integración a México.* Un ciclo complejo y altamente susceptible a violación de derechos, que va de la mano con una ausencia de presupuesto asignado a la noble labor de la protección internacional, el desconocimiento normativo, falta de integralidad en la atención a la población y una crisis institucional que se extiende desde las más altas esferas.

Ante este escenario que se presenta oscuro no solo para las personas que desean solicitar asilo en México, sino extendido a todas las personas con necesidades de protección internacional, nos formulamos las siguientes interrogantes que se irán analizando en el transcurso del texto: *¿cuál es el vínculo que existe entre seguridad humana y acceso a la justicia con la protección internacional?* y *¿en qué medida son aplicables estos derechos en México en el marco del sistema de asilo actual mexicano?*

VÍNCULO ENTRE SEGURIDAD HUMANA Y ACCESO A LA JUSTICIA EN EL ÁMBITO DE LA PROTECCIÓN INTERNACIONAL

La seguridad humana y el acceso a la justicia son un binomio que representa en sí mismo una puerta de acceso a los derechos humanos que una persona sujeta de protección internacional debería de gozar, independientemente del Estado donde se encuentre (origen, tránsito, destino o retorno) y en igual medida un factor de carácter preventivo que permite evitar la movilidad humana. La suma de ambos elementos nos conduce a determinar un nexo indisoluble que lleva a una persona solicitante de asilo —por ejemplo— a situarse en un esquema que garantiza un efectivo acceso a derechos; sin embargo, dicho nexo se fragmenta cuando las políticas públicas, las instituciones, las autoridades y operadores jurídicos no brindan la protección debida y dejan a las personas en total estado de incertidumbre y vulnerabilidad.

Para entender un poco este razonamiento, es importante definir de forma general lo que significa la seguridad humana y acceso a la justicia.

Seguridad humana

El término *seguridad* por sí mismo es amplio y usado en muchos contextos. Proviene del latín *sine cura* (RAE, 2015), que significa "sin cuidado", "sin preocupación", el cual, conforme a la complejidad de los asuntos humanos, ha ido creciendo a tal grado que ha sido necesario separar distintos ámbitos de seguridad a la hora de planificar la acción colectiva, al mismo tiempo que el estudio de la seguridad en sí misma.

Los crecientes riesgos actuales se expresan en peligros naturales y sociales altamente complejos que superan el entendimiento tradicional de la seguridad militar y nacional (Oswald, 2001). Por ejemplo, el fenómeno de las caravanas migrantes o los grandes flujos migratorios a nivel nacional, regional e internacional llevó a la necesidad imperante de crear herramientas adecuadas para hacer frente al mismo, dando paso a la transición de una seguridad nacional a una seguridad humana.

El concepto de seguridad humana se usó en el Programa de las Naciones Unidas para el Desarrollo (PNUD) en su informe de 1994. En dicho informe se establece que el mundo no puede estar en paz hasta que las personas tengan seguridad en su vida diaria, destacando lo siguiente:

> El mundo nunca podrá disfrutar de la paz, a menos que los seres humanos tengan seguridad en sus vidas cotidianas [...] En términos más generales, no será posible que la comunidad de países conquiste ninguna de sus metas principales —ni la paz, ni la protección del medio ambiente, ni la vigencia de los derechos humanos o la democratización, ni la reducción de las tasas de fecundidad, ni la integración social— salvo en un marco de desarrollo sostenible conducente a la seguridad de los seres humanos. (PNUD, 1994).

Es claro que el informe abordó de forma muy austera la relación entre seguridad humana y derechos humanos, lo cual es fundamental en este texto para crear el vínculo con el acceso a la justicia, señalando que las violaciones a los derechos humanos representan una amenaza para la seguridad en todas partes. Esta relación aún no se encontraba bien desarrollada en esa época, aunque se trata de una cuestión fundamental para la integración de la seguridad humana y su posterior aplicación.

En enero de 2001, a iniciativa del gobierno de Japón, se constituyó la Comisión sobre Seguridad Humana (CSH). En su informe presentado en mayo de 2003 (CSH, 2003)[1] ofreció una definición que se superpone considerablemente a la del PNUD, e intentó cerrar la brecha entre la perspectiva amplia de seguridad, que conocemos como seguridad nacional y restringida (enfoques que surgieron a raíz del informe de 1994).

En su informe, la comisión se abstuvo de exponer las amenazas a las que se enfrenta la seguridad humana, refiriéndose en su lugar a un amplio conjunto de "derechos y libertades" que la gente debe disfrutar formando "un núcleo vital". No obstante, da ejemplos importantes, como la contaminación ambiental, el terrorismo transnacional, los movimientos masivos de población, enfermedades infecciosas, desastres socioambientales y efectos del cambio climático. Sin embargo, pone de relieve la participación de múltiples actores (más allá del Estado), como organizaciones no gubernamentales (ONG), organizaciones regionales y organismos internacionales en la gestión de la seguridad humana.

---

[1] La seguridad humana para el informe de la Comisión sobre Seguridad Humana "consiste en proteger la esencia vital de todas las vidas humanas de una forma que realce las libertades humanas y la plena realización del ser humano. Seguridad humana significa proteger las libertades fundamentales: libertades que constituyen la esencia de la vida. Significa proteger al ser humano contra las situaciones y las amenazas críticas (graves) y omnipresentes (generalizadas). Significa utilizar procesos que se basan en la fortaleza y las aspiraciones del ser humano. Significa la creación de sistemas políticos, sociales, medioambientales, económicos, militares y culturales que, en su conjunto, brinden al ser humano las piedras angulares de la supervivencia, los medios de vida y la dignidad" (CSH, 2003).

Del mismo modo, el informe hace hincapié en que la seguridad del Estado y la seguridad humana son "mutuamente fortalecedoras y dependen una de la otra". No obstante, basta mencionar que en el sistema mexicano la militarización y la creación de la Guardia Nacional ha implicado un riesgo que ensombrece la seguridad humana, lo que deja a la persona —eje primordial de la misma— ante la presión violatoria de derechos que ejerce la Guardia Nacional, y no solo esta, sino diversas instituciones del Estado, como el Instituto Nacional de Migración, en aras de la seguridad nacional.

En conclusión, podemos mencionar que la seguridad humana es un concepto que surge de las organizaciones internacionales como un derecho, cuyo eje es la persona humana, en donde la responsabilidad de protección le corresponde al Estado, pero con la peculiaridad de que en caso de que este haga caso omiso, son los afectados quienes a través de las llamadas "estrategias de empoderamiento" pueden garantizar su propio derecho y el de sus comunidades a emprender y construir su proyecto de vida digna. Un ideal bajo el cual la política migratoria debe constituirse en beneficio de las personas en general sin importar su nacionalidad.

La seguridad humana en práctica: la movilidad humana en América Latina y México

México se encuentra en el proceso de debate para adopción del concepto de seguridad humana en políticas públicas, específicamente en materia de migración y protección internacional. En la política migratoria actual, particularmente impera aún el esquema de una seguridad nacional sustentada en tintes de seguridad militar, como eje de protección de las personas desde un enfoque enteramente criminológico, observado en los altos números que representa la detención migratoria en México, ya sea en estancias provisionales o estaciones migratorias ubicadas en todo el territorio nacional.

El primer reto para poder lograr la consolidación práctica de este término radica en alinear las políticas públicas actualmente implementadas con el nuevo paradigma, en especial "la responsabilidad de proteger", que actúa en forma contradictoria con los principios de política exterior y soberanía estatal. En este sentido, el Plan Nacional de Desarrollo 2019-2024 considera el "desarrollo social como eje fundamental del Estado" (PND, 2019), así que no se encuentra muy lejos de reconocer la necesidad de implementarla en algunas políticas y hacer frente a las amenazas que la nación tiene que afrontar.

El desarrollo como elemento propio de la seguridad humana y a raíz de las nuevas amenazas que en la actualidad representa el gobierno estadounidense, y disposiciones como el Migrant Protection Protocols (MPP),[2] el Título 42, las crisis económicas y políticas mundiales como el contexto Rusia-Ucrania, la pandemia mundial por covid-19, y la división histórica en México ante el surgimiento de la llamada "Cuarta Transformación",[3] hacen que México se encuentre en las condiciones ideales para fomentar una planeación estratégica nacional multidimensional e integral que lo fortalezca y lleve a consolidar el pleno desarrollo de la sociedad, materializado en políticas públicas estratégicas sustentadas en la seguridad humana y que sean de carácter unificante nacional otorgando la debida protección a las personas extranjeras en el territorio por igual.

Por otro lado, desde el punto de vista jurídico, las reformas a la Constitución de 2011 marcan un camino para dirigir las garantías constitucionales y el bloque de constitucionalidad en pro de la seguridad humana, entendida esta como un derecho, especialmente

---

[2] Protocolo de protección a migrantes, mejor conocido como MPP o Remain in Mexico.

[3] Concepto creado por Andrés Manuel López Obrador al ganar la presidencia de México para referirse a la forma en que su gobierno se enfrenta a la corrupción y promueve la igualdad social (Sáez, 2019).

en cuestiones de "dignidad, derechos humanos" y la institucionalización del *pro personae*. El derecho a la seguridad humana no se asegura únicamente otorgando al individuo un poder de reacción frente a eventuales intromisiones de los poderes públicos y ordenando que estos se abstengan de realizar esas actividades, sino mediante la certidumbre y garantía de que serán realizados en el marco de una legislación o política pública sólida.

Sin duda es la esencia del derecho, pero serviría de poco si a su servicio no estuviera una garantía procedimental, como el juicio de amparo o las acciones colectivas, o si tampoco se previeran actuaciones positivas del Estado, como la gobernanza y los elementos que integran lo que denomino *garantía de seguridad humana*, la cual se encuentra actualmente también situada bajo una encrucijada en la cuestión del cumplimiento de las sentencias emitidas ante las garantías procedimentales expuestas o reparación integral, que es donde vinculamos el concepto analizado con el de acceso a la justicia.

EL ACCESO A LA JUSTICIA

Para fines prácticos, el acceso a la justicia es un derecho humano fundamental sustanciado específicamente en los numerales 8 y 25 de la Convención Americana de Derechos Humanos, los cuales disponen una serie de garantías judiciales, como la tutela judicial efectiva y el acceso a recursos rápidos y sencillos. El desarrollo de la jurisprudencia interamericana en la materia se encuentra íntimamente ligado a la efectividad de estos derechos bajo la mirada del principio de igualdad material y no discriminación (Sijniensky, 2022).

Esta situación protectora se amplía aún más en el marco de la Convención de 1951 y su protocolo de 1967, donde se establece este derecho como un elemento estructural de la protección internacional —sin dejar a un lado la fundamentalidad del principio de no devolución—, que no admite reserva por parte de los Estados y se garantiza en igualdad de condiciones a los nacionales de un Estado (Murillo, 2022).

Es por tanto el derecho de acceso a la justicia un elemento vital que incide directamente en el indicador de la *calidad del asilo* que se otorga a las personas solicitantes de asilo, refugiadas y beneficiarias de protección complementaria. Y volvemos a citar a Juan Carlos Murillo cuando afirma que una administración de justicia deficiente en el país de asilo podría cuestionar la protección de la que goza la persona refugiada y si esta es realmente efectiva (Murillo, 2022).

En el caso mexicano, cabe mencionar que los retos de acceso a la justicia en las personas extranjeras con necesidades de protección internacional continúan, pese a las intervenciones de defensores de derechos humanos, instituciones y organismos nacionales, regionales e internacionales y organizaciones de la sociedad civil, como Sin Fronteras IAP, que buscan día a día que las personas de este conglomerado tengan acceso a una adecuada información sobre sus procedimientos (no solo del reconocimiento de la condición de refugiado, sino del procedimiento administrativo migratorio [PAM] y diferentes medios de impugnación —por mencionar algunos—), el derecho a un representante legal o persona de confianza y a una representación judicial efectiva que tenga presentes los elementos de vulnerabilidad, género, edad y diversidad.

Sin Fronteras IAP comenzó, con la Suprema Corte de Justicia de la Nación y con ayuda de otras instituciones actoras, la elaboración del Protocolo de actuación para quienes imparten justicia en casos que afecten a personas sujetas de protección internacional en 2013 (SCJN, 2013) una herramienta de gran valía que otorgaba elementos importantes a los operadores jurídicos para la aplicación de normas y principios del derecho internacional de los refugiados (DIR) y de derechos humanos. Su última reforma se hizo en 2019 (SCJN, 2019) sin embargo, no se haría la consulta de forma separada, sino en forma conjunta, ya que ambos documentos son complementarios. Para difundir esta herramienta, se impulsó al año siguiente el Premio Sentencias, así como las labores de difusión mediante el talleres en diferentes casas de cultura jurídica en todo el país.

El Premio Sentencias fue impulsado por Sin Fronteras y otros organismos nacionales e internacionales con el objetivo de destacar la importancia de la movilidad humana en América Latina, y para visibilizar las buenas prácticas de jueces, juezas, cortes y tribunales en la región.

Pese a estos esfuerzos, el camino aún es arduo, y se requiere de la comunicación e información no solo de operadores del Poder Judicial, sino de las autoridades de los distintos ámbitos de gobierno, a efecto de robustecer el sistema de asilo y de acceso a la justicia para la población en movilidad humana.

La seguridad humana y el acceso a la justicia ante la protección internacional: encrucijadas y posibilidades

Frente al panorama actual, gran parte de la comunidad internacional destina una considerable cantidad de recursos económicos, políticos y humanos exclusivamente a aspectos de seguridad nacional, en especial a aquellos destinados a la milicia. Un ejemplo claro es el Estado mexicano, el cual, dentro del esquema de seguridad nacional y en la propuesta de la nueva Ley de la Guardia Nacional, aplica en beneficio del fuero militar para la lucha al narcotráfico y la gestión migratoria, en detrimento por supuesto de la misma Constitución Política de los Estados Unidos Mexicanos y de aquellos recursos que podrían ser destinados a la seguridad humana y en menoscabo de los derechos humanos, como el acceso a la justicia.

Es a partir de aquí donde sustento la indisolubilidad de los términos enunciados y ya explicados. A diferencia de la seguridad nacional, los conceptos de seguridad humana y acceso a la justicia no son unidimensionales, sino integradores, y aunque la seguridad humana no se percibe como defensiva y tampoco se obtiene mediante las armas, necesita de herramientas vinculantes que permitan potencializar su actuar como garantía, y en este caso encontramos el derecho de acceso a la justicia.

Es por ello que hace uso de instituciones como el Poder Judicial, especialmente debido a que, dentro de la dinámica del derecho internacional y del derecho interno las políticas, las vías o mecanismos encaminados a la consecución de la seguridad continúan estando arraigados en las bases de las concepciones tradicionales. Sin dejar a un lado la vinculación con algunas seguridades sectoriales, como la protección internacional.

El derecho de acceso a la justicia intenta ampliar las libertades de la gente; la seguridad humana ampliada exige prestar atención a todos los riesgos que puede enfrentar el ejercicio de sus derechos, no solo situaciones de conflicto social o político, sino también amenazas crónicas como el hambre, desastres, violencia, pandemias, guerras, crisis financieras y muchas causas de movilidad humana. En otras palabras, la seguridad humana debe entenderse como el sello distintivo de garantía de una vida sin temor, mientras que el acceso a la justicia debe concebirse como una llave para lograr el acceso a derechos fundamentales.

La seguridad humana y el derecho al acceso a la justicia son, por lo tanto, dos elementos indisolubles que se refuerzan y conducen entre sí. La seguridad humana, por lo tanto, es un requisito indispensable para el disfrute del acceso a la justicia, que a su vez es necesario para que sea materializada. Ambos derechos se refuerzan mutuamente, ayudando a asegurar el bienestar y la dignidad de las personas, la construcción de la autoestima y el respeto a los demás, que es donde se erige la protección internacional.

Es importante señalar que el objetivo de los derechos humanos no es solo la protección del individuo ante el Estado, sino también incluye la responsabilidad de este de proveer un marco de oportunidades para todas las personas sin importar su nacionalidad; este punto se afirma en la Declaración sobre el Derecho al Desarrollo que fue aprobada por la Asamblea General de 1986 y se reafirma en la Declaración de Viena de 1993.

El enfoque que se adopta en este texto ayuda a reexaminar la contribución de los derechos humanos, y en específico del derecho, a la justicia en la práctica local, sugiriendo que juntos pueden ser los puentes para la seguridad humana. El acceso a la justicia representa dentro de esta indisolubilidad la fuerza jurídica que requiere de la seguridad humana para ayudar a identificar vulnerabilidades que no se encuentran positivizadas, por ejemplo, aquellas que no están establecidas dentro de la Declaración Universal o aquellas comprendidas dentro de las tres generaciones de derechos humanos de la clasificación propuesta por Karel Vasak.

EL SISTEMA DE ASILO EN MÉXICO, RETOS Y PERSPECTIVAS

Lo analizado parcialmente en apartados anteriores nos lleva a posicionar el esquema de la protección internacional en México y revisar que los retos son numerosos y día a día existen mayores obstáculos para que se garantice el derecho a solicitar y recibir asilo, el acceso a la justicia y, por ende, la seguridad humana de las personas. En 2021 llegaron a territorio mexicano solicitando el reconocimiento de la condición de refugiado 131 488 personas (Segob, 2022), provenientes en su mayoría de Haití (47 494), seguidas de Honduras (35 161). Cabe mencionar un incremento de países de América del Sur, como Chile (6 413) y Brasil (3 328), situación asociada con el flujo haitiano y de menores nacidos en esos países. Un número alto, considerando los rezagos anuales anteriores.

En México, la ejecución de la protección internacional recae en la Secretaría de Gobernación, a través de la Comisión Mexicana de Ayuda a Refugiados (Comar), institución encargada de determinar qué personas son reconocidas como refugiadas, y opera con mucha ayuda de la Oficina del Alto Comisionado de las Naciones Unidas para los Refugiados (ACNUR México).

De acuerdo con la experiencia realizada y lo sumado por el trabajo realizado por diversas organizaciones sociales y defensoras de personas sujetas de protección en México, como Sin Fronteras IAP, podemos afirmar que hay diversas situaciones que impactan directamente en el sistema de asilo en México:

a) el alto número de rezagos y retrasos en los procedimientos de reconocimiento de la condición de refugiado y demás procedimientos llevados en la Comar;

b) el bajo número de representaciones de la Comar en México y el bajo número de funcionarios encargados de recibir, sustanciar y resolver los procedimientos;

c) la falta de comunicación interinstitucional entre la Comar y otras instancias administrativas, como el Instituto Nacional de Migración (INM);

d) falta de capacitación en algunos funcionarios, y fortalecimiento de autocuidado;

f) ausencia de análisis de casos en situaciones de vulnerabilidad y emergencia, y ausencia de integridad en el análisis de casos, violaciones al debido proceso y acceso al procedimiento.

Ante estos escenarios —por mencionar solo algunos—, se ha demostrado que la identificación de personas que llegan a México en busca de protección internacional es una tarea compleja no solo por lo que implica la detección de las necesidades, sino también por el desconocimiento sobre el tema y los procedimientos tanto en los funcionarios como en las personas solicitantes y refugiadas, la ausencia de un presupuesto acorde a las necesidades amplias y una falta de coordinación interinstitucional, que ejemplifican claramente la violación directa del acceso a la justicia y por ende de la seguridad humana, tal como lo iremos analizando a profundidad en los siguientes párrafos.

Podemos realizar un análisis muy puntual desde 2018 a la fecha entre el número de solicitudes presentadas y el número de solicitudes resueltas, que se observa en la gráfica 1 y que nos muestra un panorama del rezago institucional en la Comar, en el que no se resuelve anualmente ni 50% de las solicitudes.

Solicitudes de asilo y resoluciones, 2018-2022[4]

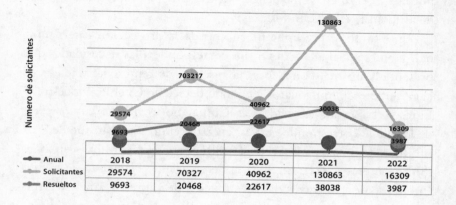

	2018	2019	2020	2021	2022
Anual	2018	2019	2020	2021	2022
Solicitantes	29574	70327	40962	130863	16309
Resueltos	9693	20468	22617	38038	3987

FUENTE: Elaboración propia con base en Comar, 2022.

Estos retrasos implican no solo costes severos para las personas en su espera, sino que conllevan esquemas complejos, como violación al principio de celeridad, a un procedimiento efectivo, al debido proceso, entre otros, y como consecuencia surge otro esquema difícil de atender, que es el *abandono* de los procedimientos. Nos detenemos un poco aquí para determinar que este coloca a las personas en situación de riesgo superior, ya que muchas de ellas intentan cruzar hacia los Estados Unidos y en su trayecto se pueden ver inmiscuidas en diversos tipos de delitos, como exposición al crimen organizado, trata y tráfico de personas, secuestros, detenciones arbitrarias —entre otros—, lo que supone una violación clara a la seguridad humana de las personas y a su esquema de protección.

No dejamos a un lado la responsabilidad de los países de origen que fomentan estos movimientos migratorios bajo el esquema de

---

[4] Al cierre de junio de 2023, se han registrado 74 764 personas solicitantes de reconocimiento de la condición de refugiado en México. De estos casos se han resuelto 12 197 (Comar, 2023).

responsabilidad común pero diferenciada, debido a la inestabilidad política y económica que en muchos casos deriva en persecuciones políticas, como en Venezuela y Nicaragua, y cambios en la política de asilo en Estados Unidos.

En cuanto al presupuesto en aras de la protección internacional, y en especial a la Comar, no corresponde a las necesidades que presenta la misma, como lo es la ausencia de representatividad y el bajo número de funcionaros. Según lo detectado en el Presupuesto de Egresos, la partida asignada a la Comar no es ni una cuarta parte de lo que le corresponde al INM: en 2018 el presupuesto fue de 25.7 millones de pesos, en 2019 de 20 millones, y de 47 millones en 2020 (Sin Fronteras, 2021). En 2021 la Secretaría de Hacienda y Crédito Público (SHCP), a través del presupuesto de ingresos, hizo recortes a una amplia gama de sectores, entre ellos a la Comar, posicionando un incremento de 7.8% al INM y una reducción del 14.3% (de 6 790 356) a la Comar, donde la asignación quedó en 40 570 millones (AAMX, 2022).

Es muy importante ser claros, si bien el presupuesto es uno de los problemas estructurales a hacer frente y que afecta de forma transversal a otros, como el alto número de rezagos y la baja cantidad de oficinas de representación de la Comar en el país, no podemos dejar a un lado la responsabilidad de la Comar en temas como el acceso al procedimiento, a garantizar una defensa adecuada, a la búsqueda de intérpretes y traductores, de impulsar la comunicación y colaboración interinstitucional que permita la actualización de programas como alternativas a la detención con el INM, la actualización de información de país de origen con la Secretaría de Relaciones Exteriores (SRE), etc., y el no menos importante análisis individual de cada caso, que dependen de una capacitación y fortalecimiento de habilidades en el personal que la constituye y que se convierten en elementos sólidos ante un camino que garantice la seguridad humana y el acceso a la justicia a las personas sujetas de protección internacional. Tal como lo analizaremos a continuación.

EL ACCESO AL PROCEDIMIENTO
DE ASILO

En cuanto al acceso al procedimiento y la responsabilidad de garantía de cumplimiento del derecho de solicitar y recibir asilo de la Comar, en la Ley sobre Refugiados, Protección Complementaria y Asilo Político y su Reglamento se especifican los términos en los que se enmarca la recepción de solicitudes como primer paso para obtener el reconocimiento de la condición de refugiado. En la práctica, se han identificado claras violaciones al acceso al derecho de solicitar y recibir asilo, específicamente en el tema de la no identificación de las necesidades de protección internacional y la recepción de solicitudes, donde se ha buscado por parte de diversos defensores y organizaciones de la sociedad civil, entre otras cosas, evidenciar la dificultad de acceso al procedimiento después del término de 30 días naturales, ya que implica una gran restricción al derecho humano a solicitar asilo, y como ejemplo se tiene lo establecido en la sentencia del expediente 119/2019, donde la importancia del fallo radica en reconocer que las víctimas de persecución, que huyen de su país y solicitan asilo en México, tienen derecho a que se analicen sus necesidades de protección para evitar que sean devueltas a lugares donde su vida, integridad y seguridad peligran.

De ahí que condicionar la vigencia de derechos de enorme trascendencia a un plazo se erige en una carga desproporcionada y grave violación a sus derechos humanos, que, además, contraría los valores y principios que rigen al sistema normativo y social de cualquier nación democrática (Ibero, 2019).

AUSENCIA DE COMUNICACIÓN
INTERINSTITUCIONAL

En cuanto a la ausencia de comunicación interinstitucional entre las encargadas de ejecutar y operar la política migratoria y el sis-

177

tema de asilo en México, es relevante mencionar que esta es más que evidente desde muchos esquemas operativos, los cuales afectan de manera directa la seguridad jurídica de las personas sujetas de protección internacional, y podemos mencionar algunos ejemplos.

Las alternativas a la detención o alternativas al alojamiento

En 2016 el INM, en colaboración con el ACNUR y la Comar elaboraron y aplicaron el programa denominado Alternativas al Alojamiento, el cual permitía en su momento que las personas continuaran en el procedimiento de reconocimiento de la condición de refugiado en condiciones de libertad. Esto les permitía mantener el acceso a un procedimiento adecuado, recibir atención médica adecuada, tener acceso a un trabajo y derecho a una integración. A pesar de ello, el 27 de octubre de 2020 la Dirección General de Control y Verificación Migratoria del INM envió el oficio INM/DGCVM/1363/2020[5] a los titulares de las oficinas de representación del INM, mediante el cual limitó el acceso al programa solo a personas solicitantes que estén en un alto nivel de vulnerabilidad y que acrediten que se encuentran bajo el procedimiento de reconocimiento de condición de refugiado.

En la práctica, Sin Fronteras ha documentado casos donde se acredita que dicho programa no solo ha sido limitado, sino que se ha nulificado su aplicación. Casos de personas con enfermedades crónico-degenerativas, algunas que han perdido brazos o piernas en la "bestia" y algunas otras heridas de gravedad por persecutores, víctimas de delitos en

---

[5] El oficio es un instrumento interno, firmado por la Dirección General de Control y Verificación del INM en la Ciudad de México, la cual gira instrucciones a los titulares de las oficinas de representación para que limiten la aplicación de estas "alternativas" solo a población en condición de vulnerabilidad debidamente acreditada y que se encuentra dentro del procedimiento de reconocimiento a la condición de refugiado. Este documento solo ha sido mencionado en solicitudes vía transparencia que ha solicitado Sin Fronteras y diferentes organizaciones de la sociedad civil y referenciado también en el documento AAMX, A. a., 2020).

territorio mexicano que ya tenían iniciado un procedimiento de asilo; algunas presentaron tarjetas de visitante por razones humanitarias y constancias de la Comar vigentes; incluso se han identificado más de dos casos de personas que ya siendo reconocidas como refugiadas y con residencia permanente fueron después de varios meses detenidas y regresadas a su país de origen, lo que violentó directamente el principio de no devolución. En todos estos casos les fue solicitada la aplicabilidad del programa, incluso a través de medios jurisdiccionales, lo cual no fue del todo exitoso. Es urgente una colaboración interinstitucional, un diálogo directo entre las autoridades, a efecto de solicitar su aplicabilidad o un mecanismo similar cuya naturaleza se encuentre sustentada en varios instrumentos de derecho internacional, y la responsabilidad de la Comar y de los actores a impulsarla, donde nuevamente revisamos el gran obstáculo de las personas solicitantes de acceder a la justicia y por ende de su seguridad humana.

Otro ejemplo de esta situación lo encontramos en la falta de comunicación en el caso de los llamados "ingresos a aeropuertos". Diariamente en los aeropuertos internacionales en México ingresan personas de distintas nacionalidades, en búsqueda de establecerse en territorio mexicano, en un alto porcentaje solicitando la protección internacional del Estado mexicano. Se visibilizaron enfáticamente de 2018 a principios de 2022 miles de casos de venezolanos, claramente con necesidades de protección internacional, que eran detenidos de forma arbitraria en el aeropuerto por días, semanas e incluso meses, aun manifestando la solicitud expresa de asilo. Algunos afortunados pudieron llevar su procedimiento en libertad, pero un gran número de migrantes fueron llevados a estaciones migratorias y otros más devueltos al país de origen o al país de donde salió el vuelo que los trajo a tierras mexicanas.

Esta situación continúa con otras nacionalidades, como colombianos, africanos, afganos y provenientes de algunos otros países. Lo que vale la pena mencionar es que hay una ausencia institucional de la Comar en dichos aeropuertos y también una ausencia de comunicación entre el INM y la Comar que quizá podría romper con el monopolio de INM en aeropuertos y dar luz a las personas con necesidades de protección internacional.

Siguiendo con estos ejemplos de ausencia de comunicación situamos la falta de una postura legal e institucional de hacer frente a procedimientos como apatridia y asilo político. Es necesaria la capacitación de funcionarios para el conocimiento de ambos y sobre todo que otorguen no solo una información clara y fiable, sino también una sustanciación adecuada, de conformidad con los derechos humanos. Se han detectado casos donde ninguna autoridad quiere hacerse responsable, y eso expresa una falta de comunicación entre el INM y la Comar, por ejemplo, ante los requisitos, tiempos y términos que imperan para que una persona sea considerada apátrida y le sea entregada una tarjeta de residencia permanente.

El procedimiento de reconocimiento de la condición de refugiado a una persona se hace de conformidad con lo señalado en el título cuarto de la Ley sobre Refugiados y del cumplimiento de todos estos criterios depende el que una persona sea reconocida o no. En este caso uno de los criterios es la opinión sobre las condiciones prevalecientes en el país de origen de la persona solicitante; sin embargo, en la práctica se han detectado opiniones desactualizadas y que no contemplan de manera clara la realidad de los países de origen y el riesgo objetivo por el que muchas personas deciden salir y buscar mejor oportunidades.

En el peor de los casos, ni siquiera se expiden estas opiniones, lo que hace que los procedimientos sean más tardados. Esto evidencia también la falta de un puente que facilite la información entre la cancillería y la Comar, para lo cual ayudaría en gran medida una oficina que se encargara de esta situación para solucionar algunos rezagos, así como otorgar seguridad a los miles de personas solicitantes de asilo en México.

CONCLUSIONES

En México existen muchos obstáculos para las personas con necesidades de protección internacional, la gran mayoría provenientes de una crisis institucional, que pretenden justificarse en un discurso presupuestal, que deja a un lado una responsabilidad común en la que están en juego no solo el derecho a solicitar y recibir asilo, sino múltiples derechos humanos que afectan de forma directa el acceso a la justicia y por ende la garantía de la seguridad humana de miles de personas que ven en nuestro país un ente protector ante las múltiples violaciones a las que son sujetas en su país de origen.

Cabe recordar también que el contexto actual afecta a miles de personas en el mundo, muchas de las cuales ya cuentan con necesidades de protección internacional y muchas otras bajo el riesgo inminente de requerirla, lo que representa un reto en sí mismo, pues es necesaria una respuesta inmediata por parte de las instituciones mexicanas que priorice el carácter humanitario implícito en el tema de asilo. Esto será una oportunidad para que México fije una postura acorde con las prioridades existentes, con una igualdad en el reparto del presupuesto y que se consolide en una política que sea sustentada en la seguridad humana de las personas y en el respeto irrestricto de sus derechos humanos.

REFERENCIAS

AAMX (2022), "Hoja informativa sobre Proyecto de Presupuesto de Egresos de la Federación (PEF) 2021". Consultado en https://asylumaccess.org/wp-content/uploads/2020/09/Hoja-informativa-sobre-el-presupuesto-para-la-atencio%CC%81n-de-la-poblacio%CC%81n-migrante-en-Me%CC%81xico.pdf.

AAMX, A. a. (2020), "El Instituto Nacional de Migración restringe el acceso al programa Alternativas al Alojamiento y criminaliza a las personas solicitantes de asilo", Oficio INM/DG-CVM/1363/2020, México, Asylum Access México.

Comar (2022), "La Comar en números". Consultado en https://www.gob.mx/comar/articulos/la-comar-en-numeros-295655?idiom=es.

Comar (2023), "La Comar en números". Consultado en https://www.gob.mx/comar/articulos/la-comar-en-nume-ros-338814?idiom=es.

CSH (2003), *Human security now: protecting and empowering people*. Consultado en file:///Users/sandraalvarezorozco/Downloads/Humansecuritynow.pdf.

Ibero (2019, 16 de octubre), "La mirada de la academia", obtenido de "Sentencia que declara la inconstitucionalidad del plazo de 30 días para solicitar asilo obtiene Premio Internacional". Consultado en https://ibero.mx/prensa/sentencia-que-declara-la-inconstitucionalidad-del-plazo-de-30-dias-para-solicitar-asi-lo-obtiene-premio-internacional.

Murillo, J. C. (2022), *Acceso a la justicia: su importancia para la protección internacional de los refugiados*, México, CICR.

OAS (2013), *Informe Regional de Desarrollo Humano 2013-2014*, Centro Regional de Servicios para América Latina y el Caribe / Dirección Regional para América Latina y el Caribe / Programa de las Naciones Unidas para el Desarrollo. Consultado en file:///Users/sandraalvarezorozco/Downloads/Informe%20Regional%20de%20Desarrollo%20Humano%20Seguridad%20Ciudadana%20PNUD%202013%202014.pdf.

Oswald Spring, U. (2001), "Sustainable Development with Peace Building and Human Security", en M. Tolba, *Our Fragile World. Challenges and Opportunities for Sustainable Development, Forerunner to the Encyclopedia of Life Support System*, vol. 1, Nueva York, Cambridge University Press/EOLSS Publisher, pp. 913-916.

PND (2019), *Plan Nacional de Desarrollo 2019-2024*. Consultado en https://www.dof.gob.mx/nota_detalle.php?codigo=5565599&fecha=12/07/2019#gsc.tab=0.

PNUD (1994), *Informe sobre desarrollo humano 1994: Nuevas dimensiones de la seguridad humana*, México, Fondo de Cultura Económica.

RAE (2015), *Diccionario de la lengua española*, Madrid.

SCJN (2013), *Protocolo de actuación para quienes imparten justicia en casos que afecten a personas sujetas de protección internacional*, México, SCJN. Disponible en https://www.acnur.org/fileadmin/Documentos/Publicaciones/2013/9362.pdf.

SCJN (2019), *Protocolo para juzgar casos que involucren personas migrantes y sujetas de protección internacional*, México, SCJN. Disponible en https://amij.org.mx/wp-content/uploads/2021/08/Protocolo-para-juzgar-casos-que-involucren-personas-migrantes-2021.pdf

Sáez, H. E. (2019), *Cuarta Transformación: antecedentes y perspectivas*, México, UAM-Xochimilco.

Segob (2022, enero), Solicitantes de reconocimiento de la condición de refugiado 2021. Consultado en https://www.gob.mx/comar/articulos/la-comar-en-numeros-289430?idiom=es.

Sijniensky, R. (2022), *Acceso a la justicia de las personas migrantes, refugiadas y otras sujetas de protección internacional en las Américas*, México, CICR.

Sin Fronteras (2021), "Refugiados en México". Consultado en https://sinfronteras.org.mx/wp-content/uploads/2020/07/Refugiados_en_Mexico_Dossier-1-1.pdf.

Mujeres migrantes internacionales: presencia y diversidad de orígenes en la frontera sur de México

MARTHA LUZ ROJAS WIESNER

Desde finales de 2018 se comenzó a hablar en México de un proceso migratorio inédito en su frontera sur. Sin embargo, este calificativo para referirse a la migración o a alguno de sus aspectos por esta región como algo desconocido y, por tanto, nuevo, ya se usaba. Hace dos décadas y dos más atrás ya se aludía a procesos inéditos. A principios de la década de 1980 la llegada a Chiapas de miles de hombres, mujeres, niños y niñas por desplazamiento forzado de sus comunidades en Guatemala recibió este calificativo. En 1998 el desplazamiento de personas afectadas por el huracán Mitch, en su mayoría originarias de Honduras y Guatemala, con pocas o nulas redes sociales para llegar por tierra a Estados Unidos, igualmente se consideró inédito. En otros años también se ha recurrido a este adjetivo. En 2014, por ejemplo, se señalaba que en la frontera sur de México se registraba un proceso inédito de notorio incremento de deportaciones o expulsiones de migrantes, aunque tales eventos ya se producían desde lustros atrás con la misma o mayor magnitud e intensidad.

Sin lugar a dudas, por más de tres décadas hemos evidenciado cambios notorios en la migración internacional por la frontera sur de México, algunos inéditos, pero otros no tanto, tal como sucede en otras regiones fronterizas internacionales. Algunas características que se han considerado nuevas, en estricto sentido no lo son; pero se vuelven notorias en determinadas circunstancias y para determinados actores sociales. En este texto me referiré a dos procesos vinculados entre sí para ejemplificar y al mismo tiempo destacar la presencia de mujeres migrantes en y por la frontera sur de México: la diversidad de nacionalidades y la llamada "feminización" de las migraciones.

Con ese objetivo, haré uso de las estadísticas del Instituto Nacional de Migración (INM) y de la Comisión de Ayuda a Refugiados (Comar), algunas disponibles públicamente, pero otras no. Esta información solo nos permite un acercamiento a los patrones y tendencias de las migraciones; por tanto, es parcial y fragmentaria, dado que no capta toda la presencia de migrantes. A pesar de esa gran limitación, estos datos administrativos dan una aproximación y plantean muchas preguntas respecto a la participación de las mujeres en la migración. En ningún momento la disponibilidad de estadísticas debe ser tomada como dato para cuestionar, estigmatizar o criminalizar a las personas migrantes, sino como un recurso para indagar, documentar y profundizar mediante estudios específicos la situación de las mujeres (o de cada grupo de interés) en la migración.

Aquí aludiré a casos de mujeres cuya migración ha sido irregularizada por las autoridades migratorias y han sido detenidas/"presentadas"[1] en las llamadas estaciones y estancias migratorias, y a mujeres solicitantes de protección internacional en México, específicamente en la ciudad de Tapachula, donde se registra cerca de 70% de las solicitudes en el país.[2] Una parte de estas últimas mujeres pudo haber sido

---

[1] Hay que aclarar que el INM ha usado distintos eufemismos para referirse a las detenciones (aseguramientos, alojamientos, presentaciones). Sin embargo, en estricto sentido, para algunas nacionalidades el control, verificación y revisión migratorios no se llevan a cabo del mismo modo que para otras. La categoría "presentaciones", que se comenzó a emplear después de entrada en vigor la Ley de Migración de 2011, incluye: *1)* detenciones realizadas por autoridad migratoria, y *2)* casos de personas migrantes que se entregan a la autoridad migratoria para ser conducidas a la estación/estancia migratoria para solicitar un oficio de salida de dicho lugar para regularización migratoria o para salir del país por cualquiera de sus fronteras.

[2] En la frontera sur de México identificamos distintas modalidades de movilidad e inmovilidad de migrantes (Rojas, 2011, 2021). Dependiendo de la zona, hay confluencia de estas movilidades. Aquí solo nos enfocamos en los dos grupos citados.

detenida o "presentada" en las estaciones migratorias y allí hizo su solicitud de protección internacional, pero otras no. Con los datos de estas dos fuentes, aludiré a casos que podemos ubicar espacialmente en la frontera sur, pero dada la información disponible, también mencionaré la presencia de las mujeres detenidas a lo largo y ancho de México. El acceso limitado a datos públicos desagregados por distintas características ha restringido el análisis relacionado con la participación de las mujeres, por ejemplo, que es la población de mi interés; pero la misma afirmación se puede hacer para cualquier otra clasificación que se tenga en mente. La desagregación es indispensable para conocer características de las poblaciones migrantes y los cambios de esta presencia a través del tiempo.

DIVERSIDAD DE NACIONALIDADES

La manera en que se han publicado las estadísticas migratorias en México no ayuda a identificar las distintas nacionalidades por regiones específicas, aunque se cuenta con datos desde 2001. Durante algunos años aquellas nacionalidades con poco número de detenciones o deportaciones se agregaban en la categoría "otros países" u "otras nacionalidades". La desagregación por todas y cada una de las nacionalidades comenzó a publicarse en México en 2007.[3] En algunas delegaciones del INM, como la de Chiapas, se podían solicitar las cifras desagregadas por país y sexo. Pero eso solo fue posible por algunos años, dadas las instrucciones que recibieron de centralización de las estadísticas, tarea de la que comenzó a hacerse cargo el Centro de Estudios Migratorios creado en el sexenio de Vicente Fox, que ahora es parte de la Unidad de Política Migratoria, Registro e Identidad de Personas (UPMRIP) de la Secretaría de Gobernación

---

[3] Entre 2001 y 2006 se publicaron las estadísticas desglosadas para 19 países; los demás quedaron clasificados en la categoría "otros".

(Segob). A esto hay que agregar que no se publican desagregaciones por nacionalidad y sexo según entidad federativa, al menos de aquellas que llevan a cabo el mayor número de detenciones. A esa escala estatal se han publicado datos por sexo para algunos años, pero no para las dos variables. Eso solo es posible si se solicitan los datos a la UPMRIP.

Aunque no disponemos de la serie completa,[4] podemos aludir a la diversidad de nacionalidades de mujeres detenidas en la estación migratoria de Tapachula para el periodo 2001-2010,[5] con datos solicitados entre 2002 y 2011 a la Delegación Regional de Chiapas. Para el periodo 2011-2020 no se cuenta con esta desagregación publicada por entidad federativa. Tales datos están disponibles para el conjunto de las entidades, los cuales dan una aproximación a las características de la llamada migración en tránsito por México que no necesariamente entró por la frontera sur; muchas personas migrantes llegan al país por puertos aéreos y marítimos para continuar hacia Estados Unidos. Sin embargo, es importante decir que la mayor proporción de detenciones de migrantes en México se lleva a cabo en el estado de Chiapas. Entre 2001 y 2010, en promedio por año, 44% de las detenciones en México se registraron en esa entidad. Entre 2011 y 2020 dicha proporción fue de 43 por ciento.[6]

---

[4] A escala nacional, la desagregación de las estadísticas migratorias por grandes grupos de edad comenzó en 2007, y por sexo a partir de 2011, pero solo para determinados aspectos. En la Delegación del INM de Chiapas, desde 2001 ya se contaba con la desagregación por grandes grupos de edad, pero la clasificación por sexo solo se hacía para mayores de 18 años. Esta clasificación por sexo para menores de 18 años se empezó en 2004. Por esa razón, la presencia que reporto en este texto para Chiapas corresponde a mujeres mayores de 18 años.

[5] Hasta 2006, las instalaciones de la estación migratoria se ubicaban en el fraccionamiento Las Vegas de Tapachula. A partir de ese año entró en operación la Estación Migratoria Siglo XXI.

[6] Cálculos propios con base en la UPMRIP (s. f.).

Periodo 2001-2010 en Chiapas

Independientemente del número de detenciones, entre 2001 y 2010, con datos de la Delegación del INM en Chiapas, se identificó la procedencia de migrantes de al menos 98 países de los cinco continentes. Las mujeres detenidas procedían de 54 de esos países. Por año, hay diferencias. En algunos el número de nacionalidades es menor a 20, pero en otros es cercano a 30. Como se observa en el cuadro 1, hay mujeres de algunas nacionalidades de las que hay presencia todos los años (Guatemala, Honduras, El Salvador, Nicaragua, Costa Rica, por ejemplo), o en casi todos (Colombia, Cuba, Ecuador, Perú, Panamá, República Dominicana, por ejemplo); otras nacionalidades son visibles algunos años (Argentina, Bolivia, Etiopía, Irak, por ejemplo). Algunas nacionalidades dejan de ser registradas, pero unos años después vuelven a aparecer, como en el caso de migrantes de Ecuador, que en la década de 2000 cobraron notoriedad, al punto que entró en funcionamiento el consulado de ese país en Tapachula; ya en la década de 2010, su número disminuyó, pero recientemente se han vuelto a registrar detenciones de ese origen en Chiapas. Mujeres de países europeos, igualmente, fueron detenidas durante la década de 2000.

Por la extensión de este texto, no presento el cuadro para hombres y mujeres, pero lo que esa clasificación revela es que entre 2001 y 2010 en la Delegación Regional de Chiapas se llevaron a cabo detenciones exclusivamente de hombres provenientes de 43 países. Por ejemplo, de la República Popular Democrática de Corea (o Corea del Norte) hubo detenciones en los años 2003 a 2007 y 2009 y fueron únicamente de hombres. En contraste, en toda la década solo se registraron detenciones exclusivas de mujeres originarias de Filipinas, en 2001 y 2003. Para algunos países, en determinados años se han registrado detenciones de mujeres y hombres, pero en otros años solo hay hombres, como en el caso de Bangladesh, país del cual en 2001, 2003, 2005 a 2007 y 2009 se registraron detenciones de hombres; mientras que en 2004 y 2010 de hombres y mujeres.

CUADRO 1.

Registro de detenciones/aseguramientos de mujeres migrantes en Delegación Regional del INM en Chiapas, según país de nacionalidad, 2001-2010

	País de nacionalidad	Continente/Región	2001	2002	2003	2004	2005	2006	2007	2008	2009	2010
1	Belice	América Central	x			x	x	x			x	x
2	Costa Rica	América Central	x	x	x	x	x	x	x	x	x	x
3	El Salvador	América Central	x	x	x	x	x	x	x	x	x	x
4	Guatemala	América Central	x	x	x	x	x	x	x	x	x	x
5	Honduras	América Central	x	x	x	x	x	x	x	x	x	x
6	Nicaragua	América Central	x	x	x	x	x	x	x	x	x	x
7	Panamá	América Central	x	x	x	x	x	x	x		x	x
8	Cuba	Islas del Caribe	x	x	x	x	x	x	x	x		
9	Jamaica	Islas del Caribe									x	
10	República Dominicana	Islas del Caribe	x	x	x	x	x	x	x	x	x	
11	Argentina	América del Sur				x			x		x	x
12	Bolivia	América del Sur				x	x	x	x		x	
13	Brasil	América del Sur			x		x	x	x	x	x	x
14	Chile	América del Sur					x				x	x
15	Colombia	América del Sur	x	x		x	x	x	x	x	x	x
16	Ecuador	América del Sur	x	x	x	x	x	x	x	x	x	
17	Paraguay	América del Sur				x	x	x				
18	Perú	América del Sur	x	x	x	x	x	x	x		x	
19	Venezuela	América del Sur						x				x
20	Canadá	América del Norte									x	x
21	Estados Unidos*	América del Norte	x	x	x	x	x	x	x	x	x	
22	Benín	África										x
23	Camerún	África						x		x		x
24	Costa de Marfil	África										x
25	Eritrea	África					x	x	x	x	x	x
26	Etiopía	África				x	x	x	x	x	x	
27	Ghana	África									x	
28	Guinea	África							x	x		
29	Nigeria	África									x	
30	Ruanda	África							x			
31	Somalia	África						x	x	x		
32	Sudáfrica	África				x	x					

	País de nacionalidad	Continente/Región	2001	2002	2003	2004	2005	2006	2007	2008	2009	2010
33	Uganda	África			x							
34	Bangladesh	Asia				x						x
35	Birmania	Asia										x
36	China	Asia				x		x	x	x	x	x
37	Filipinas	Asia	x	x								
38	Hong Kong	Asia				x						
39	India	Asia	x	x							x	
40	Irak	Asia	x	x	x			x	x	x		
41	Japón	Asia							x			
41	Nepal	Asia					x					
43	Albania	Europa								x		
44	Armenia	Europa	x			x						
45	Bélgica	Europa						x				
46	Bulgaria	Europa							x			
47	República de Croacia	Europa										x
48	España	Europa							x			
49	Francia	Europa										x
50	Gran Bretaña	Europa	x									
51	Macedonia	Europa									x	x
52	Rumania	Europa	x	x				x				
53	Ucrania	Europa									x	
54**	Australia	Oceanía									x	
	No identificado		x	x				x	x	x		
	Número de países de nacionalidad de mujeres detenidas		19	16	16	21	22	25	24	19	27	22
	Número de países de nacionalidad de hombres detenidos		43	31	32	32	42	39	41	41	42	48
	Número de países de nacionalidad de mujeres y hombres en detención***		44	33	33	39	42	39	44	41	45	49

* Incluye a Puerto Rico
** 54 de 98 países identificados en el periodo 2001-2010
*** Este total incluye países de nacionalidad de hombres, de mujeres y de ambos sexos, dado que hay años en que se registran solo detenciones de hombres, o solo de mujeres, mientras que en otros hay detenciones de ambos sexos.

FUENTE: Elaboración propia con base en Estadísticas de "aseguramientos" y "alojamientos" (2001-2010) proporcionadas por la Delegación Regional del INM en Chiapas.

Sin detenernos en números, el cuadro 1 nos muestra que en la década de 2000 la presencia de mujeres migrantes parece estar asociada a la proximidad geográfica. Prácticamente en todos los años hay mujeres centroamericanas que son detenidas en el estado de Chiapas. Igualmente, hay presencia casi anual de mujeres de algunos países de América del Sur y del Caribe. En contraste, las mujeres de países africanos comienzan a tener presencia a mediados de esa década. Como veremos enseguida, en la década de 2010 se amplía el número de las nacionalidades de personas migrantes de África y Asia que son detenidas en México. De ese modo, la proximidad geográfica dejó de ser un factor preponderante para personas provenientes de otros países, entre quienes destaca la participación de las mujeres.

Periodo 2011-2020 en México

Entre 2011 y 2020 la diversidad de nacionalidades es más notoria, no solo porque los datos corresponden a las detenciones en todo el territorio mexicano, sino además porque su número ya era alto. Desde 2007, cuando se desagregaron las estadísticas para todos los países, el número de nacionalidades de migrantes en detención era 93.[7] En promedio en la década de 2010 el número de nacionalidades fue cercana al centenar; en 2015 lo supera (108), desciende en 2017 (99) y alcanza su mayor número en 2019 (115) (véase el cuadro 2).

CUADRO 2.

Registro de detenciones/presentaciones de mujeres migrantes por autoridad migratoria en México, según país de nacionalidad, 2011-2020

	País de nacionalidad	Continente/Región	2011	2012	2013	2014	2015	2016	2017	2018	2019	2020
1	Belice	América Central	x	x	x	x	x	x	x	x	x	x
2	Costa Rica	América Central	x	x	x	x	x	x	x	x	x	x
3	El Salvador	América Central	x	x	x	x	x	x	x	x	x	x
4	Guatemala	América Central	x	x	x	x	x	x	x	x	x	x
5	Honduras	América Central	x	x	x	x	x	x	x	x	x	x
6	Nicaragua	América Central	x	x	x	x	x	x	x	x	x	x

---

[7] Tomado del *Boletín Estadístico* de 2007 de la UPMRIP, disponible en http://www.politicamigratoria.gob.mx/es/PoliticaMigratoria/Boletines_Estadisticos.

	País de nacionalidad	Continente/Región	2001	2002	2003	2004	2005	2006	2007	2008	2009	2010
7	Panamá	América Central	x	x	x	x	x	x	x	x	x	x
8	Argentina	América del Sur	x	x	x	x	x	x	x	x	x	x
9	Bolivia	América del Sur	x	x	x		x	x			x	
10	Brasil	América del Sur	x	x	x	x	x	x	x	x	x	x
11	Chile	América del Sur	x	x	x	x	x	x	x	x	x	x
12	Colombia	América del Sur	x	x	x	x	x	x	x	x	x	x
13	Ecuador	América del Sur	x	x	x	x	x	x	x	x	x	x
14	Guyana	América del Sur						x	x		x	
15	Paraguay	América del Sur	x	x	x	x	x	x	x		x	x
16	Perú	América del Sur	x	x	x	x	x	x	x	x	x	x
17	Uruguay	América del Sur	x		x	x	x	x	x		x	x
18	Venezuela	América del Sur	x	x	x	x	x	x	x	x	x	x
19	Cuba	Islas del Caribe	x	x	x	x	x	x	x	x	x	x
20	Granada	Islas del Caribe					x					
21	Haití	Islas del Caribe	x	x	x	x	x	x	x	x	x	x
22	Jamaica	Islas del Caribe		x		x						x
23	República Dominicana	Islas del Caribe	x	x	x	x	x	x	x	x	x	x
24	Trinidad y Tobago	Islas del Caribe					x					
25	Canadá	América del Norte	x	x	x	x	x	x	x	x	x	x
26	Estados Unidos*	América del Norte	x	x	x	x	x	x	x	x	x	x
27	Angola	África					x	x	x	x	x	x
28	Benin	África					x	x	x	x	x	x
29	Burkina Faso	África					x	x			x	
30	Burundi	África					x				x	
31	Camerún	África		x	x	x	x	x	x	x	x	x
32	Costa de Marfil	África					x	x	x	x	x	x
33	Eritrea	África	x	x	x	x	x	x	x	x	x	x
34	Etiopía	África		x	x	x	x	x	x	x	x	x
35	Gabón	África									x	x
36	Gambia	África		x			x	x	x		x	
37	Ghana	África	x		x	x	x	x	x	x	x	x
38	Guinea	África					x	x	x	x	x	x
39	Guinea Bissau	África									x	
40	Kenia	África		x		x			x		x	
41	Liberia	África	x				x			x		
42	Mali	África					x	x	x		x	
43	Marruecos	África			x							

	País de nacionalidad	Continente/Región	2011	2012	2013	2014	2015	2016	2017	2018	2019	2020
44	Mauritania	África							x		x	
45	Nigeria	África		x	x	x	x	x	x	x	x	x
46	República Democrática del Congo	África						x	x	x	x	x
47	Santo Tomé y Príncipe	África									x	
48	Senegal	África					x	x	x	x	x	x
49	Sierra Leona	África					x	x	x	x	x	x
50	Somalia	África	x	x	x	x	x	x	x	x		x
51	Sudáfrica	África	x	x	x		x	x		x		
52	Sudán	África				x		x	x	x	x	x
53	Togo	África					x	x	x	x	x	x
54	Uganda	África	x				x	x	x	x	x	x
55	Yibuti (Djibouti)	África						x		x		
56	Zimbabue	África	x									
57	Afganistán	Asia					x	x	x		x	
58	Arabia Saudita	Asia								x		
59	Bangladesh	Asia			x		x	x	x		x	
60	Camboya	Asia									x	
61	China	Asia	x	x	x	x	x	x	x	x	x	x
62	Filipinas	Asia			x		x					
63	India	Asia	x	x	x	x	x	x	x	x	x	x
64	Irak	Asia			x		x	x		x	x	
65	Irán	Asia	x	x	x					x	x	
66	Israel	Asia	x					x	x		x	
67	Japón	Asia	x	x	x	x	x		x			
68	Kazajistán	Asia	x		x		x					
69	Kirguistán	Asia								x	x	x
70	Líbano	Asia					x			x		
71	Malasia	Asia			x			x	x			
72	Mauricio	Asia									x	
73	Mianmar (Birmania)	Asia	x					x				
74	Nepal	Asia	x	x	x	x	x	x	x	x	x	x
75	Pakistán	Asia					x	x	x	x	x	x
76	Palestina	Asia						x				x
77	República de Corea (del Sur)	Asia	x	x	x	x	x	x	x	x	x	
78	República de Yemen	Asia								x	x	x
79	Siria	Asia			x		x	x	x	x	x	
80	Sri Lanka	Asia	x	x	x		x	x	x	x	x	x

	País de nacionalidad	Continente/Región	2011	2012	2013	2014	2015	2016	2017	2018	2019	2020
81	Tailandia	Asia			x		x	x			x	x
82	Taiwán	Asia	x			x			x			
83	Tayikistán	Asia								x		
84	Timor Oriental	Asia			x							
85	Turquía	Asia			x				x	x		
86	Uzbekistán	Asia							x		x	x
87	Vietnam	Asia						x			x	x
88	Albania	Europa			x		x	x	x	x	x	
89	Alemania	Europa	x	x		x	x	x	x	x		x
90	Armenia	Europa				x	x	x				
91	Austria	Europa	x				x	x			x	
92	Bélgica	Europa					x	x			x	
93	Bielorrusia	Europa			x							
94	Bosnia-Herzegovina	Europa								x		
95	Bulgaria	Europa		x				x				
96	Dinamarca	Europa	x									
97	España	Europa	x	x	x	x	x	x	x	x	x	x
98	Estonia	Europa	x									
99	Finlandia	Europa	x	x	x			x	x		x	
100	Francia	Europa	x	x		x	x	x	x	x	x	x
101	Grecia	Europa	x									
102	Hungría	Europa	x	x	x			x	x		x	
103	Irlanda	Europa	x		x		x					x
104	Italia	Europa	x	x	x	x	x	x	x	x	x	
105	Lituania	Europa								x	x	
106	Macedonia	Europa	x					x				
107	Noruega	Europa	x									x
108	Países Bajos (Holanda)	Europa	x	x								x
109	Polonia	Europa		x	x	x			x	x	x	
110	Portugal	Europa			x	x	x	x	x		x	
111	Reino Unido	Europa	x	x	x	x	x	x	x	x	x	x
112	República Checa	Europa		x		x	x					
113	República de Croacia	Europa	x									
114	República de Kosovo	Europa								x		
115	República Eslovaca	Europa		x		x					x	

195

	País de nacionalidad	Continente/Región	2011	2012	2013	2014	2015	2016	2017	2018	2019	2020
116	Rumania	Europa	x	x	x	x	x	x	x	x	x	x
117	Rusia	Europa	x	x	x	x	x	x	x	x	x	x
118	Serbia	Europa	x									
119	Suecia	Europa		x		x	x	x				
120	Suiza	Europa	x			x	x					x
121	Ucrania	Europa				x	x	x	x	x	x	x
122	Australia	Oceania	x			x			x	x		
123	Nueva Zelandia	Oceania	x									
124**	Papúa Nueva Guinea	Oceania	x									
	Apátrida						x				x	x
	Número de países de nacionalidad de mujeres detenidas		63	52	57	51	76	80	73	63	85	60
	Número de países de nacionalidad de hombres detenidos		89	85	78	93	103	101	96	96	105	86
	Número de países de nacionalidad de hombres y mujeres en detención***		96	85	85	97	109	108	99	100	116	91

* Incluye a Puerto Rico
**124 países de 158 identificados en el período 2011-2020. En esta década ya no hay registros de país "sin identificar"; pero se agregaron casos de apatridia de mujeres (en 2015, 2019 y 2020).
***Este total incluye países de nacionalidad de hombres, de mujeres y de ambos sexos, dado que hay años en que se registran solo detenciones de hombres, o solo de mujeres, mientras que en otros hay detenciones de ambos sexos.

FUENTE: Elaboración propia con base en Unidad de Política Migratoria, Registro e Identidad de Personas, Segob, Boletínes estadísticos, 2011-2020, http://portales.segob.gob.mx/es/PoliticaMigratoria/Boletines_Estadisticos.

Durante esos 10 años las autoridades migratorias mexicanas llevaron a cabo detenciones de mujeres migrantes originarias de 127 de 163 países identificados (véase el cuadro 2). En ese periodo no solo las mujeres centroamericanas fueron detenidas año con año en México. Con excepción de dos países, anualmente mujeres de todos los países de América continental, así como de Cuba, República Dominicana y Haití fueron detenidas por el INM. Lo mismo podemos observar para algunos países de África (Eritrea, Camerún, Etiopía, Ghana y Nigeria, por ejemplo) y de Asia (China, India, Nepal, República de Corea y Sri Lanka, por ejemplo). Varios de estos países ya tenían presencia en años previos. A mediados de la década de 2010 tuvieron o volvieron a tener presencia las mujeres de otros países africanos (Angola, Benín, Costa de Marfil y República Democrática del Congo —RDC—, por ejemplo) y asiáticos (Pakistán y Siria, por ejemplo). Igualmente, durante el periodo en revisión, mujeres de distintos países europeos fueron detenidas (véase el cuadro 2).

Como se puede evidenciar con los cuadros 1 y 2, la diversidad de nacionalidades no es algo reciente, ya sea para el estado de Chiapas o para el país en su conjunto. El tipo de acciones de contención que el gobierno mexicano empezó a ejecutar en 2019 para "ordenar" la movilidad grupal de migrantes de Centroamérica, más las medidas sanitarias de confinamiento por la pandemia por covid-19, forzaron una prolongada espera en la ciudad de Tapachula, Chiapas, que entre otras consecuencias visibilizó la diversidad de nacionalidades. En otra coyuntura, se habría enfatizado menos en esta característica, que ha llamado la atención sobre todo en las estadísticas de solicitantes de protección internacional, pero que en las de detenciones y devoluciones, al menos hasta 2018, ya se registraba.

Periodo 2018-2021 de solicitudes de protección internacional en Tapachula

Si el flujo de migrantes fue contenido e incluso reprimido en México para forzar que fuese "ordenado, seguro y regular", era previsible que los habitantes de la ciudad de Tapachula, así como funcionarios de gobierno local, estatal y federal y otros actores sociales señalaran que se trataba de una presencia "nunca antes vista". Afirmación que solo es cierta si se analizan los datos del sistema de refugio en México, que aquí no abordaremos más que en un aspecto, dado nuestro interés sobre la presencia de las mujeres en situación de movilidad, y porque es un tema que ha sido ampliamente difundido para referirse a lo que el propio titular de la Comar ha enfatizado como un "crecimiento exponencial" en las solicitudes (Pérez, 2021). Afirmación que puede tener varias lecturas si no se pone en contexto. Ese crecimiento en la cantidad de solicitudes y en el número de

197

países de nacionalidad de las personas solicitantes es consecuencia de las medidas de contención migratoria que forzaron a los migrantes a "quedarse en México", sin que eso invalide que haya casos de quienes efectivamente pensaron en México como una opción para solicitar protección internacional.

Lo que no se puede perder de vista es que las razones de movilidad de los cientos o miles de migrantes que llegaron a México antes de 2019 con el propósito de continuar hacia Estados Unidos son similares a las de quienes ahora son solicitantes de protección en México. Por eso, la distinción tan enfática que se suele hacer entre "migrante" y "refugiado" (Edwards, 2016) no corresponde exactamente a la situación de miles de personas que por diversas razones *i)* no han hecho solicitud de protección en México,[8] o *ii)* que habiéndola hecho son rechazadas, o bien desisten o abandonan el proceso y, por tanto, son irregularizadas y expuestas a la deportación, a pesar de que tienen temores fundados de regresar a sus países.

Como se observa en el cuadro 3, entre 2018 y septiembre de 2021 las personas que hicieron solicitudes en las oficinas de la Comar en Tapachula eran originarias de 92 países; las mujeres, de 67 de esos países. Entre 2018 y 2019 el número de países de nacionalidad de las mujeres se duplicó, justamente porque en 2019 solo había dos vías para poder contar con un documento para acreditar la estancia en México: solicitar protección ante la Comar o solicitar oficio de salida del país, oficio para regularización o tarjeta por razones humanitarias al INM. Sin embargo, las restricciones impuestas por el INM para solicitar estos últimos documentos —y, según el caso, iniciar el trámite de regularización— forzaron a muchas personas a la solicitud de refugio, razón por la cual mujeres africanas cobraron presencia en las estadísticas de la Comar. En 2021 ya hay

---

[8] Ya sea por desconocimiento o porque han sido disuadidas o porque el oficial o funcionario a quien expusieron sus testimonios los desestimó, o bien porque en caso de solicitar protección lo haría en Estados Unidos. En este último caso están personas originarias de África, por mencionar un origen continental/regional.

mujeres solicitantes de casi todos los países de América continental[9] y de varios del Caribe, así como de un número significativo de países de África y de algunos de Asia y Europa.

CUADRO 3.

Mujeres solicitantes de protección internacional en la Oficina de Tapachula de la Comar, según país de nacionalidad, 2018-2021

	País de nacionalidad	Continente/Región	2018	2019	2020	2021
1	Belice	América Central		x	x	x
2	Costa Rica	América Central	x	x	x	x
3	El Salvador	América Central	x	x	x	x
4	Guatemala	América Central	x	x	x	x
5	Honduras	América Central	x	x	x	x
6	Nicaragua	América Central	x	x	x	x
7	Argentina	América del Sur				x
8	Bolivia	América del Sur	x	x	x	x
9	Brasil	América del Sur		x	x	x
10	Chile	América del Sur		x	x	x
11	Colombia	América del Sur	x	x	x	x
12	Ecuador	América del Sur	x	x	x	x
13	Guayana Francesa	América del Sur			x	x
14	Guyana	América del Sur		x		x
15	Panamá	América del Sur		x	x	
16	Paraguay	América del Sur				x
17	Perú	América del Sur		x	x	x
18	Uruguay	América del Sur		x	x	x
19	Venezuela	América del Sur	x	x		
20	Cuba	Islas del Caribe	x	x	x	x
21	Guadalupe	Islas del Caribe			x	
22	Haití	Islas del Caribe	x	x	x	x
23	Jamaica	Islas del Caribe				x

[9] Sin perder de vista que algunas nacionalidades incluyen a hijas de personas que reemigraron a México: nacidas en Brasil y Chile (descendientes haitianas); nacidas en Uruguay (descendientes cubanas o dominicanas), o nacidas en otros países en su viaje hacia México.

	País de nacionalidad	Continente/Región	2018	2019	2020	2021
24	República Dominicana	Islas del Caribe	x	x	x	x
25	Trinidad y Tobago	Islas del Caribe				x
26	Estados Unidos de América	América del Norte	x	x	x	x
27	Angola	África		x	x	x
28	Benín	África		x	x	x
29	Burkina Faso	África				x
30	Camerún	África		x	x	x
31	Chad	África				x
32	Congo	África		x	x	x
33	Costa de Marfil	África		x	x	x
34	Eritrea	África			x	
35	Gabón	África		x		
36	Ghana	África		x	x	x
37	Guinea	África		x	x	x
38	Guinea Bisáu	África				x
39	Liberia	África			x	
40	Malí	África				x
41	Mauritania	África		x		x
42	Nigeria	África		x		x
43	República Centroafricana	África				x
44	República Democrática del Congo	África		x	x	x
45	Ruanda	África				x
46	Santo Tomé y Príncipe	África				x
47	Senegal	África				x
48	Sierra Leona	África		x	x	x
49	Sudán	África			x	x
50	Togo	África			x	x
51	Uganda	África				x
52	Yibuti (Djibouti)	África		x		
53	Filipinas	Asia				x
54	India	Asia			x	x
55	Kirguistán	Asia			x	
56	Nepal	Asia			x	
57	República Popular China (Macao)	Asia	x			x
58	Siria	Asia				x
59	Tailandia	Asia				x
60	Tayikistán	Asia				x

	País de nacionalidad	Continente/Región	2018	2019	2020	2021
61	Uzbekistán	Asia			x	x
62	Yemen	Asia				x
63	Francia	Europa		x	x	
64	Hungría	Europa				x
65	Portugal	Europa				x
66	Reino Unido	Europa				x
67*	Ucrania	Europa		x	x	
	Número de países de nacionalidad de solicitantes de refugio mujeres (en Tapachula)		14	35	39	57
	Número de países de nacionalidad de solicitantes de refugio hombres (en Tapachula)		23	52	53	74
	Número de países de nacionalidad de solicitantes de refugio de ambos sexos (en Tapachula)		25	56	57	84
	Número de países de nacionalidad de solicitantes de refugio mujeres (en México)		39	61	57	68
	Número de países de nacionalidad de solicitantes de refugio hombres (en México)		54	77	77	90
	Número de países de nacionalidad de solicitantes de refugio de ambos sexos (en México)		62	83	81	100

*67 de 92 países en el periodo 2018–septiembre 2021

FUENTE: Elabración propia con base en estadísticas solicitadas en octubre 2021 a la Comisión Mexicana de Ayuda a Refugiados, periodo 2018 a septiembre de 2021

LA "FEMINIZACIÓN" DE LAS MIGRACIONES

Sin hacer referencia a números de personas (o eventos, los que en estricto sentido aluden a personas),[10] el ejercicio de revisión de los registros estadísticos de detenciones, así como de solicitantes de protección internacional desglosadas por sexo, permite reconocer la presencia de mujeres migrantes internacionales en México. Por un lado, se registra el aumento en el número de países de nacionalidad de las mujeres y, por el otro, una mayor frecuencia anual para

---

[10] Distintos autores han insistido en que al usar ciertas fuentes de información se haga la precisión sobre la unidad de población y ex profeso se pide explicitar que "son eventos y no personas". Sin embargo, si el foco de atención no está puesto en el volumen (la cantidad), sino en la situación de las personas, esa insistencia debe ser matizada. En cada detención o en cada deportación, la persona vive una experiencia diferente.

ciertas nacionalidades, lo que no significa necesariamente que haya incremento en el número de mujeres por año; su número incluso puede descender.

Como ilustración, en el cuadro 4 hago referencia a unas pocas nacionalidades de mujeres solicitantes de protección internacional. En promedio, entre 2019 y 2021, 40% del total de personas que solicitaron protección en la oficina de la Comar en Tapachula corresponde a mujeres. Una proporción similar se observa para países con mayores volúmenes de solicitudes en dicha oficina, como Honduras, El Salvador, Haití y Cuba. Para países con menor volumen de solicitudes, dicho porcentaje puede ser variable, como en los casos de Angola, RDC y Camerún.

Los porcentajes de presencia o participación de mujeres migrantes suelen ser distintos según la modalidad de movilidad. La proporción total de mujeres solicitantes de refugio difiere de la de detenciones. La primera puede estar en alrededor de 40%, mientras que la segunda en alrededor de 25%, con variaciones por año. Si se hiciera un análisis para la proporción de migrantes que ya son residentes, otra sería la proporción (alrededor de 50%). Esto no significa que haya un problema con los datos.

CUADRO 4.

Proporción de mujeres solicitantes de protección internacional en la oficina de Tapachula de la Comar, países seleccionados, 2019-2021*

País	Continente/ Región	2019		2020		2021	
		Total hombres y mujeres	Mujeres	Total hombres y mujeres	Mujeres	Total hombres y mujeres	Mujeres
		Núm.	*%*	*Núm.*	*%*	*Núm.*	*%*
Angola	África	178	44.9	57	43.9	150	40.7
Camerún	África	254	30.3	32	43.8	71	40.8
República Democrática del Congo	África	197	51.3	126	46.8	169	44.4
El Salvador	América Central	7 538	43.4	2 960	36.7	4 008	40.3
Honduras	América Central	21 085	44.5	10 001	34.8	17 745	41.2
Cuba	Islas del Caribe	5 543	34.7	3 820	35.4	6 669	37.7

País	Continente/ Región	2019		2020		2021	
		Total hombres y mujeres	Mujeres	Total hombres y mujeres	Mujeres	Total hombres y mujeres	Mujeres
		Núm.	%	Núm.	%	Núm.	%
Haití	Islas del Caribe	4 853	44.3	5 345	44.2	22 982	39.4
Total		45 766	42.6	26 626	38.0	63 126	40.1

*A septiembre de 2021

FUENTE: Elaboración propia con base en estadísticas solicitadas en octubre 2021 a la Comisión Mexicana de Ayuda a Refugiados, periodo 2018 a septiembre de 2021

A MODO DE REFLEXIÓN

En este texto he querido enfatizar que la diversidad de nacionalidades de migrantes en México no es un proceso inédito, y que esa diversidad, en el caso de las mujeres, revela un proceso de "feminización" de las migraciones, sin que nos refiramos a cantidades de mujeres y sin que aludamos a cómo se tomó la decisión de emigrar, reemigrar o quedarse en algún lugar. Con las estadísticas desglosadas por sexo podemos hacer esa instantánea. La diversidad de nacionalidades de la que se ha hablado en relación con las personas solicitantes de protección internacional no se produjo de repente; no es que de un año al otro el número de países se haya multiplicado de manera inexplicable y sorpresiva. Esa diversidad es un proceso y al mismo tiempo un producto.

Durante años, migrantes de distintos países han llegado a México para continuar hacia Estados Unidos. A pesar de la política migratoria restrictiva en este y en otros países, esos miles de personas han desafiado controles fronterizos y otros obstáculos, no solo en México, sino a lo largo de todo su recorrido. Por eso están aquí. La visibilidad de esta diversidad, así como el mayor número de solicitudes de protección internacional, debe entenderse también como parte de la resistencia de los migrantes a los controles estatales que pretenden frenar su movilidad.

Por otra parte, este ejercicio nos interpela sobre el conocimiento que tenemos acerca de la presencia de mujeres migrantes por nacionalidad. Solemos hacer referencia a las "mujeres africanas", a las "mujeres asiáticas" y a las "mujeres centroamericanas", por ejemplo, como si se tratase de colectivos homogéneos, pero no lo son. Las causas de la movilidad forzada de mujeres de la República Democrática del Congo no son las mismas que las de las mujeres haitianas, por citar un ejemplo; como tampoco lo son las de mujeres del mismo continente. Las razones para emigrar de las mujeres nigerianas no son las mismas que las de las mujeres de Camerún; como tampoco lo son las de la emigración de mujeres hondureñas y mujeres guatemaltecas, para citar otros ejemplos. Del mismo modo, hay diferencias según regiones en un mismo país.

En el camino hacia a México, las mujeres pueden estar expuestas a riesgos similares, pero su experiencia no es la misma ni entre mujeres que van en el mismo trayecto ni respecto a lo que cada mujer enfrenta en distintos momentos en ese trayecto. Y lo mismo sucede en los lugares a los que llegan, sean estos transitorios o no. De ahí la importancia de analizar no solo el contexto en el que se producen esas movilidades, sino, además, cuál es la experiencia particular de las mujeres en tales procesos.

REFERENCIAS

Edwards, A. (2016), "¿'Refugiado' o 'migrante'? ¿Cuál es el término correcto? Noticias e historias", ACNUR México. Consultado en https://www.acnur.org/noticias/noticia/2016/7/5b9008e74/refugiado-o-migrante-cual-es-el-termino-correcto.html.

Pérez, M. (2021, 14 de julio), "Comar prevé que se rebasen las 100,000 solicitudes de asilo a México durante 2021", *El Economista*. Consultado en https://www.eleconomista.com.mx/politica/Comar-preve-que-se-rebasen-las-100000-solicitudes-de-asilo-a-Mexico-durante-2021-20210714-0107.html.

Rojas Wiesner, M. L. (2021), "Inclusión diferencial al derecho a la salud de mujeres de Guatemala en la frontera sur de México", *Migración y Salud*, año 3, núm. 3, pp. 13-29.

Rojas Wiesner, M. L. (2011), "Haciendo distinciones en la dinámica migratoria", *Ecofronteras*, núm. 41, pp. 12-15.

UPMRIP (s. f.), *Boletines Estadísticos* (2001 a 2020). Consultado en http://www.politicamigratoria.gob.mx/es/PoliticaMigratoria/Boletines_Estadisticos.

Migrar.
De la utopía a la frontera: Venezuela en el Bravo

Alfredo Limas Hernández

PRESENTACIÓN

En este artículo se presenta una interpretación del contexto local que enfrentan las poblaciones en situación de movilidad internacional en la frontera entre México y Estados Unidos, en particular para la transmigración venezolana en Ciudad Juárez-El Paso, Paso del Norte, en el marco del otoño de 2022. Esto se presenta en dos apartados: en el primero se abordan el contexto y la coyuntura en el periodo 2018-2022 y la situación de los grupos de personas de Venezuela en su tránsito a Estados Unidos por la región de Paso del Norte en el año, y en un segundo momento se realiza una comprensión sobre las violencias y exclusión hacia inmigrantes de esa nacionalidad como procesos de *borramiento* de sus derechos humanos, de sus visiones de futuro y perspectivas de mejora en su calidad de vida, su búsqueda de utopías, desde una perspectiva de derechos humanos. En el ensayo se recurre a fuentes hemerográficas así como a registros de observación tipo etnográfico.

MOVILIDAD HUMANA, VULNERABILIDAD
Y DISCRIMINACIÓN POR RAZONES DE NACIONALIDAD:
BUSCAR EL FUTURO ANTE LA VIOLENCIA POLÍTICA
Y LA CRIMINALIDAD REGIONAL

La región de la frontera: diferencias, cambios
y persistencias, tráfico de personas

El otoño de 2022 en Ciudad Juárez es un momento nuevo del periodo que asola a una urbe en que se observan crisis emergentes para la seguridad humana desde hace décadas. También es un momento nuevo para algunas de las transmigraciones que se presentan en esta región fronteriza, en la comprensión de transmigrar como la que refiere a colectivos y grandes grupos en procesos de expatriarse, dejar su pueblo y sus vínculos nacionales. Ese momento nuevo no es en relación con los cambios en la situación de la pandemia, que marcó el periodo 2020-2022, sino con las nuevas fórmulas políticas definidas por los Estados Unidos, lugar de destino para los grandes grupos en situación de movilidad humana por diversas razones, desde económicas y de desigualdad hasta las de corte político y desplazamientos forzados.

En ese contexto y coyuntura, la ciudad fronteriza se reconfiguró en espacio de nuevas rutas migratorias, con otros lugares de origen a los conocidos, otras poblaciones en migración y otras situaciones y rutas del trayecto. Ciudad Juárez como lugar de paso para transmigraciones emergentes a partir de la coyuntura de éxodos y caravanas internacionales de Centroamérica de finales de 2018. Si bien esos éxodos se orientaron a la conocida como Ruta del Pacífico, esas caravanas marcaron una nueva coyuntura de cambios demográficos para el territorio mexicano que trascienden lo poblacional e implican relaciones de violencia, la situación de los derechos humanos y la inseguridad de esas poblaciones, en perjuicio de nuevos grupos vulnerables, como estos colectivos de personas en movilidad, ante

208

un entorno desigual y de riesgos diversos en razón de la situación migratoria en sus condiciones de género, clase y otros.

Para la ciudadanía juarense se padecen adversidades hace décadas y alta exposición al delito y la criminalidad, en marcos de impunidad. Estas realidades de las que por supuesto no se exenta a las poblaciones migrantes, que las padecen en general, pero también en situaciones de singularidad, como se detallará en párrafos posteriores.

La localidad es una urbe fronteriza en que las violencias políticas tienen lustros de violencia social y de género, de referencia global, igual que la inseguridad. En la región se han documentado múltiples casos de violaciones de derechos humanos, con observaciones diversas por instancias internacionales, igual que la sentencia "González y Otras vs. México" (Campo Algodonero) por la Corte Interamericana de Derechos Humanos por feminicidios de 2001.

Y a pesar de dicha sentencia la violencia sexual persiste y se ha incrementado con los años, con resolutivos que no han sido acatados por las autoridades mexicanas a través de los años. Eso es indicativo de un entorno general sin plena vigencia de derechos humanos y con déficits extensos de bienestar y garantías para la población.

Una frontera binacional en que del lado mexicano se observan muy serios límites en la gobernanza en la entidad. En la región se observa la disputa por la soberanía democrática que Rita Laura Segato (2004) define como segundo Estado, donde la violencia expresiva se asocia a una muy amplia delincuencia organizada, de márgenes transfronterizos e internacionales, desde la década de 1990. El lado norte de la frontera presenta una ciudad con una de las tasas más bajas de inseguridad en aquel país desde hace décadas, aunque los años recientes muestran indicios de que algo de eso empieza a cambiar en alguna medida. Uno de los hechos sintomáticos es el tráfico de personas cada vez más documentado en la ciudad texana de El Paso (*El Diario de Juárez*, 20 de octubre de 2022).

De octubre 2021 a septiembre de 2022 se localizaron 237 casas de seguridad en dicha ciudad estadounidense, con más de 10 personas por sitio, en promedio (*El Diario de Juárez*, 11 de octubre de 2022). Tal cifra de la ciudad de El Paso es parte de las más de 600 casas de seguridad que en ese año se registraron en la frontera entre Estados Unidos y México (González, 2022: 32). La información oficial sobre los perpetradores de esos crímenes indica que una pandilla del sur de Estados Unidos y norte de México es una corporación que lidera el tráfico de personas, las casas de seguridad señaladas, y que opera a nivel transnacional, pues su control abarca los estados fronterizos de ambos países.

Los Mexicles disputan este negocio a otros grupos del crimen organizado, como La Línea y Los Aztecas, afines al Cártel de Juárez, los cuales, ante el aumento de la llegada de indocumentados a territorio nacional, se han diversificado y además del tráfico de drogas han incursionado en la trata de personas (*El Heraldo de Chihuahua*, 2022: 24).

Junto con la criminalidad que estas poblaciones en tránsito padecen de parte de grupos delictivos, también enfrentan la violencia política de las autoridades de los gobiernos de ambos lados de la frontera, con la aquiescencia hacia elementos arbitrarios de cuerpos policiacos y de seguridad, con instancias de justicia y del servicio público sobre las que recaen denuncias de acosos y agravios múltiples (*El Heraldo de Chihuahua*, 2 de noviembre de 2022: 24). Y desde el cierre de la frontera de tiempos de Donald Trump, con el Título 42 se otorgó patente de oficial a la violación de derechos humanos, sin abatir formas de violencia(s) estatal(es) internacional(es), con políticas de impunidad a quienes cometen crímenes hacia poblaciones en movilidad, de origen mexicano o que migran desde el extranjero. De esta trayectoria se acumula ya un lustro desde 2018, sin conocerse de políticas o instancias con liderazgo y capacidad de poder ante tales inseguridades y delitos. La desaparición de personas es una grave violación de derechos humanos que advierte de esas problemáticas (*La Verdad*, 27 de septiembre de 2022). Son ciudadanos en una especie de limbo: dejando su nación y buscando asilo político o internarse en los Estados Unidos, quedan a la deriva en México, donde no se identifican como ciudadanía o como residentes ni siquiera temporales de esta nación.

Las expulsiones. Minorización por nacionalidad y poderes cada vez más desiguales: migrantes, mafias, discursos de salud y drogas ilegales

Una catástrofe. Las expulsiones por el sector de El Paso fueron superiores a las 350 000 personas en poco más de un bienio desde finales del gobierno de Donald Trump, y sostenidas en un lapso de tiempo que cubrió el primer periodo de la presidencia de Joe Biden. Se estima que una proporción de dichas expulsiones corresponde a personas que tuvieron más de un intento de ingreso a aquel país, pero se sostiene la conjetura de que es una cifra aproximada de 300 000 personas las que fueron expulsadas, por el argumento oficial del grave peligro que representan esas diásporas para la salud pública de la población estadounidense en el contexto de la pandemia (Martínez, 21 de junio de 2022).

En Ciudad Juárez, en octubre de 2022, a los cientos de latinoamericanos y caribeños en tránsitos migratorios, alojados en múltiples albergues, así como en casas de renta, se sumó la instalación de un "campamento venezolano" en la ribera del Bravo. Y para ellos, tras llegar a la frontera y padecer múltiples violencias en el trayecto por territorio mexicano (Lima, 16 de julio de 2019), se derrumbó la esperanza de alcanzar la utopía, esa a la que te aproximas siguiendo el horizonte. El futuro distinto y la tierra nueva buscados se topó con el muro de la geopolítica actual que define una frontera real, muros de concreto, legales o imaginarios que sacrifican el deseo de tiempos alternos y el camino a la utopía. Esa frontera define un orden que excluye o discrimina por razones de nacionalidad, como a quien de Venezuela buscaba internarse en los Estados Unidos por el Bravo, en Paso del Norte, a finales del 2022, igual que en toda la frontera, desde Tijuana hasta el golfo de México. Otras poblaciones padecen lo mismo, como quienes vienen desde Haití y esperan en Juárez por una excepción humanitaria del gobierno estadounidense para ellos, a diferencia de muchos de sus paisanos, a quienes se deportó y transportó en avión directamente desde Estados Unidos hasta la isla caribeña en los últimos meses. Esto no puede suceder con la gente venezolana porque no existen relaciones diplomáticas entre Estados Unidos y Venezuela. Las estimaciones de haitianos en Juárez eran de 3 000 para el mes de agosto de 2022 (Martínez, 6 de agosto de 2022).

En otoño de 2022 dicha exclusión se volvió trágicamente más contundente para las personas de nacionalidad venezolana. El campamento con cientos de casas de campaña que instalaron en los márgenes del río Bravo daba cuenta de esto en las noches de octubre, con la llegada de frentes fríos a la región que debían experimentar sin conocer este tipo clima. Ese plantón se instaló como una medida de presión al gobierno de Biden, según los dichos de personas del campamento (Martínez, 15 de noviembre de 2022a).

El 12 de octubre de 2022, día de triste memoria colonialista, marcó el inicio de la expulsión de todas las personas con nacionalidad venezolana que ingresaran en los Estados Unidos sin documentación migratoria, con la instauración a partir de entonces de un conjunto de restricciones por haber nacido en Venezuela y para buscar el ingreso a ese país sin expulsión: ingresar por vía aérea a ciudades de los Estados Unidos, con una persona como patrocinadora y solicitud respectiva (así como controles biométricos y otros). La medida, aunque "ampliamente difundida", fue imposible de acreditar para una gran cantidad de personas.

Antes, la multitud de cientos de miles de expulsados desde el inicio de la pandemia, de marzo de 2020 a septiembre de 2022, estuvo compuesta en su mayoría por personas provenientes de la región centroamericana, desde el sur de México pasando por Guatemala y Honduras (Martínez, 15 de noviembre de 2022a).

Las expulsiones comenzaron el 21 de marzo de 2020, cuando el entonces presidente, Donald Trump, "de conformidad con el Título

42 de la Sección 265 del Código de los Estados Unidos, determinó que debido a la existencia de covid-19 en México y Canadá, existe un grave peligro de que se siga introduciendo covid-19 en los Estados Unidos; que la prohibición de la introducción de personas o bienes, en todo o en parte, desde México y Canadá se requiere en interés de la salud pública" (Martínez, 15 de noviembre de 2022b).

La política implicó que las personas que quedaron sujetas a esas medidas fueran expulsadas de inmediato, sin derecho a solicitar protección, asilo ni alguna otra posibilidad para permanecer en los Estados Unidos, por lo que fueron regresadas a su último país de tránsito, como México, en el programa Quédate en México.

La medida ha sido denunciada como violatoria a los derechos humanos e internacionales por distintas organizaciones de México y Estados Unidos, como Human Rights First, la cual también ha señalado que el Título 42 no tiene nada que ver con la salud pública (Martínez, 15 de noviembre de 2022b).

Esa organización defensora de derechos humanos lo planteó como un argumento falso de una política oficial que violenta marcos y convenios internacionales, que mostró la política regresiva al respecto. Al igual, otros problemas sociales y políticas son indicativas de mayores retos para la viabilidad social, la seguridad humana, la soberanía democrática y la urgente cultura y vigencia de derechos humanos. La pandemia que inició en 2020 ha implicado la reconfiguración de los mercados internacionales de la delincuencia transnacional, que hicieron del tráfico y la trata de personas nuevos campos de violencia criminal en perjuicio de las personas en situación de movilidad. En esta actualización, se integró el comercio de otras drogas ilegales y nuevos delitos. Pero a la criminalización de la migración se sumó la estigmatización de las personas de nacionalidad venezolana.

Es otoño de 2022 en la frontera. Se considera criminales tanto a quienes ingresan sin documentos en los Estados Unidos como a los "polleros" que realizan tráfico de personas, en una campaña que "empezó hace ya más de siete meses [y] ha resultado en el arresto de más de cinco mil 'coyotes' y contrabandistas y ha interrumpido más de 5 mil 500 operaciones" (Sosa, 23 de noviembre de 2022).

Como reportó Sosa (2022), tras una conferencia con medios fronterizos de Blas Núñez-Neto, subsecretario interino de Política Fronteriza e Inmigración en el Departamento de Seguridad Nacional, se dio a conocer que

> el Departamento de Seguridad continúa expulsando a los adultos y familias y también puede haber persecución por el crimen de cruzar la frontera. Las personas que no tienen base legal para permanecer en los Estados Unidos bajo las leyes de Migración serán deportadas [...]
> Este trabajo es un trabajo significativo, que no tiene precedente y lo vamos a seguir ampliando en los meses que vienen.

Si bien el Título 42 expiraría en diciembre de 2022, para postergarla hasta mayo del 2023, tras una instrucción judicial, no se ha conocido una nueva narrativa que contravenga lo que las organizaciones derechohumanistas criticaron como argumentos falsos de que ese título no guardaba relación alguna con razones de salud pública, por lo que el agravio a la cultura y normatividad internacional en materia de derechos humanos se consumó. En los Estados Unidos se dispone de miles de efectivos para detener a quienes cometen "el crimen" de cruzar la frontera sin documentos, mientras que se cuenta con personal muy limitado para atender a quienes solicitan asilo humanitario. De igual modo, faltan agentes extraordinarios para contener, sancionar y atender lo relativo a la producción, tráfico, comercio y uso de drogas ilegales.

Y dado que hay evidencia de múltiples decomisos de drogas ilegales, se puede asegurar que no han cesado esos ciclos de narcotráfico en el lado texano, con detenciones para fincar cargos legales a quienes han realizado "contrabando" desde México hacia los Estados Unidos, sea de personas o de sustancias psicoactivas (*Norte Digital*, 2022). No solo son mexicanos quienes realizan el contrabando, aunque eso haya afirmado Donald Trump tanto en sus discursos de campaña a la presidencia como en su periodo de gobierno.

Quedó atrás un periodo de más de un año de cierre de la frontera para acceso de personas de nacionalidad mexicana, cuando las detenciones por narcotráfico de ese lapso de tiempo fueron solo de personas con documentación de residencia o nacionalidad estadounidense, y que las detenciones por narcotráfico en los puertos de entrada o en la ciudad eran para esos casos, no para mexicanos. Aquello fue una gran paradoja: restricción de cruzar a esa nación a personas por razones de nacionalidad en busca de empleo, casi como regla, pero oportunidad de tránsito a ciudadanos de aquel país que realizaron tráfico de drogas ilegales, igual que tráfico de armas hacia México en tiempos posteriores a la Operación Rápido y Furioso de agencias como la Administración de Control de Drogas (DEA, por sus siglas en inglés) y el Buró Federal de Investigaciones (FBI, por sus siglas en inglés).

Ante la conjetura de que algún volumen de esas sustancias fue internado desde México, hubo sanción por el tráfico de drogas ilegales en los casos en que fueron confiscadas, pero la circulación y el consumo de drogas ilegales en aquel país no cesaron. ¿Es tan malo y tan grave para la salud pública de aquel país (no) permitir el acceso a personas en situación de movilidad humana internacional, con el argumento de la pandemia, mientras circulan con alta permisividad en el norte y hacia el sur las drogas ilegales y el tráfico de armas?

También en el tema de las drogas ilegales y el tráfico de armas a México se trata de hechos que presentan indicios de una criminalidad de escala transnacional en distintos niveles, y que ocurre en paralelo con otros crímenes que se incrementaron en ambos lados de la frontera. De esos delitos de alto impacto no se conocen balances o conclusiones finales, sea el tráfico y trata de personas, la extorsión y las casas de seguridad para el cautiverio de personas migrantes, delitos con expresiones en ambos lados de la frontera.

De los registros actuales del consumo de sustancias psicoactivas en aquella nación se destacan casos como el fentanilo, un nuevo y emergente problema de adicciones y de salud pública, con miles de muertes por sobredosis preocupantes en los Estados Unidos. Por ello un tema de la agenda política al respecto en el lado estadounidense se ha enfocado en la discusión de "las tiras" (Partnership to End Addiction, junio 2022), que son los reactivos que permiten identificar si una sustancia que consuma un usuario de drogas ilegales contiene fentanilo. Algunos estados de la Unión Americana están a favor de las "tiras" y otras entidades están en contra, reactivos que se promueve que sean legales, pues muchas personas que adquieren drogas ilegales no son informadas de que la sustancia que adquieren contiene fentanilo, sustancia altamente letal.

Fronteras reales y fronteras ficticias. Barrera total para personas migrantes, porosidad para el crimen transnacional. Discursos disonantes sobre salud, derechos humanos, igualdad… Una época de malestares crecientes en la década de 2020. La pandemia por covid-19 cesa, pero no otros retos de viabilidad humana y social. Poderes en el mundo que fragmentan, restringiendo el lugar a vínculos y encuentros de futuros más humanos.

Las estimaciones sobre muertes por sobredosis en 2021 en Estados Unidos fueron de más de 107 000 y se calcula que más de la mitad de esas muertes fueron ocasionadas por fentanilo. En el bienio 2021-2022 se estima que esas defunciones superarán 200 000 personas, aunque se han confiscado millones de dosis en las entidades de aquel país, que se especula que son traficadas desde México. Y a pesar de que los decomisos, la distribución y el consumo del fentanilo no cesan, tampoco hay evidencias de que no se produzca esa droga en los Estados Unidos, con independencia de que no se conozca información pública de narcolaboratorios en aquella nación. En algunos meses de 2022 se informó de forma oficial que en las entidades de los Estados Unidos se decomisaron 10 millones de dosis, en promedio, solo de fentanilo.

Lo indicado da cuenta del amplio poder transnacional del narcotráfico, aun en caso de que el total de esa cantidad de drogas ilegales se trafique desde México. En el hipotético caso de que la droga solo se traficara desde México, sin que hubiera producción en el país del norte, la distribución sería en aquella nación, igual que el consumo y las muertes por sobredosis. Dicha droga y "las tiras" son mercancías que tienen gran libertad de circulación, con márgenes de operación estatal y de viabilidad en la realidad legal. Se comercializan "las tiras" hasta por plataformas digitales (Amazon, Mercado Libre) y en estados de la Unión Americana son parte de la política de reducción de daños. Con todo ello, el libre comercio asociado a negocios y poderes del narcotráfico se garantiza, en contraposición y detrimento de los derechos a la movilidad humana, en una contundente y mayor discriminación que se ejerce por razones de nacionalidad hacia personas en situación de movilidad internacional. Se suspende/niega el derecho a ingresar a un país aun en casos de asilo y de posibles víctimas de violencias políticas o violaciones de derechos humanos en sus países de origen, con negación de la condición de ciudadanía.

A lo largo de la frontera, en el norte, el consumo de drogas y el discurso salubrista ante defunciones por sobredosis es congruente con una visión fundada en la promoción de derechos y el propósito de rehabilitación para quienes consumen drogas ilegales. Esa política se torna en contradicción con la restricción al goce de derechos humanos para quienes solicitan protección, asilo, derecho al futuro. Los Estados se agotan como espacios de garantía de derechos humanos. O más que los Estados, las políticas y los grupos de poder representados en el consorcio de las hegemonías prevalecientes.

LA UTOPÍA, CRUZAR EL DARIÉN.
LO DISTÓPICO, EL BRAVO

In-conclusiones. La frontera de derechos
y las contradicciones de políticas: salud y migración

Frente a la utopía contenida en migrar se confronta lo distópico de referir a personas como problemas de salud pública, que es lo que se contiene en el Título 42, que fue más que impedir el ingreso a los Estados Unidos. El Título 42 se consuma como una involución en la cultura de derechos humanos, que se conjuga con la discriminación y estigmatización por razones de nacionalidad. Una política regresiva de la cultura de ciudadanía mundial, violentando los derechos humanos al no garantizar la oportunidad de solicitar asilo para quienes fue un imperativo dejar su patria, como diásporas por razones tan diversas como el desplazamiento forzado, la violencia, la pobreza...

De entre las formas de migración que se observan en los últimos lustros, en las Américas como en otras regiones, se aprecian transmigraciones con colectivos de poblaciones que dan cuenta de historias de éxodos. Esos procesos de movilidad internacional son también procesos de subjetivación y múltiples afanes en pro de una utopía, de llegar a otra tierra y forjar otra historia, ante experiencias sociales en sus pueblos de origen en los que las posibilidades de desarrollo y acceso a derechos son limitadas, en entornos de violencia. "Te matan si tienes dinero, te matan si no tienes", el relato de la experiencia de una inmigrante internacional a la espera de que pueda ser procesada su solicitud de refugio, ante el temor de que no proceda por su origen venezolano (*El Diario*, 24 de enero de 2023).

Migrar contiene también capacidades de agencia social, es búsqueda de futuros distintos para rehacer las vidas en nuevos lugares, aún desconocidos, por quienes transitaron por miles de kilómetros entre la selva de El Darién, de la desolación fundada en la esperanza, hasta llegar al borde del Río Bravo. Ese horizonte de tiempos mejores y acceso a derechos es lo que ha negado el Titulo 42 y podrá seguirse negando con el Título 8 y con cualquier política que en el caso de los Estados Unidos o cualquier nación se encamine a restringir derechos humanos universales. Hay que lamentar que eso es lo que se forja en las restricciones al asilo político y las otras formas de discriminación a ciertas nacionalidades que se han observado con el pretexto de la pandemia.

Y en tanto, para la salud pública en los Estados Unidos, la amenaza real del fentanilo se pavonea en las calles de las ciudades del país que en sus monedas proclama *In God We Trust*, lema nacional de un Estado que erige la frontera que expulsa y separa familias y pueblos enteros.

Del norte hacia el sur, el discurso oficial se integra de tropos que se fundan en la negación del derecho de migrar y el derecho a asilo, como en múltiples casos que se reivindican de esa índole. Y justifica la negación de un derecho a partir de un estigma en función de nacionalidad y en un prejuicio de que por ser migrantes y de origen venezolano son un riesgo para la salud pública al cometer el "crimen" de cruzar la frontera para evadir los controles biométricos y de exámenes de salud. Y esto es por demás absurdo, cuando esa interrogante se puede resolver con la aplicación de una prueba de detección de covid-19, de las que se aplican de manera gratuita en Walgreens.

Cientos de personas que se expatriaron de Venezuela y que se asentaron en el campamento del Bravo empezaron a cometer el "crimen" de cruzar la frontera, una acción fundada en la esperanza. La amenaza es latente: serán expulsadas (*El Diario de Juárez*, 17 de noviembre de 2022). Negación de derechos que da pie a una política de intimidación, persecución y detención de personas en situaciones de movilidad humana internacional y que puedan haber cruzado la frontera. La nueva política del gobernador texano, Greg Abbott, impulsa el uso de tanques de guerra para custodiar la frontera.

¿Qué hacer ante estos escenarios? Cuando las expectativas a corto y mediano plazo refieren al arribo de más grupos transmigrantes a México y la frontera con el deseo de obtener permiso para internarse a los Estados Unidos, que aparece más que como un destino en términos de lugar y es un destino en perspectiva de futuro, de utopía, que requiere fronteras de encuentro y de apertura a la viabilidad de la vida para muchos que fundan su día a día en ese deseo, necesidad vital.

Erradicar la criminalización de las personas en situaciones de movilidad humana. Fundar el lenguaje y las políticas en perspectiva de derechos humanos. Favorecer de manera radical el acceso al empleo y la salud para migrantes y personas en tránsito internacional y dar soportes estructurales para garantizar la seguridad humana ante los riesgos de victimización criminal. ¿Qué hacer? Lo que hemos impulsado siempre, pero ahora ante nuevos retos y políticas regresivas y reaccionarias, sectarias, discriminatorias. Por un mundo donde quepamos con derechos, todas las personas. Por un mundo sin fronteras.

REFERENCIAS

El Diario de Juárez (2022, 11 de octubre), "Descubrieron más de 2,500 en casas de seguridad de EP. Los extranjeros fueron encontrados en 237 viviendas, del 1 de octubre de 2021, al 30 de septiembre del presente año".

El Diario de Juárez (2022, 20 de octubre), "Grupo del crimen organizado controla tráfico de migrantes".

El Diario de Juárez (2022, 17 de noviembre), "Venezolanos no aguantan el frío y se entregan a autoridades de EU".

El Heraldo de Chihuahua (2022, 2 de noviembre), "Los mexicles lideran tráfico de migrantes en Chihuahua".

González, R. (2022, 15 de octubre), "Aumentan los escondites para los migrantes", *El Heraldo de Chihuahua*.

La Verdad (2022, 27 de septiembre), "Los 13 migrantes desaparecidos en Coyame, un año de dolor y exigencias".

Lima, L. (2019, 16 de julio), "Cubanos en México: el oscuro mundo de extorsiones y secuestros que enfrentan los migrantes de la isla en Ciudad Juárez", *BBC News*. Consultado el 10 de noviembre en https://www.bbc.com/mundo/noticias-america-latina-48999126.

Martínez Prado, H. (2022, 21 de junio), "Van 298 mil expulsados por Sector El Paso", *El Diario de Juárez*.

Martínez Prado, H. (2022, 6 de agosto), "Buscan haitianos una excepción humanitaria", *El Diario de Juárez*.

Martínez Prado, H. (2022, 14 de noviembre), "Se disparan decomisos de fentanilo en puentes", *El Diario de Juárez*.

Martínez Prado, H. (2022, 15 de noviembre, a), "Refuerzan carpas en el bordo del Bravo. Utilizan piedras, plásticos e hilos para que el viento no se lleve su frágil refugio", *El Diario de Juárez*.

Martínez Prado, H. (2022, 15 de noviembre, b), "Suma sector El Paso más de 357 mil expulsiones por Título 42. Argumenta EU que los migrantes representan 'grave peligro'", *El Diario de Juárez*.

Norte Digital (2022, 10 de mayo), "Mil migrantes diarios interceptan Patrulla Fronteriza en área de El Paso. En últimos operativos decomisaron armas, marihuana y detuvieron 32 migrantes en el sector de El Paso".

Partnership to End Addiction (junio 2022), "Tiras para detectar fentanilo: ¿pueden salvar la vida de mi ser querido?". Disponible en https://drugfree.org/articulo/tiras-para-detectar-fentanilo-pueden-salvar-la-vida-de-mi-ser-querido/. https://www1.nyc.gov/assets/doh/downloads/pdf/basas/fentanyl-test-strips-brochure-sp.pdf.

Segato, Rita Laura (2004), *Territorio, soberanía y crímenes de segundo Estado*, Brasil, Série Antropología.

Sosa, Luz del Carmen (2022, 23 de noviembre), "Caen más de cinco mil coyotes en siete meses", *El Diario de Juárez*.

Migrantes climáticos: un panorama para Centroamérica, 1990-2019

Marcelo Olivera Villarroel
Pilar Fuerte Celis
Bernardo Bolaños Guerra

Las grandes migraciones humanas presentes, pasadas y futuras se deberán en gran medida a razones climáticas. Antes del surgimiento de la agricultura, hace más de 10 000 años, los grupos de cazadores recolectores eran muy vulnerables a los periodos gélidos que de pronto azotaban su territorio (Bardon, 2021). En cambio, cuando aumentaba la temperatura solía haber bonanza. El periodo medieval entre 900 y 1300 de nuestra era fue particularmente cálido, en el cual las abundantes cosechas generaron recursos hasta para construir enormes catedrales (Fagan, 2018). Pero siguió una "pequeña edad de hielo", del siglo XIV hasta mediados del XIX, que coincide con la diáspora de miles de europeos hambrientos hacia América (Marini, 2019). Basta leer la correspondencia de los emigrantes a las Indias para darse cuenta de que muchos huían de las sequías y las guerras y eran atraídos por el sol y las abundantes tierras del nuevo continente (Galeana, 2014).

Aunque los factores climáticos están presentes desde que el *Homo sapiens* colonizó los cinco continentes, es a partir de la segunda mitad del siglo XX que, ante la evidencia del cambio climático provocado por la Revolución Industrial, existe una preocupación por estudiar el clima como determinante de la migración (Canales y Rojas, 2018; Carrasco y Suárez, 2018).

La discusión se ocupó durante años de aspectos legales y estadísticos. ¿La comunidad internacional debe reconocer que existen refugiados climáticos? ¿O mejor debemos hablar de desplazados ambientales? En la actualidad, la Convención de Ginebra para los refugiados no ampara a los migrantes que huyen de huracanes, inundaciones o sequías. Es poco probable que se equipare la persecución política que sufren los refugiados con las urgencias de las personas afectadas por la crisis ambiental. Parece más promisorio que en las cumbres internacionales de cambio climático se negocie un marco jurídico internacional para los migrantes ambientales. O bien, que como parte de los derechos humanos se proteja a todos los desplazados por razones ambientales (terremotos, tormentas, explosiones nucleares, etcétera).

Por lo que toca a las discusiones matemáticas, mientras algunos autores calculan que existirán apenas unos pocos millones de personas en el mundo que, para 2050, dejen su residencia directamente por eventos climáticos como sequías, inundaciones y huracanes, otros expertos creen que serán cientos o miles de millones. ¿Por qué tanta divergencia? Por una parte, el número de desplazados dependerá de la gravedad del calentamiento global. Un incremento de 1.5 °C durante este siglo, a partir de la temperatura que existía antes de la era industrial, tendría impactos muy distintos a un aumento de 3.5 °C, no solo en las poblaciones, sino en los ecosistemas y en el tipo de procesos meteorológicos que ocurran (Hernández, 2021). Las olas de calor serán más mortíferas si no mitigamos el cambio climático. El hábitat ideal para los humanos, es decir, templado, se reducirá a unas cuantas regiones lejos del ecuador y de las costas.

En segundo lugar, la cantidad de migrantes climáticos dependerá de nuestra capacidad para adaptarnos. Los países desarrollados tendrán, desde luego, más recursos para dotar de aire acondicionado a la gente y para evitar inundaciones y pérdida de productividad en el campo. Pero las previsiones no generan consensos, porque se trata en buena medida de especulaciones. Además, se trata de un problema de predicción tanto como de definición. La migración climática pura es difícil de encontrar; suele estar mezclada con pobreza, gobiernos corruptos e incompetentes, violencia y aspiraciones de mejora económica que llevan a la gente a cambiar de residencia. Sin duda existen desplazados que dicen "me tuve que ir porque el huracán destruyó todo", pero incluso en estos casos hay expertos que evitan atribuir una tormenta tropical específica al cambio climático. ¡Todas tienen relación con él de alguna manera, porque ocurren en el siglo XXI, pero sería falaz decir que son causadas solamente por él!

ATRACCIÓN Y EXPULSIÓN

Aunque un motor comúnmente invocado para estudiar la migración en general sea la oferta de empleo en el lugar de destino (Arango, 2003: 3), es decir, un factor de atracción, en el caso de la migración inducida por causas ambientales, se explica como resultado de un factor de expulsión. El migrante toma una decisión individual a partir de la probabilidad de obtener una cosecha para autoconsumo o de poder pagar un crédito dada la ocurrencia reciente y próxima de lluvias y sequías.

La llamada "nueva teoría de la migración" introduce a las familias como agentes con estrategias migratorias y apoyadas en redes de contactos locales y en el lugar de destino. En particular en comunidades rurales enfrentadas a sequías, huracanes, a la caída del precio del cultivo producido o a plagas como la roya del cafeto, entre otros factores. El concepto de "tradición migratoria" permite, desde esta perspectiva teórica, diferenciar a las poblaciones que han acumulado capital social que les facilita emprender la migración de otras comunidades más aisladas que carecen de la experiencia migratoria y de los recursos necesarios. Así, regiones con una gran tradición migratoria como Zacatecas, en México, reaccionan a las sequías enviando más personas a otros lugares, a diferencia de regiones igual o más golpeada por la sequía, pero sin gran tradición migratoria.

Un tercer factor, aparte de la decisión individual y la de las familias, es el mercado mundial. El alto costo de la mano de obra en los países y regiones industrializadas atrae a los campesinos desde las zonas rurales, haciendo de las sequías una causa indirecta de emigración. Este enfoque incluye conceptos como el de capital económico para emprender la migración. Por ejemplo, García-Zamora *et al.* (2007) muestran que los municipios expulsores de migrantes en Zacatecas son precisamente los que más producen frijol, no los que menos lo producen. De modo que la desertificación del estado de Zacatecas solo explicaría indirectamente la migración a través de la reducción en la producción agrícola debida a las sequías. La explicación directa de la migración de los productores de esta leguminosa estaría relacionada, según estos autores, con el hecho de que Estados Unidos exporte 28% del total mundial de ella y China 14%, así como con el hecho de que México tenga estrechas relaciones comerciales con esos países (García Zamora *et al.*, 2007: 981).

Entre los desplazados por fenómenos hidrometeorológicos como la sequía, hay testimonios tanto de decisiones individuales como de acción colectiva con base en redes familiares. Por ejemplo, Pedersen (1995) identifica, a partir del estudio de la región de Gourma en el Sahel, seis tipos de migración provocada principalmente por las sequías y en menor medida por su contrario, la estación húmeda. Estos seis tipos de migración son los siguientes: *1)* migración laboral a larga distancia de hombres solteros (equivalente a 7% de la población total en su caso de estudio); *2)* emigración de familias enteras; *3)* migración de media distancia (ya sea inmigración desde zonas cercanas aún más afectadas, como emigración hacia zonas cercanas menos afectadas); *4)* reorganización a corta distancia de la utilización de recursos dentro de la región golpeada por la sequía; *5)* migración interna desde la periferia rural hacia las ciudades, y *6)* migración circular interna durante la estación húmeda (por ejemplo, de un delta de río hacia el interior).

Cada uno de estos tipos de migración nos habla de que tenemos factores distintos que pueden estar influenciando que un individuo deje su hogar. Nosotros pensamos que los efectos extremos de sequía tienen un peso importante para comprender este comportamiento y, como veremos, hemos tratado de calcular este peso. Partimos de que el evento climático extremo de sequía afecta la producción agrícola de la región, lo que lleva a exposiciones individuales y familiares motivadas por inseguridades alimentarias dada la pérdida de cultivos, aumento de los costos de semillas y los costos de producción de la comida; lo que conduce a que la población y los núcleos familiares deban adaptarse al nuevo escenario. Esto hace que se planteen huir del área en busca de nuevas fuentes de trabajo, con el objetivo de cubrir los gastos y el aumento del endeudamiento para satisfacer las necesidades básicas (véase el diagrama 1).

DIAGRAMA I.

Efectos de eventos climáticos extremos

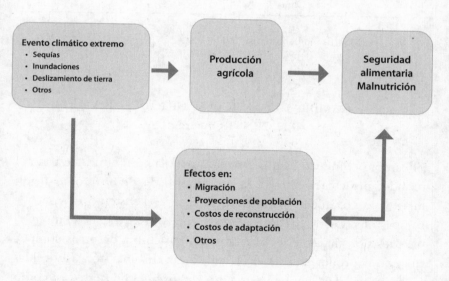

FUENTE: Olvera y De la Fuente, 2020

Sabemos que tanto la lluvia como la falta de ella pueden llevar a que la población tome la decisión de emigrar, haciendo de este tema un gran desafío para las ciencias sociales (véase el cuadro 1).

227

CUADRO I.
Factores determinantes de los flujos migratorios

Factores de atracción	*Factores de empuje*	*Otros factores*
Salarios	Costes de movimiento e incertidumbre	Variables ficticias regionales: peculiaridades regionales
Empleo	Desempleo	Características individuales de los migrantes
Estructura productiva: industria y servicios	Estructura productiva: agricultura	Características de la población regional
Gastos públicos	Impuestos	
Clima	Precios de la vivienda	
	Clima	

FUENTE: Modificado de Lorenzo, 2011.

CAMBIO CLIMÁTICO Y AGRICULTURA EN CENTROAMÉRICA

El cambio climático es una amenaza para la agricultura de todo el mundo, principalmente en la producción de granos como frijol, maíz y sorgo, que se consideran la base y el sustento de muchos campesinos. Otros cultivos, como el café y el arroz, se verán amenazados por plagas. Por si fuera poco, la siembra de otros competirá con la producción de electricidad con turbinas eólicas y celdas fotovoltaicas que requieren grandes extensiones de tierra, así como con la extracción de metales raros (como el litio, que desplaza a la quinua en Bolivia).

El llamado corredor seco centroamericano es una región de bosque tropical seco que se extiende de Chiapas a Nicaragua (con una pequeña porción en Panamá) y es considerado un "punto caliente" con una alta volatilidad en las precipitaciones estacionales y con una tendencia marcada a la reducción en los regímenes de lluvia (Olivera *et al.*, 2020). Dichas precipitaciones ponen en peligro la industria agrícola, que emplea a casi un tercio de la población (Gustin y Henninger, 2019; Hotez *et al.*, 2020).

Cuando se habla de estos eventos de sequía debemos considerar al mismo tiempo otros factores asociados, como las volatilidades locales en términos de lluvia. Un equipo dirigido por Anchukaitis analizó los registros meteorológicos diarios de 40 años en El Salvador, Guatemala, Nicaragua y Honduras (Anderson *et al.*, 2019). Encontraron que en la mayoría de los lugares no había habido un cambio en los patrones de lluvia, ni tampoco en la sequía de verano. Algunas localidades se habían vuelto más secas, pero otras ahora eran más húmedas. En algunas partes la sequía del solsticio de verano comenzaba antes de lo previsto tradicionalmente o terminaba más tarde, pero también existían lugares que no presentaban cambios.

¿Qué lecciones sacar del estudio de Anderson y Anchukaitis? Por un lado, sí se observa una reducción en las precipitaciones en regiones que ya enfrentaban sequías recurrentes. Por otro lado, se espera que las regiones aledañas que aún no presentan sequías recurrentes las tengan en un futuro cercano. La situación de la mayoría de las zonas campesinas del Sur Global se degradará. Y, a fin de cuentas, el corredor seco centroamericano ya es seco y, por lo tanto, expulsor de migrantes. De modo que los programas de adaptación al cambio climático deben atender desde ahora a esta región. La complejidad que vive el corredor seco centroamericano por la escasez de lluvias y otros problemas sociales, como violencia y pobreza, lleva a que actualmente miles de personas ya dejen sus países en busca de lugares que les brinden estabilidad laboral y el sustento para sus familias. No hay duda entonces de que las zonas más vulnerables a los cambios climáticos serán las más abandonadas por sus residentes.

Centroamérica se enfrentó en 2009 a su peor sequía de las últimas décadas, siendo los campos y la población campesina los principales afectados por la falta de lluvia y la pérdida de parcelas de cultivos. Cerca de 40% de las tierras agrícolas inspeccionadas por los gobiernos se vieron afectadas, lo que provocó un déficit en las cosechas de maíz, frijol, trigo y sorgo. En las principales ciudades la población sufrió escasez de agua; a partir de esto los residentes de los barrios pobres secuestraban camiones de agua y se vieron diferentes tensiones sociales en aumento. Entre los países de la región que han estado lidiando con este problema está Guatemala, al declarar "estado de calamidad", donde la sequía causó escasez de alimentos básicos como el maíz y el frijol (Malkin, 2009; Klein, 2015).

Como ejemplo de la situación crítica observamos a Honduras, uno de los países centroamericanos más azotados tanto por la falta de agua como por huracanes de extrema intensidad, lo que ha llevado a la población hondureña a migrar por la pérdida de siembras y la muerte de animales, reafirmando que los problemas ambientales están entre las razones más frecuentes para dejar el país e intentar buscar una mejor vida en otro lugar, principalmente en Estados Unidos. Los especialistas prevén un alza en las migraciones internas en Centroamérica (Barthel-Bouchier, 2016; Rojas, 2019). Se ha constatado también (gráfica 1) que los movimientos de población intra y extrarregionales han aumentado en los últimos años en Centroamérica, y muy especialmente los países que conforman el corredor seco. El incremento de migrantes lleva a preguntarnos ¿qué está pasando en esta zona del mundo? ¿Será que los eventos de sequía y lluvia motivan a la población a cambiar de residencia?

Estas son las dos grandes preguntas que motivan el presente trabajo, el cual está organizado de la siguiente manera: un contexto previo, sobre el tema de la migración climática y de la situación actual de Centroamérica; posteriormente nos centraremos en el método empleado para responder estas preguntas y, finalmente, presentaremos los resultados de este ejercicio. A continuación explicamos un poco el contexto de esta información.

METODOLOGÍA

Usamos tres fuentes de información para los años 1990-2019. La primera es la base de datos de Data Hub del Migration Policy Institute (MPI), que nos permite capturar los movimientos migratorios. La segunda es la información recopilada por el Banco Mundial en la base de Climate Change Knowledge Portal (CCKP, 2020). Y la tercera son los datos por países procedentes de las variables del índice de precios al consumidor, niveles de desigualdad económica y los niveles de violencia en los diferentes países, captados a través del homicidio.

Nuestro estudio, al centrarse en la influencia de los factores climáticos y su relación con la migración fuera de los países de estudio, usa como principales variables de análisis los niveles de lluvia y la temperatura. Como variables de control usamos las características socioeconómicas de las tres economías. Para dar cuenta de qué otros factores podrían haber influido para que los individuos tomaran la decisión de migrar, analizamos el tipo de cambio, el índice de precios al consumidor, los niveles de violencia en los diferentes países y niveles de desigualdad económica. Para ello se desarrolló un análisis de correlación de Spearman, un método estadístico no paramétrico que mide la intensidad de asociación entre dos variables cuantitativas.

RESULTADOS

La migración humana debería estar condicionada por factores que lleven el movimiento humano de una región a otra en forma adecuada. Es decir, se supone que vamos a donde nos conviene ir. Pero esta dinámica de movimiento óptimo se ve distorsionada en el mundo real porque existe otro tipo de factores que impiden alcanzar ese ideal migratorio (por ejemplo, las políticas migratorias de detención de flujo, como las propuestas por el gobierno de Trump, que deciden detener la migración). Por todo ello, usar un modelo estadístico nos permite capturar los componentes aleatorios del proceso y generar estimaciones más consistentes del flujo migratorio (Gray y Wise, 2016; Yang *et al.*, 2011).

Uno de los primeros hallazgos se observa en el cuadro 2. Las variables generadas para el estudio comprenden información migratoria de los países del Triángulo Norte de Centroamérica de la base de datos de Data Hub del MPI, entre 1990 y 2019, y se aprecia la correlación entre los procesos migratorios y las variables climáticas y socioambientales.

CUADRO 2.

Correlación de Spearman entre flujos migratorios, variables climáticas y socioambientales de Guatemala, Honduras y El Salvador entre 1990, 1995, 2000, 2005, 2010, 2013, 2015, 2017 y 2019

Variables	Descripción	Correlacion de Spearman-migración
Migración de los países del Triángulo Norte de Centroamérica	Flujo migratorio de Guatemala, Honduras y El Salvador. Origen-destino de la migración proveniente del Triángulo Norte de Centroamérica	1.000
Precipitación anual expresada en milímetros	Precipitación acumulada anual a nivel país	0.0154
Temperatura anual promedio	Temperatura promedio anual a nivel país	0.6431
Anomalías en precipitación	Precipitaciones mayores y menores a la media y desviación estándar a nivel país, acumulado anual (lluvias abundantes y sequías)	0.8097

Variables	Descripción	Correlacion de Spearman-migración
Anomalías en temperatura	Olas de calor	0.9576
ENSO-fenómeno de El Niño	Cambios oscilatorios en temperatura superficial del mar en el Pacífico ecuatorial que afectan las condiciones climáticas a lo largo del continente americano	0.7414
Variables sociales y económicas de los países del Triángulo Norte.	Niveles de violencia	0.8241
	Tipo de cambio	0.0204
	Nivel de inflación	0.1817
	Producto interno bruto per cápita	0.4964

FUENTE: Elaboración propia.

En la gráfica 1 podemos observar que los principales destinos del flujo migratorio de las tres naciones analizadas son sus países limítrofes, con más de 50% de la migración desplazada a los países de la región. En cambio, la migración de El Salvador hacia los Estados Unidos de América representa 13.93% del flujo migratorio y es solo de 7.25% de Guatemala y Honduras hacia Norteamérica.

GRÁFICA I.

Origen-destino de la migración proveniente del Triángulo Norte
de Centroamérica entre 1990, 1995, 2000, 2005,
2010, 2013, 2015, 2017 y 2019

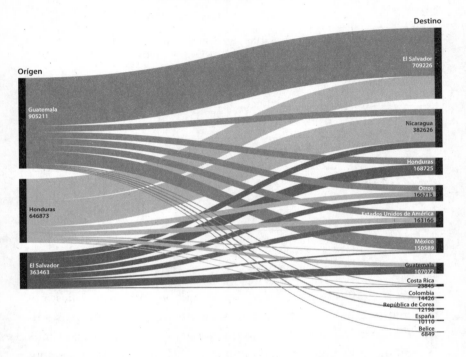

FUENTE: Elaboración propia.

Las variables que mostraron una relación estadísticamente significativa entre los flujos migratorios fueron la dinámica de la precipitación tanto en su nivel acumulado anual como en las anomalías de exceso o escasez en función de su desviación del promedio de lluvias por sobre la desviación estándar histórica. Quedó así evidenciado que las lluvias en general son incentivos de movimientos migratorios; ya sea como atractores a la región o como empuje para empezar procesos migratorios. Excesos de lluvia generan posibles migraciones locales, aunque prima el efecto de atracción a las regiones con lluvias atípicas en abundancia. Por otra parte, precipitaciones menores a la media —es decir, sequías— generan grandes movimientos migratorios, y es el efecto empuje de la región el que se impone cuando ocurre este fenómeno. La ocurrencia del fenómeno de El Niño también genera un efecto de empuje de la migración, pero en menor medida que las dinámicas de precipitación pluvial.[1]

Otro grupo de variables usadas en la estimación del modelo fueron las variables socioeconómicas de los países analizados, donde el índice de precios al consumidor (inflación), la tasa de cambio moneda local-dólar, el ingreso per cápita de los países analizados, así como los niveles de violencia representados como el número de homicidios por cada 100 000 personas, tienen efectos directos en el desplazamiento de personas de las áreas rurales y periurbanas para los países contemplados en el estudio.

DISCUSIÓN

Sabemos que no será igual la migración inducida por causas ambientales si el calentamiento global alcanza de 2 o 4 °C. En este último caso, partes enteras del planeta serán inhabitables, ocurrirán golpes de calor mortíferos y, por lo tanto, millones de personas tratarán de abandonar sus hogares. Pero la moneda sigue en el aire, existe incertidumbre acerca de la magnitud en que aumentará la temperatura y, por lo tanto, también acerca de la migración.

---

[1] El Niño es un patrón climático no antropogénico que se produce cuando las temperaturas del océano Pacífico, cerca del ecuador, varían. Ocurre cada dos a siete años. La condición de istmo de la región centroamericana explica, en general, las diferencias en el paisaje centroamericano seco en la costa Pacífico y húmedo en la costa Atlántica. La separación actual de bosques secos, en un litoral, y de bosques húmedos, del lado del mar Caribe, es prueba de ello. "La corriente fría de California en la costa del Pacífico enfría el aire, evitando que absorba mucho vapor de agua del océano y, entonces, reduce las probabilidades de precipitación de este lado de la región" (Dirzo y Bonilla, 2013: 25).

En nuestro modelo estadístico el principal resultado que encontramos es que los eventos extremos de lluvia (sequías y lluvias por sobre la normal histórica), el fenómeno de El Niño, el índice de precios al consumidor (inflación) y la tasa de cambio (moneda local-dólar) tienen efectos directos en el desplazamiento de personas de las áreas rurales y periurbanas de los países centroamericanos contemplados en el estudio.

En todos los escenarios abordados la tendencia es al aumento de la migración interna por los efectos del cambio climático (pérdida de cultivos, el estrés hídrico, la subida del nivel del mar). La migración es parte de las estrategias de supervivencia que emplean los seres humanos para superar los obstáculos que el medio en el que viven les pone como prueba, lo que ratifica que los eventos climáticos de sequía son una de las mayores amenazas para las personas, los ecosistemas y los planes de desarrollo y prosperidad de los gobiernos, y que estos efectos suponen un reto para la humanidad.

Pudimos apreciar que el corredor seco de Centroamérica sufre el aumento en las tasas de migración y confirmamos crecientes riesgos climáticos que afrontarán las poblaciones. Los centroamericanos están desarrollando una gran dependencia de economías externas como son las remesas, dado que para la agricultura observamos un fuerte impacto por la falta de agua. Aunque haya variaciones específicas en cada país, de un lugar a otro, tenemos una tensión hídrica alta en el conjunto. Nosotros deseamos hacer un mayor énfasis en la sequía como el factor más importante que estimula la migración de la población del Triángulo Norte de Centroamérica. Eso no significa que las lluvias extremas y las tormentas tropicales no impulsen la migración, pero son especialmente los eventos de sequía extrema los que desplazan a grandes grupos humanos.

Las sequías son parte de los procesos hidrometeorológicos asociados con el cambio climático y tienen efectos en la producción de los cultivos que son susceptibles de sufrir por la sobreexposición a la radiación solar, la falta de humedad y la pérdida de nutrientes del suelo, concatenados por las alzas en la temperatura y la falta de lluvias.

Los efectos sobre la siembra de maíz repercuten directamente sobre el sustento de la población en esta región de Centroamérica. Este cultivo cubre una cuarta parte de tierras adecuadas para la agricultura y es una importante fuente de alimento, por lo que los efectos de las sequías para la población rural han sido devastadores.

En suma, la producción de maíz ha demostrado ser muy sensible a los cambios climáticos y con poca adaptación a estos; lo que afecta la seguridad alimentaria de los centroamericanos y los ingresos de corto plazo de las poblaciones rurales (Olivera, 2013). Eso impulsa a la población a cambiar de domicilio y a dejar sus tierras cultivables y dirigirse a áreas urbanas, así como a depender de las remesas y el dinero que envían familiares que viven fuera.

La sequía es un evento climático que pone al productor agrícola en un dilema muy particular: esperar a que las lluvias lleguen. ¿Cuánto esperar? Si se espera poco y no llega la lluvia, la inversión hecha en los cultivos puede perderse. Si se espera mucho se puede llegar tarde a sembrar la semilla y que no haya tiempo para el desarrollo de las plantas. En el peor de los casos, la lluvia puede no llegar o hacerlo en cantidades realmente minúsculas que no permitan el desarrollo de un cultivo como el maíz o el frijol, que son los principales granos en el corredor seco centroamericano.

Este escenario realmente puede resultar estresante en una primera instancia: el productor debe tomar la decisión de comer las semillas que tiene para la siembra o esperar. Si espera debe conseguir una fuente de ingresos provisional o, en su defecto, comerse las semillas de la siembra y esperar a que en la siguiente temporada consiga semilla o un crédito para encararla y poder pagar al final del ciclo agrícola. El dilema es que las sequías que afectan la producción pueden durar más de una temporada agrícola y las deudas por alimentos e insumos agrícolas en cosechas fallidas ser insostenibles más allá de tres temporadas sin producción de alimentos de temporada como el maíz. Estas sequías afectan también producciones perennes como el café y los frutales, lo cual deja sin trabajo de jornales a todos los pequeños productores que ven afectada su fuente de ingresos indirectos y su fuente de alimentación principal: el maíz de temporal.

La resiliencia que observamos en los migrantes climáticos, caracterizada por ciclos formados por años de migración seguidos de otros dedicados al cultivo local, se ve profundamente perturbada por las políticas que cierran las fronteras y obstaculizan esos flujos. Los migrantes que ya no pueden adaptarse al cambio climático mediante la alternancia de salidas y permanencia se ven entonces forzados a tomar una decisión trágica: irse definitivamente, aunque sea en forma clandestina, o quedarse a pesar de la ausencia de condiciones de vida digna. Esta perturbación de la migración circular por las políticas migratorias restrictivas puede tener efectos paradójicos, como fue el aumento de 9.6 a 51 millones de migrantes latinoamericanos en Estados Unidos en tan solo 40 años (representando, respectivamente, de 5 a 16% de la población estadounidense) (Massey y Pren, 2012). Del mismo modo, los obstáculos artificiales a la migración circular en Centroamérica podrían desembocar en un gran aumento de la emigración definitiva e indocumentada hacia Estados Unidos, México o los propios países centroamericanos.

Uno de nuestros hallazgos más llamativos es constatar la fluctuación de personas entre los países centroamericanos limítrofes y la migración cíclica de un país a otro, en función de las condiciones climáticas y políticas de cada uno de los países. Esta función cíclica de migración de ida y vuelta no es algo difícil de interpretar y muestra la capacidad de resiliencia de las economías agrícolas de los países analizados. Durante los años malos hay que emigrar para tener trabajos temporales en otros lugares y destinar los años buenos para realizar labores agrícolas de subsistencia y generar los propios alimentos e ingresos locales. La capacidad de absorber migrantes internos entre las economías de la región es un punto que merece analizarse en un estudio especializado.

Finalmente, uno de los grandes hallazgos que deseamos resaltar es que las sequías son el factor que dispara una serie de conductas y decisiones que repercuten más allá de la producción de alimentos en predios rurales en Centroamérica, que modifica las relaciones familiares, condiciona el manejo de los ingresos de los países, sus niveles de inflación y las relaciones de movimiento de las personas y entre personas y estados. La migración parece ajustarse a este vaivén entre producir alimentos de subsistencia y migrar para conseguir una fuente de ingresos, pero una fuente muy particular donde la perspectiva casi siempre parece estar en volver, por eso el envío de remesas y el mantenimiento de las familias a pesar de la distancia es latente y supone esa perspectiva de retorno.

Hay una contradicción entre las políticas migratorias restrictivas (la militarización de las fronteras) y la autorización de la migración cíclica. Las políticas de muros cerrados atentan contra la migración circular dentro de Centroamérica o hacia Estados Unidos y México, haciendo que los migrantes que consiguen salir queden atrapados afuera y no puedan volver a sus tierras.

Otro de los puntos en los que deseamos poner énfasis es en la necesidad de comprender la migración en un sentido amplio, no simplemente en términos de un origen y un destino. Es peligroso que sea obstaculizada y se produzca el fenómeno contrario (querer detener la migración y provocar con ello migración definitiva). Eso ya se ha observado en Estados Unidos desde la década de 1970 a la fecha. Algo semejante, en el caso de Centroamérica, podría afectar especialmente a México como un nuevo país de destino.

CONCLUSIONES

El trabajo de investigación realizado y las conclusiones generadas conllevan nuevas preguntas y líneas de investigación para abordar la evaluación de políticas públicas de mitigación y adaptación al cambio climático. El análisis de las políticas migratorias de la región de los países de Guatemala, Honduras y El Salvador, que comprenden el corredor seco de Centroamérica, muestra que estas presentan contradicciones, pues la restricción de la circulación de población atenta contra la migración circular hacia Estados Unidos, haciendo que los migrantes latinos queden atrapados en el país del norte y no puedan volver a sus tierras y estar con sus familias, condición que podría aumentar la proporción de indocumentados.

Nuestros hallazgos ponen un mayor énfasis en la necesidad de comprender la migración en un sentido amplio, no simplemente en términos de un origen y un destino. Deseamos advertir que la migración presente en la región estimulada por la sequía debe ser entendida como circular, es decir, de ida y vuelta, y es peligroso que sea obstaculizada y que se produzca el fenómeno contraproducente (querer detener la migración y provocar con ello migración definitiva), como lo ya observado en Estados Unidos de la década de 1970 a la fecha, condición que afectaría especialmente a México como un nuevo país de recepción de estos flujos migratorios.

REFERENCIAS

Anderson, T. G., K. J. Anchukaitis, D. Pons, y M. Taylor (2019), "Multiscale Trends and Precipitation Extremes in the Central American Midsummer Drought", *Environmental Research Letters*, vol. 14, núm. 12.

Arango, J. (2003), "La explicación teórica de las migraciones: luz y sombra", *Migración y Desarrollo*, núm. 1. Consultado el 16 de septiembre de 2022 en HYPERLINK "https://www.redalyc.org/articulo.oa?id=66000102#_blank"https://www.redalyc.org/articulo.oa?id=66000102.

Banco Mundial (2020), *Climate Change Knowledge Portal*. Consultado en https://climateknowledgeportal.worldbank.org/download–data.

Bardon, A. (2021), Entrevista a Eva-Maria Geigl, "La historia de la humanidad está hecha de migraciones sucesivas", *El Correo de la* UNESCO, pp. 28-29.

Barthel-Bouchier, D. (2016), *Cultural Heritage and the Challenge of Sustainability*, Reino Unido, Routledge.

Caldes, G. (2019, 19 de marzo), "La escasez hídrica no siempre es por la sequía", iAgua. Consultado en https://www.iagua.es/blogs/gabriel-caldes/escasez-hidrica-no-es-sequia.

Canales Cerón, A. I., y M. L. Rojas Wiesner (2018), "Panorama de la migración internacional en México y Centroamérica", CEPAL, Serie Población y Desarrollo 124. Consultado en http://repositorio.cepal.org/handle/11362/43697/.

Carrasco, I., y J. I. Suárez (2018), "Migración internacional e inclusión en América Latina: análisis en los países de destino mediante encuestas de hogares", CEPAL, Serie Políticas Sociales 231. Consultado en: http://repositorio.cepal.org/handle/11362/43947.

Casillas, R. (2020), "International Migration and Climate Change: Connections and Disconnections between Mexico and Central America", *URVIO Revista Latinoamericana de Estudios de Seguridad*, núm. 26, pp. 73-92.

CEPAL (2018), *Atlas de la migración en los países del norte de Centroamérica*. Consultado en https://repositorio.cepal.org/bitstream/handle/11362/44292/1/S1801072_es.pdf.

Colom, E., y R. Artiga (2017), *La situación de los recursos hídricos en Centroamérica: Hacia una gestión integrada*, Global Water Partnership Centroamérica. Consultado en https://www.gwp.org/globalassets/global/gwp-cam_files/situacion-de-los-recursos-hidricos_fin.pdf.

Dirzo, R., y M. A. Bonilla (2013), "Central America, ecosystems of", en S. A. Levin (ed.), *Encyclopedia of Biodiversity 2*, Cambridge, Academic Press, pp. 23-32.

Fagan, B. (2018), *El gran calentamiento: cómo influyó el cambio climático en el apogeo y caída de las civilizaciones*, Barcelona, Gedisa.

Galeana, P. (2014), *Historia comparada de las migraciones en las Américas*, México, UNAM/IPGH.

Gandini, L. (2020), "Migrant Caravans: from Differentiated Institutional Responses to Reorientation of Migration Policy", *Revista Interdisciplinar da Mobilidade Humana*, vol. 28, núm. 60, pp. 51-69.

241

García-Zamora, R., Pérez-Veyna O., Foladori G., Delgado-Wise R., Moctezuma-Longoria M., Reyes-Rivas E., Márquez-Covarrubias H., y Rivera-Castañeda P. (2007), "Paradojas de la migración internacional y el medio ambiente", *Economía, sociedad y territorio*, vol. 6, núm. 24, pp. 975-994. Consultado el 16 de septiembre en: HYPERLINK "https://www.redalyc.org/articulo.oa?id=11162405#_blank"https://www.redalyc.org/articulo.oa?id=11162405.

Gray, C., y E. Wise (2016), "Country-Specific Effects of Climate Variability on Human Migration", *Climatic Change*, vol. 135, núms. 3-4, pp. 555-568.

Gustin, G., y M. Henninger (2019), "Central America's Choice: Pray for Rain or Migrate", *NBC News*. Consultado en septiembre de 2020 en https://www.nbcnews.com/news/latino/central-america-drying-farmers-face-choice-pray-rain-or-leave-n1027346.

Hartley-Ballestero, M., y K. Suárez-Espinoza (2020), "Exportación de servicios turísticos: ¿un sector estratégico para enfrentar el cambio climático en Costa Rica?", *Revista Escuela de Administración de Negocios*, edición especial, pp. 53-70.

Hernández Quezada, C. (2021), "México megadiverso, medio ambiente y economía". Revisión documental de dos estrategias ambientales a nivel internacional y nacional en México durante el periodo 2014-2020 y su correlación con el desarrollo económico del país, tesis de maestría, The University of Bergen.

Hotez, P. J., A. Damania, y M. E. Bottazzi (2020), "Central Latin America: Two Decades of Challenges in Neglected Tropical Disease Control", *PLOS Neglected Tropical Diseases*, vol. 14, núm. 3. Consultado en https://journals.plos.org/plosntds/article?id=10.1371/journal.pntd.0007962.

Klein, N. (2015), *This Changes Everything: Capitalism vs. the Climate*, Nueva York, Simon and Schuster.

Lorenzo, E. A. (2011), "Factores determinantes en modelos econométricos regionales de migración interna", *Revista Galega de Economía*, núm. 20, pp. 1-9.

Malkin, E. (2009, 12 de septiembre), "Mexico Now Enduring Worst Drought Years", *The New York Times*. Disponible en https://www.nytimes.com/2009/09/13/world/americas/13drought.html.

Maretti, M., A. Tontodimamma, y P. Biermann (2019), "Environmental and Climate Migrations: an Overview of Scientific Literature Using a Bibliometric Analysis", *International Review of Sociology*, vol. 29, núm. 2, pp. 142-158.

Marini, M. F. (2019), "Mil años de cambio climático. La historia tras la historia", *Revista Universitaria de Geografía*, vol. 28, núm. 1, p. 157.

Martin, S. F., J. Bergmann, H. Wyss, y K. K. Rigaud (2018), "Environmental Change and Human Mobility", *Routledge Handbook of Environmental Displacement and Migration*, pp. 408-414.

Massey, D. S., y K. A. Pren (2012), "Unintended Consequences of US Immigration Policy: Explaining the Post 1965 Surge from Latin America", *Population and Development Review*, vol. 38, núm. 1, pp. 1-29.

Notiamérica (2019, 17 de mayo), "El Corredor Seco, el epicentro de la pobreza extrema en Centroamérica". Consultado en https://www.notimerica.com/sociedad/noticia-corredor-seco-epicentro-pobreza-extrema-centroamerica-20190517184630.html.

Olivera Villarroel, S. (2013), "La productividad del maíz de temporal en México: Repercusiones del cambio climático", División de Desarrollo Sostenible y Asentamientos Humanos, CEPAL, Unidad de Cambio Climático.

Olivera Villarroel, S., D. Labra, L. García, y C. Heard (2020), "Midiendo la exposición del cambio climático en las ciudades mesoamericanas", *Revista Iberoamericana de Bioeconomía y Cambio Climático*, vol. 6, núm. 11, pp. 1334-1358.

Olivera Villarroel, S. (2022), "El impacto del cambio climático sobre la productividad del maíz de temporal", en G. Sosa Núñez (coord.), *Impactos del cambio climático. Una visión desde México, Ciudad de México*, Instituto Mora, pp. 179-206.

Ortega, A. (2019, 18 de junio), "Violencia, pobreza y cambio climático, causas de la migración en Centroamérica", *Expansión*. Consultado en https://politica.expansion.mx/mexico/2019/06/18/violencia-pobreza-y-cambio-climatico-causas-de-la-migracion-en-centroamerica.

Pedersen, J. (1995), "Drought, Migration and Population Growth in the Sahel: The Case of the Malian Gourma: 1900-1991", *Population Studies*, vol. 49, núm. 1, pp. 111–126. Consultado en http://www.jstor.org/stable/2175324.

Ramos, E. T., y J. E. Yanes (2018), *Migración y cambio climático*, San Salvador, Universidad Tecnológica de El Salvador. Consultado en http://biblioteca.utec.edu.sv:8080/jspui/bitstream/11298/990/3/11298990.pdf.

Rojas, G. (2019, 23 de septiembre), "Cambio climático: la razón por la que migrarán millones de Centroamérica y México", *BBC Mundo*. Consultado en https://www.bbc.com/mundo/noticias-america-latina-49696180.

Ryan, L. (2015), "'Inside' and 'Outside' of What or Where? Researching Migration through Multi-Positionalities", *Qualitative Social Research*, vol. 16, núm. 2.

Schatan, C., M. Montiel, e I. Romero (2010), *Cambio climático y retos para el sector turismo de Centroamérica*, CEPAL.

Semple, K. (2019, 15 de abril), "Los campesinos de Centroamérica sufren el cambio climático y emigran a Estados Unidos", *The New York Times*. Consultado en https://www.nytimes.com/es/2019/04/15/cambio-climatico-centroamerica-granjeros/.

Sutter, J. D. (2018, 11 de diciembre), "El cambio climático, un sospechoso detrás de la caravana migrante", *CNN*. Consultado en https://cnnespanol.cnn.com/2018/12/11/el-cambio-climatico-un-sospechoso-detras-de-la-caravana-migrante/.

Uchoa, P. (2019, 6 de agosto), "¿Cuán probable es que tu país sufra escasez de agua?", *BBC*. Consultado en https://www.bbc.com/mundo/noticias-49251961.

Van der Zee, A., A. M. Jaap van der Zee, C. Poveda, y L. Picado (2012), *Estudio de caracterización del corredor seco centroamericano*, Tegucigalpa, Honduras, FAO.

Yang, J., H. Wang, S. Jin, K. Chen, J. Riedinger, y C. Peng (2016), "Migration, Local Off-Farm Employment, and Agricultural Production Efficiency: Evidence from China", *Journal of Productivity Analysis*, vol. 45, núm. 3, pp. 247-259.

Wiesner, M. L. R., y H. A. Cruz (2020), "Migración internacional en la región centroamericana: cambios y características actuales", en F. Pardo (ed.) *América Latina en las dinámicas de la migración internacional: Perspectivas críticas*, pp. Bogotá, Universidad del Externado, pp. 55-82.

WRI (2019), "Boletín de prensa: Actualizan Aqueduct e identifican los principales países con estrés hídrico". Consultado en https://wrimexico.org/news/bolet%C3%ADn-de-prensa-actualizan-aqueduct-e-identifican-los-principales-pa%-C3%ADses-con-estr%C3%A9s-h%C3%ADdrico.

Bases de datos consultadas:

https://www.migrationpolicy.org/programs/migration-data-hub
https://climateknowledgeportal.worldbank.org/download-data
https://datos.bancomundial.org/pais

México: país de detención migratoria

ALETHIA FERNÁNDEZ DE LA REGUERA AHEDO

INTRODUCCIÓN

El análisis sobre la política migratoria en México, particularmente en las primeras dos décadas del siglo XXI, se caracteriza por la contención, la disuasión y, de manera más reciente, por la criminalización de las personas migrantes. Es una política que ha funcionado de modo más reactivo que proactivo en momentos coyunturales (Durand, 2019), y se distingue por la contradicción entre el discurso de los derechos humanos y la práctica de detención y criminalización de las personas migrantes (Ceriani y Jaramillo, 2020; Narváez *et al.*, 2021).

La centralidad que adquiere la detención en la política migratoria mexicana coincide con patrones de migración forzada y políticas de control y securitización de solicitantes de asilo observados en otras partes del mundo, especialmente en Europa y Estados Unidos (Bosworth, 2019; Esposito *et al.*, 2019). A nivel global existe una creciente tensión entre las obligaciones de los Estados de otorgar protección internacional a personas que se desplazan de manera forzada, ya sea por conflictos bélicos, violencia criminal y causas ambientales, y los elevados controles fronterizos y proliferación de la detención migratoria (Dijstelbloem y Van del Veer, 2019). Ante este escenario se torna necesario conocer las condiciones y los efectos de la detención migratoria en el contexto actual de las movilidades en México, un país que por su ubicación geopolítica resulta ser un territorio crucial de contención de los flujos migratorios hacia Estados Unidos (París, 2017).

En este artículo se exponen algunas características de la detención migratoria para comprender de manera más amplia en qué consiste la securitización y la criminalización de la migración. Asimismo se explican algunas de las contradicciones entre los estándares internacionales de la detención migratoria y la realidad que se observa en México, así como su impacto en materia de protección de los derechos humanos de las personas migrantes y solicitantes de la condición de refugiado. Para ello, se presentan elementos de la definición de *detención arbitraria* establecida por el Comité de Protección de los Derechos de todos los Trabajadores Migratorios y de sus Familiares (CPDTMF), lo que permite señalar que en este país se llevan a cabo detenciones arbitrarias, práctica contraria al derecho a la libertad de las personas migrantes establecido en los marcos jurídicos internacionales y nacionales.

Desde 2017 he realizado trabajo de campo en diversas estaciones migratorias[1] de México. Me he concentrado mayoritariamente en la Estación Migratoria Siglo XXI en Tapachula, Chiapas, por ser el centro de detención con mayor capacidad para internar hasta 960 personas, y por ser además una estación que concentra a personas que han sido detenidas a lo largo del país, y son llevadas a este lugar previamente a ser deportadas principalmente hacia Centroamérica. Además, Chiapas es una de las entidades con los registros más elevados de detención migratoria; ya que, en 2022, de las 444 439 personas reportadas como migrantes irregulares, 152 469, el equivalente a 34.3%, fueron presentadas ante las autoridades en Chiapas (Unidad de Política Migratoria, 2022), lo que quiere decir que fueron detenidas.

Mediante una investigación etnográfica he estudiado la cotidianidad en las estaciones migratorias; me he focalizado en el funcionamiento de estos centros y en las relaciones de poder que se gestan entre el personal del INM y las personas detenidas. He priorizado analizar las

---

[1] En este artículo utilizo indistintamente los términos estación migratoria y centro de detención migratoria y de privación de la libertad, ya que, en términos prácticos, las estaciones migratorias funcionan como prisiones.

reglas implícitas y explícitas de estos lugares que funcionan como prisiones y lo que el sociólogo estadounidense Erving Goffman define como *instituciones totales* o lugares que dividen a las poblaciones en dos: personas que deben ser disciplinadas y castigadas, y personas a cargo de vigilar y hacer cumplir las reglas que impactan a los individuos privados de su libertad en lo más profundo de su subjetividad (Goffman, 2001). He analizado los efectos de las condiciones de hacinamiento, insalubridad, la falta de información, comunicación, y el debido proceso, en el acceso efectivo a los derechos humanos de las personas en detención. He encontrado que la mayoría de las personas migrantes detenidas tienen necesidades de protección internacional, a quienes muchas veces se les niega el derecho a solicitar la condición de refugiado, ya que ni siquiera se les informa que México es un país que otorga ese derecho independientemente del estatus migratorio. Asimismo he documentado casos de detenciones prologadas y de personas a quienes se les niega el derecho a la salud, a una llamada telefónica, a recibir información oportuna acerca de las razones por las que ha sido detenida y los derechos fundamentales de los que goza (Fernández de la Reguera, 2019, 2020).

Mi investigación coincide con trabajos previos e informes publicados por las organizaciones de la sociedad civil que tienen acceso a algunas estaciones migratorias con el fin de proveer asistencia psicojurídica a las personas migrantes, así como informes de la Comisión Nacional de los Derechos Humanos y del Consejo Ciudadano del INM. La mayoría de estos reportes denuncian las violaciones a los derechos humanos que se generan en la detención debido a la falta de garantías para el debido proceso, a las muy precarias condiciones materiales de alojamiento y a la discrecionaldad y excepcionalidad con la que funcionan los centros de detención migratoria en México (Fray Matías de Córdova, 2013; Ávila *et al.*, 2017; CNDH, 2019, 2021; Consejo Ciudadano del Instituto Nacional de Migración, 2017; Macías *et al.*, 2013).

El artículo se divide en tres apartados, además de la introducción y las conclusiones. En la primera parte se presentan los estándares internacionales con respecto a la detención migratoria, especialmente para comprender los criterios para definir las detenciones arbitrarias de personas migrantes en México. En un segundo apartado se presentan algunos elementos para comprender la normatividad que regula las estaciones migratorias en México, y más adelante se señalan algunas de las principales violaciones a los derechos humanos en los centros de privación de la libertad de las poblaciones migrantes, para analizar la centralidad de los procesos de detención en la estrategia migratoria de contención, criminalización y disuasión, y su impacto en la vida de las miles de personas que llegan a territorio mexicano cada año, en su mayoría con necesidades de protección internacional.

ESTÁNDARES INTERNACIONALES PARA ANALIZAR LA DETENCIÓN MIGRATORIA

El análisis sobre las garantías establecidas para las personas migrantes en el marco jurídico nacional inicia con el artículo 1º constitucional, ya que sin importar su situación migratoria establece las bases para la protección de sus derechos humanos. A la par, existen diversos instrumentos internacionales firmados y ratificados por México que generan un marco amplio de protección para las poblaciones en movilidad.[2] Los estándares internacionales establecen con claridad que siempre debe existir una presunción contra la detención y, por lo tanto, en favor de la libertad. Sin embargo, a pesar de contar con marcos jurídicos robustos en materia de derechos humanos y

---

[2] Algunos de los principales tratados son la Declaración Universal de Derechos Humanos, la Convención Internacional sobre la Eliminación de Todas las Formas de Discriminación Racial, la Convención Internacional para la Protección de Todas las Personas contra las Desapariciones Forzadas, la Convención sobre los Derechos del Niño y la Convención Internacional sobre la Protección de los Derechos de Todos los Trabajadores Migratorios y sus Familiares.

migración, especialmente para proteger el derecho a la libertad de las personas migrantes, y a tratar la irregularidad migratoria como una falta administrativa, mas no como un delito, México, en comparación con otros países de la región latinoamericana, tiene uno de los sistemas de detención migratoria más grandes del mundo con alrededor de 50 centros de privación de la libertad de personas en movilidad (cerca de 37 estaciones migratorias[3] y 11 estancias provisionales[4]) (GDP, 2021). Si bien la detención migratoria como estrategia de contención y disuasión migratoria no es algo nuevo, desde hace al menos una década se ha convertido prácticamente en la ruta obligada para todas las personas que ingresan de manera irregular a México y son detectadas y presentadas ante la autoridad migratoria.

En 2011 entró en vigor la reforma constitucional en materia de derechos humanos en México; con ello se generó un cambio importante, ya que el Estado adquirió la obligación de priorizar y generar todas sus acciones en el marco de la protección y garantía de los derechos humanos establecidos en la Constitución y en los tratados internacionales que México ha ratificado. Es decir, a partir de esta reforma los tres niveles de gobierno tienen la obligación de garantizar el respeto a los principios de universalidad, interdependencia, indivisibilidad y progresividad, estipulados en el artículo 1.o de la Constitución. Además genera la obligación del Estado, y específicamente de la autoridad migratoria, de operativizar el principio *pro personae*, lo que quiere decir que "al momento de decidir qué norma aplicar a un determinado caso o situación concreta, deberá elegir la que más favorezca a la persona (en este caso migrante), a fin de otorgarle en todo momento la protección más amplia" (Consejo Ciudadano del

---

[3] De acuerdo con el artículo 3 de la Ley de Migración de 2011, una estación migratoria es la instalación física que establece el INM para "alojar temporalmente a los extranjeros que no acrediten su situación migratoria regular", en tanto se resuelve su situación migratoria.

[4] Las estancias provisionales de tipo A permiten una estancia máxima de 48 horas, y las estancias provisionales B una estancia máxima de siete días.

Instituto Nacional de Migración, 2017: 61). Aunado a esto, en caso de duda o contradicción de la norma, se deberá buscar coherencia con los derechos reconocidos en la Constitución, tratados internacionales y tribunales internacionales para garantizar la máxima protección. Sin embargo, como se presenta a lo largo de este artículo, en la práctica aún existe una brecha importante entre la norma, su interpretación y aplicación, por lo que aún hay retos jurídicos significativos para poder garantizar la protección de los derechos humanos de las personas migrantes que deriva de la reforma constitucional.

En México oficialmente no se habla de detención migratoria, sino que se utilizan eufemismos establecidos en la Ley de Migración, tales como presentación o alojamiento de personas extranjeras. De acuerdo con esta ley, la presentación es la medida dictada por el INM mediante la cual se acuerda el alojamiento temporal de un extranjero que no acredita su situación migratoria para la regularización de su estancia o la asistencia para el retorno. Estos términos no solo confunden y ocultan la realidad en el discurso público, sino que evitan que el Estado mexicano quede sujeto a mecanismos de transparencia y monitoreo de los centros de detención migratoria estipulados en el derecho internacional; lo que además facilita las condiciones para las detenciones prolongadas y de grupos en vulnerabilidad como son las mujeres embarazadas, personas de la tercera edad, personas LGBT+ y personas con discapacidad.

El Comité de Protección de los derechos de Todos los Trabajadores Migratorios y de sus Familiares (CPDTMF)[5] establece que la detención de personas migrantes se refiere a toda situación en que una persona es privada de libertad por motivos relacionados con su condición de inmigrante, independientemente del nombre o la razón

---

[5] El CPDTMF es un órgano de expertos independientes que supervisa la aplicación de la Convención Internacional sobre los Derechos de Todos los Trabajadores Migratorios y de sus Familiares, tratado internacional parte del orden jurídico mexicano que se refiere a los derechos humanos de las personas que cruzan fronteras para trabajar en otro país (CNDH, 2012).

que se dé para llevar a cabo la privación de la libertad, o del nombre del centro o lugar en que la persona se encuentre mientras está privada de la libertad, que en el caso de México se llaman estaciones migratorias (CPDTMF, 2021).

La observación general número 5, publicada en 2020 por el CP-DTMF, establece claros lineamientos para definir la detención arbitraria. De acuerdo con este documento, hoy en México la detención migratoria es arbitraria y contraria a prácticamente todos los principios establecidos en instrumentos del derecho internacional de los derechos humanos que protegen la libertad de las personas en movilidad. El CPDTMF considera que la detención de migrantes es una medida no deseable y que debe existir siempre una presunción contra la detención y, por lo tanto, en favor de la libertad. Por ello, la detención de las personas en movilidad debe ser una medida excepcional de último recurso, que solamente se justifica cuando hay un objetivo legítimo del Estado.

A pesar de que los criterios para definir este objetivo no son claros en la Convención Internacional sobre los Derechos de Todos los Trabajadores Migratorios y de sus Familiares, existen otros documentos[6] que señalan que la detención de personas migrantes solo puede justificarse si una persona constituye un peligro para sí misma o para la sociedad, o si existe el riesgo de que se sustraiga a los procedimientos administrativos o de otra índole (CPDTMF, 2021). En México no existen criterios claros para definir si una persona migrante representa una amenaza para la sociedad receptora,[7] ni forma

---

[6] Véanse el informe del relator especial sobre los derechos humanos de los migrantes François Crépeau, de 2012 (A/HRC/20/24, párr. 9), y el informe de la Oficina del Alto Comisionado de las Naciones Unidas para los Refugiados titulado *Directrices sobre los criterios y estándares aplicables a la detención de solicitantes de asilo y las alternativas a la detención* (ACNUR, 2012).

[7] Una práctica habitual observada en mi investigación de campo es que la autoridad migratoria determina que una persona puede representar una amenaza cuando el país de origen emite una alerta migratoria que es validada por el Estado mexicano. Sin embargo, no hay criterios específicos para validar estas alertas migratorias, ni para

para evaluar cada caso en su contexto y evitar así la detención como práctica generalizada. Por el contrario, en la práctica y de acuerdo con la observación número 5, en México la detención migratoria cumple con todas las características de la detención arbitraria: es obligatoria, automática, sistemática o generalizada de trabajadores migratorios y de sus familiares (CPDTMF, 2021).

Según el CPDTMF, la detención no puede ser utilizada como un elemento disuasorio o como herramienta general de gestión migratoria para contener los flujos migrantes. "Cuando la detención se convierte en una medida habitual de aplicación de la ley en la frontera puede ser arbitraria en sí misma, por no ser una medida excepcional de último recurso y no estar basada en una evaluación individualizada y adecuada del riesgo" (CPDTMF, 2021: 6).

Además, cabe recordar que en el derecho internacional la prohibición de la detención arbitraria es absoluta, lo cual significa que es una norma inderogable del derecho internacional consuetudinario, o *ius cogens*, que de acuerdo con la Convención (art. 16 párrafo 4) también protege a las personas migrantes. La observación número 5 es clara al establecer lo siguiente:

> Todo uso de la detención en el contexto de la migración debe basarse en un objetivo legítimo del Estado; debe constituir siempre una medida excepcional de último recurso compatible con los criterios de necesidad y proporcionalidad; no debe tener lugar nunca en entornos punitivos, como cárceles o establecimientos similares a las cárceles; y debe ser objeto de una revisión periódica para garantizar que la detención sigue siendo necesaria. (CPDTMF, 2021: inciso E, párrafo 19).

Contrario a esto, en México la privación de la libertad de las personas en movilidad en condiciones arbitrarias es una práctica

---

explicar por qué una persona puede perder la posibilidad de solicitar protección internacional, su residencia permanente o su condición de refugiada a causa de una alerta emitida por el país del que ha huido.

cotidiana. El año 2021 rompió un récord histórico de detenciones migratorias, con un total de 307 679; y en 2022 este número aumentó a 444 439 personas migrantes presentadas ante el INM, de las cuales 51.3% provenía de Centroamérica, principalmente de Honduras, Guatemala, El Salvador y Nicaragua; y 22.4% de Venezuela (Unidad de Política Migratoria, 2022). Hasta antes de 2021, el año con el registro más alto de personas migrantes presentadas ante las autoridades había sido 2005, con un total de 240 269 casos, seguido de 198 141 casos en 2010 (INM, 2005, 2010), lo que indica que no es un fenómeno nuevo. Sin embargo, en la actualidad la detención de personas migrantes se ha vuelto prácticamente la única ruta accesible para solicitar alguna forma de regularización migratoria, incluso para las personas con necesidades de protección internacional, como son las solicitantes de la condición de refugiado. Esto se debe, por un lado, a las limitadas opciones para la regularización, que son básicamente poder acreditar vínculo de parentesco directo con una persona mexicana o tener acceso a un empleo formal, y por otro lado, a que la política migratoria se concentra en la detención y la deportación de la manera más expedita posible.

Además, el proceso de solicitud de la condición de refugiado ante la Comisión Mexicana de Ayuda a Refugiados (Comar) no es independiente del proceso administrativo llevado a cabo por el INM para la regularización migratoria. Por un lado, un porcentaje significativo de las personas que solicitan la condición de refugiado en México inician su proceso durante la detención, y por otro lado, una vez que presentan la solicitud ante la Comar deben iniciar el trámite ante el INM para obtener su tarjeta de visitante por razones humanitarias, lo que puede demorar meses y expone a las personas a la deportación.

El traslape y los obstáculos administrativos de los trámites ante la Comar y el INM se volvió muy evidente con la llegada de las caravanas migrantes en 2018. Si bien este fenómeno de migración en grupos grandes y visibles no era nuevo, sí fue un punto de inflexión para posicionar el tema migratorio en la agenda pública, y hacer aún más evidente que México dejó de ser un país de tránsito de migración económica para ser un país de tránsito y recepción de personas migrantes forzadas con necesidades de protección internacional (Canales y Rojas, 2018; Gandini *et al.* 2020; Gómez-Johnson, 2015; Varela, 2019).

Las imágenes de las cerca de 7 000 personas que en octubre de 2018 estuvieron por más de cuatro días varadas en el puente que une Tecún Umán, Guatemala, con Ciudad Hidalgo, Chiapas, son testimonio de cómo opera la política migratoria y de la centralidad de la detención como estrategia de disuasión y de acceso a la protección internacional. Una vez varadas en la puerta de entrada a México, el INM les indicó a los caravaneros (en su mayoría familias con niños, niñas, adolescentes, adultos mayores y personas con discapacidad) que si deseaban solicitar la condición de refugiado en México debían subir a los autobuses para ser llevados a la Estación Migratoria Siglo XXI, y permanecer privados de la libertad al menos 15 días antes de poder continuar su procedimiento de asilo en alternativas a la detención. La caravana se dividió en dos, por un lado las personas que optaron por subir a los autobuses que fueron privadas de la libertad, y por otro lado las personas que optaron por cruzar por el río e intentar cruzar el país de la forma más inmediata para solicitar asilo en Estados Unidos.

Independientemente de las estrategias que emplearon las personas de la caravana de 2018 y las subsecuentes, ya sea para llegar a la frontera norte o permanecer en México, este ejemplo ilustra claramente que la detención migratoria funciona de manera contraria a lo estipulado por los estándares internacionales, que prohíben las detenciones obligatorias, automáticas o generalizadas.

ESTACIONES MIGRATORIAS EN MÉXICO

En 1962 se publicó un nuevo Reglamento de la Ley General de Población de 1950, como uno de los primeros antecedentes documentados sobre las estaciones migratorias. En el artículo 25 establecía que "en aquellos lugares donde la Secretaría no tenga establecidas estaciones migratorias, se considerarán habilitados los establecimientos locales de detención preventiva". De acuerdo con Comisión Nacional de los Derechos Humanos, "así surgió legalmente la facultad para habilitar cárceles municipales o separos de policía, como espacios para detener personas migrantes que no acreditaban su condición de estancia legal" (2019: 19).

La mayoría de las estaciones migratorias fueron instaladas entre 2000 y 2010.[8] Las primeras Normas para el Funcionamiento de las Estaciones Migratorias se emitieron en 2001 con el objetivo de establecer las bases para garantizar el respeto a los derechos humanos de las personas migrantes en detención. Un año después, en 2002, el informe de la Relatoría Especial de las Naciones Unidas señaló que las normas emitidas no habían tenido los efectos esperados, ya que varias estaciones migratorias estaban instaladas en espacios improvisados en condiciones de sobrepoblación y precariedad. Además, en varios recintos se observaron la insuficiente atención médica y alimentaria, y el trato discriminatorio y humillante (CNDH, 2019).

En 2009 se publicó una actualización a las normas de 2001. No obstante las nuevas reglas, la Comisión Nacional de los Derechos Humanos reportó en 2019 que no se observaban modificaciones sustantivas en la estructura física de las estaciones migratorias. Los recintos continúan siendo vigilados por personal de seguridad privada, se prohíbe la entrada a personas que no cuentan con un pase de visita, y en su mayoría estos espacios están organizados con celdas y rejas metálicas, y tienen bases de cemento como camas; por lo que se concluye que las condiciones de estos lugares y su funcionamiento son muy similares a los Centros de Reinserción Social a lo largo del país (CNDH, 2019).

---

[8] Las que tienen mayor capacidad de alojamiento son Tapachula (960 personas), Acayucan (836 personas), Tuxtla Cupapé II y Villahermosa (800 personas cada una).

En 2012 se emitieron nuevas Normas para el Funcionamiento de las Estaciones Migratorias y Estancias Provisionales con fundamento en los artículos 108 de la Ley de Migración de 2011 y 223 de su Reglamento. Dichas normas establecen adiciones para ampliar las obligaciones del personal del INM y los derechos de las personas migrantes en detención. Dentro de los elementos más destacados de esta actualización se encuentran:

a) La coordinación, supervisión y evaluación del cumplimiento de las normas por parte de la Dirección General de Control y Verificación Migratoria del INM.

b) El establecimiento detallado del procedimiento para la presentación de la persona extranjera en una estación migratoria o estancia provisional.

c) La emisión de un certificado médico al ingreso.

d) La colocación de carteles informativos y los datos de contacto de instituciones que brindan servicios a las personas migrantes en detención.

e) El derecho a recibir atención médica y psicológica.

f) La consideración de medidas necesarias para las mujeres embarazadas, personas con discapacidad, personas de la tercera edad, personas indígenas y personas víctimas o testigos de delitos graves cometidos en territorio nacional.

g) La sustitución de los términos "medidas disciplinarias" por "medidas preventivas".

h) La ampliación del listado de las personas e integrantes de organizaciones que pueden ingresar, incluyendo organizaciones de la sociedad civil y asociaciones religiosas.

A pesar de los cambios significativos tanto en las normas señaladas como en el Reglamento de la Ley de Migración del 2011, específicamente en sus artículos 225 y 226, que establecen que en las estaciones migratorias se respetarán los derechos humanos de todas las personas y no se podrá discriminar por razones de género, en la práctica "las estaciones migratorias y estancias provisionales continúan siendo muy similares a los centros de reclusión y, en consecuencia, se sigue criminalizando indirectamente a las personas extranjeras que ingresan sin documentos al país" (CNDH, 2019: 35).

Es de especial preocupación que aunque el artículo 230 del Reglamento de la Ley de Migración señala la adopción de medidas de protección para mujeres migrantes, especialmente mujeres embarazadas cuando sean "presentadas" ante la autoridad, como por ejemplo privilegiar su estancia en instituciones especializadas, y el artículo 144 estipula la regularización migratoria de las mujeres embarazadas cuando su grado de vulnerabilidad no les permita la deportación, es muy común encontrar a mujeres embarazadas dentro de las estaciones migratorias sin acceso a una atención médica adecuada o a servicios de traducción para comprender las instrucciones médicas. He documentado casos de mujeres que han sido llevadas de la Estación Migratoria Siglo XXI a un hospital para dar a la luz y posteriormente han sido ingresadas de nuevo en este lugar con sus bebés recién nacidos.

Por su parte, las últimas reformas significativas a la Ley de Migración y a la Ley sobre Refugiados, Protección Complementaria y Asilo Político se llevaron a cabo en diciembre de 2020 para asegurar la no detención de niños, niñas y adolescentes (NNA).

Los cinco cambios más relevantes de las reformas son los siguientes:

a) El INM tiene facultades para atender a la niñez y adolescencia migrante acompañada o no.

b) El Sistema Nacional para el Desarrollo Integral de la Familia (SNDIF) y las Procuradurías de Protección de Niños, Niñas y Adolescentes (PPNNA) federal y estatales son las entidades responsables de la protección de NNA y de la determinación del interés superior de la niñez y adolescencia.

c) Se prohíbe la detención de NNA en estaciones migratorias.

d) Se emiten tarjetas de visitante por razones humanitarias para NNA y sus familias para garantizar una estancia regular y ejercicio de sus derechos.

e) La PPNNA determina el interés superior de la niñez y adolescencia a lo largo de las etapas de la migración.

Lamentablemente las condiciones de alojamiento y la garantía al debido proceso en detención migratoria se dificultan especialmente en momentos coyunturales, como fueron las caravanas migrantes provenientes de Centroamérica desde 2018, y la llegada de la pandemia por covid-19. Es común que los mecanismos de protección establecidos en la Ley de Migración se restrinjan o se amplíen de manera casuística y reactiva a partir de las prioridades coyunturales en materia de política migratoria (Gandini *et al.*, 2020).

En una visita de campo realizada en marzo de 2022 en la ciudad de Tapachula se constató que no existen las condiciones materiales ni la voluntad política para implementar la reforma de no detención de NNA con estricto apego al interés superior de los niños, niñas y adolescentes. Si bien en su mayoría estas poblaciones se encuentran en programas alternativos a la detención, las condiciones de alojamiento en los centros de asistencia social son extremadamente precarias, y no se llevan a cabo los procedimientos para establecer las medidas de protección internacional que requieren los NNA y sus familias, por lo que en su mayoría acaban siendo deportados a sus lugares de origen. En esa visita documenté el caso de una familia proveniente de Honduras con tres menores de edad que, a pesar de haber recibido tarjetas de visitante por razones humanitarias en la ciudad de Tapachula, días después fueron detenidos en Saltillo y deportados a su país. Los agentes del INM les confiscaron sus documentos de identidad, así como sus tarjetas de visitante por razones humanitarias, y los hicieron firmar de manera forzada la solicitud de retorno voluntario.

VIOLACIONES A LOS DERECHOS HUMANOS DURANTE LA DETENCIÓN MIGRATORIA

Una de las investigaciones más completas sobre el funcionamiento de las estaciones migratorias en México fue realizada por el Consejo Ciudadano del INM. El informe se titula *Personas en detención migratoria en México. Misión de monitoreo de estaciones migratorias y estancias provisionales del Instituto Nacional de Migración* (Consejo Ciudadano del Instituto Nacional de Migración, 2017). En esta investigación se constata que en México no solo se detiene a personas en tránsito, sino también a personas migrantes de larga estancia mediante operativos de revisión migratoria en hoteles y autobuses. Además, a través de la revisión de 100 expedientes en diversas estaciones migratorias, se identificaron lagunas legales de procedimiento, ya que no había fundamentos legales para las detenciones o se repetía el mismo fundamento sin atender las necesidades concretas de cada caso. También se evidenció que no hay verificación e intervención de ninguna autoridad ajena a la migratoria entre el momento en que la persona es interceptada y llevada a una estación migratoria. Por otra parte se demuestra que las personas migrantes suelen recibir información contradictoria y poco accesible, por lo que la falta de orientación jurídica es una constante.

Llama la atención que en la revisión de expedientes se repite la información con frases predeterminadas, lo que sugiere una falta al procedimiento para establecer no solo las razones de la detención, sino los criterios para determinar la resolución final. "Incluso, encontramos formatos de oficios sin cumplimentar, donde ya se contienen estas frases subrayadas y en negrita, antes de realizarse la declaración o comparecencia de la persona detenida" (Consejo Ciudadano del Instituto Nacional de Migración, 2017: 69). Además, la media del tiempo de integración de los expedientes desde que inician los procedimientos de detención hasta su resolución final es de 55 minutos, a lo que se suma que en la mayoría de los expedientes

261

revisados las personas no recibieron asistencia jurídica por parte de su consulado o de organizaciones de la sociedad civil.

"Concluimos al respecto que la homogeneidad encontrada en el contenido de las diferentes declaraciones, ya fuera el acuerdo de inicio, la presentación, la declaración, la comparecencia y la resolución, así como la celeridad con que se realiza, resulta inconsistente con la importancia de la decisión a tomar, donde no solo está en juego la libertad de las personas, sino también su vida, en caso de ser retornadas a su país de origen" (Consejo Ciudadano del Instituto Nacional de Migración, 2017: 72).

Uno de los artículos más violatorios a los derechos humanos de las personas en detención migratoria es el 111 de la Ley de Migración,[9] que estipula que si las personas migrantes interponen un recurso administrativo o judicial en que se reclamen cuestiones inherentes a su situación migratoria en territorio nacional, se suspenden indefinidamente los plazos de detención migratoria (15 días hábiles y en algunas excepciones 60 días hábiles). Esto quiere decir que las personas que pueden llegar a interponer un recurso jurídico o administrativo (normalmente con acompañamiento jurídico), deben aceptar una detención indefinida.[10] En este caso, si se aplicara

[9] La Ley de Migración estipula en su artículo 111 que las personas migrantes pueden estar detenidas por un plazo que no exceda los 15 días hábiles, excepto en las siguientes circunstancias: cuando se presente alguna dificultad para conocer su identidad o nacionalidad; si su consulado necesita ampliar los plazos para expedir su documento de identidad o viaje; si se presentan complicaciones para transitar por terceros países; si existe enfermedad o discapacidad física o mental médicamente acreditada que imposibilite viajar al migrante presentado, y si se ha interpuesto un recurso administrativo o judicial en que se reclamen cuestiones inherentes a su situación migratoria en territorio nacional, o se haya interpuesto un juicio de amparo y exista una prohibición expresa de la autoridad competente para que el extranjero pueda ser trasladado o para que pueda abandonar el país. En los primeros cuatro casos, la detención no puede ser mayor a 60 días hábiles. La ley prevé que, transcurridos los 60 días hábiles, la autoridad migratoria tiene que otorgar la condición de visitante con permiso para trabajar y la persona migrante podrá salir de la estación migratoria.

[10] La detención indefinida está expresamente prohibida en las normas internacionales y nacionales. Esto nos habla de que las leyes migratorias mexicanas parecen

el principio *pro personae* contemplado en la reforma constitucional de 2011, prevalecería el plazo de la detención administrativa que establece la Constitución como no mayor a 36 horas. Lastimosamente no sucede así, y he llegado a documentar casos de personas detenidas hasta por 10 meses en una estación migratoria.

Los procesos de detención generan importantes efectos en la salud de las personas migrantes debido a las precarias condiciones materiales de las estaciones migratorias, al trato deshumanizado y humillante por parte de los agentes del INM, la falta de información e incertidumbre y la detención prolongada (Fernández de la Reguera, 2020). Los principales padecimientos son afectaciones a la salud mental, tales como depresión, ansiedad, estrés postraumático, así como enfermedades gastrointestinales y respiratorias. Estas condiciones se repiten en los testimonios que he recuperado de personas detenidas en Chiapas, Chihuahua, Coahuila y la Ciudad de México, y coinciden con otras investigaciones realizadas por la sociedad civil.

El informe *En el umbral del dolor: acceso a los servicios de salud en estaciones migratorias* del Instituto para la Seguridad y la Democracia (Ávila *et al.*, 2017) describe que la estación de Acayucan, Veracruz, con temperaturas que superan los 30 °C es un lugar plagado de insectos.

Durante la noche, una vez en sus celdas, cuando ya no pueden salir (de las 20:00 a 08:00 horas), deben soportar el fétido olor de los baños. Muchas veces no hay papel higiénico y las colchonetas están sucias; no se sabe cada cuánto se cambian y lavan las cobijas. En el área de mujeres, donde las madres permanecen con sus hijos de hasta doce años e hijas de todas las edades, es común encontrar a niñas y niños con salpullido y hongos en la piel, producto de la suciedad de los colchones. (Ávila *et al.*, 2017: 35).

---

sustentarse en las normas internacionales de derechos humanos, pero no totalmente, ya que en segundos párrafos o en las disposiciones que regulan la operatividad de los procedimientos se violan las normas y principios básicos de un Estado de derecho.

Por su parte, el *Segundo informe sobre derechos humanos y condiciones de vida de las personas migrantes en el centro de detención de la ciudad de Tapachula, Chiapas*, del Centro de Derechos Humanos Fray Matías de Córdova, A. C., señala casos narrados por jóvenes que fueron encerrados en el cuarto de separación en la estación migratoria de Tapachula, Chiapas.

> El aislamiento se realiza en condiciones antihigiénicas, sin colchonetas ni sábanas para contrarrestar el frío o utensilios para soportar el calor o de aseo personal; existen restricciones en cuanto al acceso al agua potable; el sanitario no funciona de manera correcta, lo que provoca que el agua se rebase ensuciando el cuarto con orines y excremento. Según lo mencionado por los jóvenes, una persona ha llegado a permanecer ahí hasta por tres días, durante los cuales solo puede salir en los horarios de comida. (Fray Matías de Córdova, 2013).

Las condiciones de insalubridad, hacinamiento, falta de privacidad y pésimas condiciones alimenticias y de servicios de salud en estaciones migratorias generaron mayores riesgos sanitarios en el contexto de la pandemia por covid-19. Lamentablemente desde que inició la emergencia sanitaria en marzo de 2020 las organizaciones de la sociedad civil reportaron que el INM no atendía las disposiciones sanitarias a nivel nacional, principalmente al no proporcionar todos los insumos de protección, ni para las personas migrantes, ni para el propio personal del INM (Ávila *et al.*, 2017).

CONCLUSIONES

La detención migratoria es uno de los recursos más utilizados de la política migratoria en México para contener a las personas en movilidad, de ahí que las cuatro estaciones migratorias más grandes del país se localicen en Chiapas, Tabasco y Veracruz. Es además una potente estrategia de disuasión a partir de los tratos crueles e inhumanos que reciben las personas migrantes en las estaciones migratorias, que no se refieren únicamente a las muy precarias condiciones de alojamiento, sino a la violación constante de derechos humanos básicos, como poder tener comunicación con sus familiares y consulados al momento de ingresar a las estaciones migratorias, tener acceso a la información oportuna acerca de sus derechos y procedimiento ante el INM, y tener derecho a presentar un recurso contra la deportación sin que esto resulte en una detención prolongada, entre otros.

Este artículo demuestra que la privación de libertad de las personas migrantes no es un fenómeno reciente, ya que, como se mencionó anteriormente, desde la década de los sesenta se tienen los primeros antecedentes de las estaciones migratorias, y a lo largo de la década de los noventa con la creación en 1993 del INM se comenzaron a institucionalizar estos centros para diferenciarlos de las prisiones. Sin embargo, en la realidad aún persisten muchas anomalías en cuanto al funcionamiento y habilitación de estos lugares.

Por todo esto, y de acuerdo con los estándares del derecho internacional de los derechos humanos, en México se llevan a cabo las detenciones arbitrarias, ya que hoy en día la privación de la libertad es obligatoria, automática, sistemática o generalizada para la gran mayoría de las personas migrantes que acceden a territorio nacional, independientemente de las razones por las que migran o de si son solicitantes de la condición de refugiado. Es preocupante que México destaca en la región latinoamericana por ser uno de los países que más apuesta a la detención, a la criminalización y a la securitización como estrategias para frenar la migración. Es urgente que el Estado mexicano asuma sus obligaciones en materia de protección internacional y dé garantías a los derechos establecidos en el marco jurídico nacional para reconocer a las personas migrantes como sujetos de derecho. El paradigma debe ser eliminar en su totalidad cualquier forma de detención migratoria, y generar a su vez procesos administrativos no criminalizantes para determinar las condiciones de estancia o retorno de las personas en movilidad.

REFERENCIAS

ACNUR (2012), *Directrices sobre los criterios y estándares aplicables a la detención de solicitantes de asilo y las alternativas a la detención,* Ginebra.

Ávila Morales, A., L. Díaz de León, y J. Andrade (2017), *En el umbral del dolor: acceso a los servicios de salud en estaciones migratorias,* Ciudad de México, Instituto para la Seguridad y la Democracia.

Bosworth, M. (2019), "Immigration Detention, Punishment and the Transformation of Justice", *Social & Legal Studies,* vol. 28, núm. 1, pp. 81-99.

Canales, A., y M. L. Rojas (2018), "Panorama de la migración internacional en México y Centroamérica", *Población y Desarrollo,* CEPAL, *Serie Población y Desarrollo 124.*

Ceriani, P., y V. Jaramillo Fonnegra (2020), "Políticas migratorias y derechos humanos en América Latina: prácticas progresivas, viejos desafíos, preocupantes retrocesos y nuevos retos", en L. Gandini (ed.), *Abordajes sociojurídicos contemporáneos para el estudio de las migraciones internacionales,* Ciudad de México, UNAM-SDI, pp. 181-211.

CNDH (2021), *Informe Especial de la CNDH sobre el estado que guarda el tráfico y el secuestro en perjuicio de personas migrantes en México, 2011-2020,* Ciudad de México.

CNDH (2019), *Informe Especial. Situación de las estaciones migratorias en México, hacia un nuevo modelo alternativo a la detención,* Ciudad de México.

CNDH (2012), Convención Internacional sobre la Protección de los Derechos de todos los Trabajadores Migratorios y de sus Familiares, y sus Mecanismos de Vigilancia, Ciudad de México.

Consejo Ciudadano del Instituto Nacional de Migración (2017), *Informe Final. Personas en detención migratoria en México. Misión de monitoreo de estaciones migratorias y estancias provisionales del Instituto Nacional de Migración,* Ciudad de México.

CPDTMF (2021), Observación general núm. 5, 2020, sobre los derechos de los migrantes a la libertad y a la protección contra la detención arbitraria, Comité de Protección de los Derechos de todos los Trabajadores Migratorios y de sus Familiares.

Dijstelbloem, H., y L. van del Veer (2019), "The Multiple Movements of the Humanitarian Border: The Portable Privision of Care and Control at the Aegean Islands", *Journal of Borderlands Studies*, vol. 36, núm. 3, pp. 425-442.

Durand, J. (2019), "Política migratoria: entre el discurso, la práctica y la coyuntura", *Foro Internacional*, vol. LIX, núms. 3-4, pp. 1021-1047.

Esposito, F., J. Ornelas, S. Scirocchi, y C. Arcidiacono (2019), "Voices from the Inside: Lived Experiencies of Women Confined in Detention Center", *Signs: Journal of Women in Culture and Society*, vol. 33, núm. 2, pp. 403-431.

Fernández de la Reguera, A. (2020), *Detención migratoria. Prácticas de humillación, asco y desprecio*, Ciudad de México, UNAM.

Fernández de la Reguera, A. (2019), "¿Qué sucedió una vez que la caravana migrante salió de Chiapas? Violaciones a los derechos humanos durante los procesos de solicitud de refugio y detención migratoria en la frontera sur", en L. Gandini y N. González (eds.), *Caravanas migrantes: las respuestas de México*, Ciudad de México, UNAM-IIJ, pp. 33-42.

Fray Matías de Córdova, A. C. (2013), *Segundo informe sobre derechos humanos y condiciones de vida de las personas migrantes en el centro de detención de la ciudad de Tapachula, Chiapas*, Tapachula.

Gandini, L., A. Fernández de la Reguera, y J. C. Narváez Gutiérrez (2020), *Caravanas*, Ciudad de México, UNAM-SDI-IIJ.

Gandini, L., A. Fernández de la Reguera, J. C. Narváez Gutiérrez, E. Pilatowsky, M. Franco Díaz, y R. Rojas Madrid (2021), "Protección social de personas refugiadas y solicitantes de la condición de refugiado en México. Un análisis sobre el acceso a programas y servicios en el contexto de la pandemia COVID-19", Ciudad de México. Disponible en https://www.ilo.org/mexico/publicaciones/WCMS_841488/lang--es/index.htm.

Global Detention Project (2021), *Immigration Detention in Mexico: Between the United States and Central America. Global Detention Project Country Profile.*

Goffman, E. (2001), *Internados*, Buenos Aires, Amorrortu.

Gómez-Johnson, C. (2015), "De la migración económica a la migración forzada por el incremento de la violencia en El Salvador y México", *Estudios Políticos*, núm. 47, pp. 199-220.

INM (2005), *Boletín de Estadísticas Migratorias 2005.*

INM (2010), *Boletín Mensual de Estadística Migratoria Síntesis 2010*, Ciudad de México.

Macías Delgadillo, A., A. Hernández Méndez, C. Carreño Nigenda, D. Martínez Medrano, M. Castro Lobato, M., Oehler Toca, y S. Cano Padilla (2013), *La ruta del encierro. Situación de las personas en detención en estaciones migratorias y estancias provisionales*, Ciudad de México, Sin Fronteras.

Narváez Gutiérrez, J. C., A. Fernández de la Reguera, y L. Gandini (2021), "From Narrative to Practice: Contradictions of an Ambiguous Migration Policy in Contemporary Mexico", en G. Martínez-Zalce y M. Verea (eds.), *Migration and Borders in North America. Views from the 21st Century*, Ciudad de México, CISAN- UNAM, pp. 243-269.

París Pombo, M. D. (2017), *Violencias y migraciones centroamericanas en México*, Tijuana, El Colegio de la Frontera Norte.

Unidad de Política Migratoria (2021), *Boletín Mensual de Estadísticas Migratorias.*

Unidad de Política Migratoria (2022). *Estadísticas migratorias. Síntesis.*

Varela, A. (2019), "México, de 'frontera vertical' a 'país tapón'. Migrantes, deportados, retornados, desplazados internos y solicitantes de asilo en México", *Revista de Ciencias Sociales de la Universidad Iberoamericana*, vol. XIV, núm. 27, pp. 49-76.

Migración calificada
en América del Norte

CAMELIA TIGAU
MELISSA HERNÁNDEZ JASSO

INTRODUCCIÓN

En los últimos años se ha visto un incremento en la movilidad de los profesionistas a nivel mundial, y la región de América del Norte no es la excepción. Debido a la historia que comparten los tres países, así como por los vínculos económicos y culturales potenciados por la cooperación binacional y trinacional, es posible observar que quienes cuentan con credenciales educativas migran en múltiples direcciones.

El comportamiento de los migrantes calificados —generalmente definidos como profesionistas con estudios universitarios o técnicos especializados— ha sido comparado con los consumidores que deciden cambiar de producto. En este caso, el producto cambiado sería el país de residencia, debido a la opción de escoger otro que permita su mejor desarrollo profesional y una mayor calidad de vida. Los migrantes, sobre todo los calificados, han sido descritos como motores de la globalización financiera, que generalmente promoverían el bienestar de los países en donde viven (Zeitz y Leblang, 2021).

Después de la Segunda Guerra Mundial, la región de América del Norte ha sido el caso más representativo para estudiar los impactos de este tipo de migración. Esto, debido a que Estados

Unidos y Canadá atraen el mayor número de migrantes calificados a nivel mundial y a que compiten entre ellos, y con Australia y la Unión Europea para atraer talento extranjero, sobre todo de países con menor nivel económico. De hecho, el fenómeno empezó a ser estudiado por una preocupación puntual en cuanto a la pérdida de profesionistas europeos en la posguerra —en particular británicos—, quienes emigraban hacia Estados Unidos, por lo que se acuñó un término mediático para nombrar el problema: "fuga de cerebros".

Posteriormente, a raíz de discusiones sobre los posibles sesgos discriminatorios del término hacia los migrantes, y también debido a nuevos hallazgos sobre algunos efectos positivos de la migración calificada, se han propuesto varios términos alternos, mas no sinónimos. El concepto opuesto sería el de "circulación de talentos", implicando que los profesionistas y trabajadores de la economía del conocimiento pueden transferir sus saberes entre países, sobre todo desde los de destino hacia el origen para estimular el desarrollo. Perspectivas que tratan de hacer justicia al impacto de este tipo de migración, como la de Lowell *et al.* (2004), propusieron usar un término menos conocido en la bibliografía de especialidad en español, *brain strain*, y traducido por algunos como déficit de cerebros. Sin embargo, los autores que lo habían sugerido inicialmente querían evadir la dicotomía del argumento para una política más progresista y propositiva. Lowell *et al.* destacaban que la migración calificada puede tener efectos negativos en los países de origen debido a inversiones en la formación de capital humano y a la debilitación institucional, pero también positivos en cuanto a la creación de diásporas que tienden a organizarse en comunidades epistémicas transnacionales, redes de negocio e intercambio.

Para la región de América del Norte hemos visto tanto impactos positivos como negativos de la migración calificada. En términos políticos, estas perspectivas se han traducido en políticas de atracción para los países de destino (sobre todo Estados Unidos y Canadá) y de retención o retorno para los países de origen (en nuestro caso de estudio México, y a veces Canadá, como se explicará más adelante en este artículo).

La migración calificada se puede definir, según Parsons *et al.* (2015), también tomando en cuenta las metodologías que fundamentan las nomenclaturas ocupacionales. En este sentido, trabajos cualitativos previos demuestran que las calificaciones varían según las condiciones históricas —los albañiles eran considerados calificados a principios del siglo xx, por ejemplo—, pero también en función de las necesidades específicas de los países. Muchas veces los Estados que atraen migrantes para contrarrestar su déficit demográfico definen ocupaciones prioritarias para sus economías, que en términos de visado y conteo estadístico entran en la categoría de calificaciones medias o altas y por lo tanto suelen contar como migración calificada. Por ejemplo, Canadá tiene una lista de 347 ocupaciones prioritarias para migrantes que quieren ingresar bajo el programa Federal Skilled Workers Program, entre los cuales se encuentran bomberos o enfermeras que no necesitan estudios universitarios, sino técnicos.

Ante este complejo contexto de la economía del conocimiento, nuestro artículo busca mostrar el fenómeno de la migración calificada en su dinamismo regional, mostrando no solo los flujos más conocidos de profesionistas mexicanos a Estados Unidos y Canadá, sino también de estadounidenses a México y Canadá, y en lo correspondiente, de Canadá hacia sus socios comerciales del Tratado entre México, Estados Unidos y Canadá (T-MEC). Para lograr analizar el panorama, el artículo está estructurado en dos partes más conclusiones. En un primer momento se introducen el debate actual de la migración calificada y las condicionantes regionales de emigración/inmigración; en un segundo momento analizamos los múltiples flujos de profesionistas que salen de México, Estados Unidos y Canadá.

EL DEBATE ACTUAL EN TORNO
A LA MIGRACIÓN CALIFICADA

La migración calificada ha sido replanteada teórica y políticamente debido a tres crisis recientes en el siglo XXI: el auge de las políticas populistas, la crisis de la pandemia por covid-19 y el resurgimiento del fenómeno del exilio intelectual provocado por conflictos de baja intensidad y larga duración (Venezuela), o los de alta intensidad y con una duración indeterminada (Siria, Afganistán y Ucrania).

Como se ha señalado desde el principio, el debate acerca de la migración calificada giró históricamente en torno a países ganadores o perdedores, a través del paradigma *push-pull* (factores de expulsión o atracción). Se ha notado una correlación directa entre la migración calificada y la inversión en ciencia, tecnología e innovación, con un consenso general de que los profesionistas extranjeros suelen contribuir significativamente al avance y poder de Estados Unidos y Canadá. Se han avanzado teorías de la innovación con alto poder explicativo de la migración calificada, como la triple hélice, que apuntan a una necesidad de colaboración de las universidades, las compañías y los Estados para forjar los flujos de profesionistas y retenerlos en el mercado laboral nacional (Etzkowitz y Zhou, 2017; Jacobs, 2020). Trabajos posteriores han actualizado la relación con la teoría de la quíntuple hélice, que involucra también el contexto y el entorno social que intervienen en el proceso de innovación (Bares, 2018; De la Vega y Barcellos, 2020).

Sin embargo, una de las características del reciente movimiento populista, personificado entre otros en la figura presidencial de Donald Trump, ha sido el cuestionamiento de las élites, incluidos los profesionistas migrantes. De esta forma, Trump pausó el largo paradigma que enfatizaba las ventajas que tienen los países al atraer talento altamente especializado, suspendió en varias ocasiones las visas destinadas a dar trabajo a migrantes calificados (la H1) y a sus parejas (H4), y cuestionó el costo-beneficio de esta migración con el argumento de que los extranjeros bajan los sueldos de los profe-

sionistas nativos o, aún peor, les quitan los trabajos. Si bien la me-
ritocracia había sido cuestionada anteriormente por su tendencia a
reproducir las élites más que propiciar el ascenso social, nunca antes
hubo una política de rechazo de cerebros en Estados Unidos. Este
endurecimiento político generó más discriminación y tuvo un claro
impacto en el número de estudiantes extranjeros y los profesionistas
contratados, algunos de los cuales decidieron reemigrar, por ejemplo, a Canadá (Tigau, 2020, 2021) o retornar a sus países.

Un segundo momento de esta actualización contextual pasa
por la crisis por covid-19, que logró visibilizar nuevamente los
beneficios de la migración médica y de los trabajadores agrícolas,
quienes pasaron a ser considerados como trabajadores esenciales y
fueron altamente codiciados, tanto en Estados Unidos como en
Canadá. Incluso México lanzó un programa de contratación temporal de médicos cubanos para resolver la crisis de salud, con bajos
resultados de integración laboral. Más allá de la crisis aguda, la
pandemia logró también borrar los límites entre migración virtual y presencial (antiguamente llamada como *body shopping* por
Aneesh, 2001), dado que la mayoría de los profesionistas pudieron
trabajar desde sus casas, sin necesidad de tramitar una visa. Incluso,
algunos regresaron a sus países o escogieron mejores lugares para
pasar la pandemia, sin necesidad de intermediar su contratación a
través del Estado.

En este sentido, para una mejor interpretación de la migración
virtual, queremos recordar que el fenómeno de la migración calificada no depende solo de los Estados, sino que es definido en todo
momento por las industrias de la migración y el *outsourcing*, tienen
brokers, que son actores institucionales que intermedian o reclutan
directamente a trabajadores calificados, como pueden ser las agencias
educativas, las empresas que financian las visas, las universidades
que emiten credenciales, entre otros (Hernández-León, 2013). Estos mecanismos son parte vital del mercado regional de talento,
renegociado en el marco del T-MEC para mantener las visas TN,
destinadas a profesionistas mexicanos y canadienses.

Por último, cabe recordar que la tradicional perspectiva de la fuga de cerebros interpretaba este tipo de migración como forzada económicamente, y, a veces, políticamente. Al contrario, en un marco de más estabilidad y colaboración internacional de finales de siglo XX, las diásporas del conocimiento fueron planteadas como parte de un proceso de migración planeada a través de muchos años de preparación en idiomas extranjeros y certificación de diplomas, con un alto nivel de agencia de los migrantes. Sin duda, el panorama actual nos muestra que la línea entre migración planeada y no planeada es muy delgada, ya que los flujos recientes de profesionistas de la región norteamericana incluyen exiliados por guerras civiles o invasiones como las mencionadas anteriormente, y aun procesos de desplazamiento forzado de profesionistas mexicanos, quienes huyen a Estados Unidos. A este último flujo se le denominó como "migración dorada" y ocurrió por el corredor Monterrey-Houston en los años de la guerra contra el narcotráfico del sexenio de Felipe Calderón (2006-2012), a manera de ejemplo.

LOS FLUJOS MÚLTIPLES DE PROFESIONISTAS ENTRE MÉXICO, ESTADOS UNIDOS Y CANADÁ

A continuación brindamos un esbozo de la migración calificada en la región, organizada por países de destino.

Profesionistas en Estados Unidos

Estados Unidos es el principal destino tanto para los migrantes canadienses como para los mexicanos, aunque, como veremos a continuación, la proporción de personas calificadas es más grande en el primero que en el segundo. De acuerdo con las últimas cifras disponibles de la American Community Survey (United States Census Bureau, 2019), había en total 797 000 migrantes con orígenes canadienses, en su mayoría angloparlantes —poco más de 80%—, de los cuales casi una cuarta parte (23%) había ingresado al país en 2010 o después.

Actualmente, cerca de 60% de los migrantes canadienses se dirigen a Estados Unidos (Batalova e Israel, 2021), lo cual puede responder a diversos factores, como la cercanía geográfica, las similitudes lingüísticas y culturales, así como mayores oportunidades económicas (Dion y Vézina, 2010). Otro elemento de relevancia es que 30% de los canadienses son mayores de 65 años, y suelen tener menor participación en la fuerza de trabajo (58%). Batalova e Israel destacan que con mayor frecuencia son personas retiradas que buscan mejor clima, y por ello se concentran en los estados de California y Florida. No obstante, la migración canadiense ha ido decreciendo en los últimos años, como registran diversas cifras y estudios en los que se discute principalmente la pérdida de talento de Canadá a Estados Unidos en la década de 1990 (Batalova e Israel, 2021; Challinor, 2011; Dion y Vézina, 2010; Drew *et al.*, 2000).

Los canadienses en Estados Unidos suelen ser personas calificadas, y tienen un nivel educativo incluso mayor a la población estadounidense y al total de la población migrante. Como se puede ver en el cuadro 1, más de la mitad (51%) de los inmigrantes canadienses mayores a 25 años tenían algún estudio de licenciatura, y 23.4% contaba con un posgrado (United States Census Bureau, 2019). La proporción de aquellos con posgrado se incrementó casi 5% en los últimos nueve años, y es sustancialmente mayor a la de los adultos estadounidenses y extranjeros (14% del resto de migrantes tiene un posgrado, y es 13% entre la población estadounidense, United States Census Bureau, 2019). Es de señalar también que, según datos ocupacionales de la American Community Survey (ACS), en 2019 casi 65% trabajaba en puestos administrativos, de negocios, ciencias y artes. Datos del portal Migración y Remesas identifican que 31.3% de los canadienses trabaja en educación y salud.

En lo que refiere a su estatus legal, los canadienses son el quinto grupo más importante entre los estudiantes internacionales, y la tercera nacionalidad con mayor número de visas H1-B solo por debajo de India y China (según cifras de 2020, Batalova e Israel, 2021). Pese a ello, se calcula que hay 57 000 canadienses indocumentados en Estados Unidos, aproximadamente 1% de la migración indocumentada.

CUADRO I.

Perfil educativo y ocupacional de los migrantes canadienses
y mexicanos en Estados Unidos, en 2010 y 2019

	Canadá		México	
	2010	*2019*	*2010*	*2019*
Población total	798 649	797 158	11 711 103	10 931 939
Población de 25 años o más	698 583	15 720	9 479 461	9 905 084
Nivel educativo (%)				
Educación secundaria o menos	30.0	22.8	83.1	78.7
Cierta educación universitaria o técnica	27.4	26.4	11.6	13.6
Con licenciatura	23.9	27.4	3.9	5.7
Con posgrado	18.6	23.4	1.4	2.0
Perfil ocupacional (%)				
Administración, negocios, ciencias y artes	59.1	64.9	8.6	13.1
Servicio	9.3	8.3	31.3	28.3
Ventas y trabajos de oficina	21.1	17.4	12.6	11.3
Construcción, mantenimiento y otros	4.6	3.8	25.2	26.0
Producción, transporte y otros	6.0	5.6	22.3	21.3

FUENTE: Elaboración propia con datos del American Community Survey (ACS), United States Census Bureau, 2010 y 2019.

En lo que respecta a los mexicanos en Estados Unidos, la proporción de profesionistas o personas con posgrado es mucho menor a la observada en Canadá, pero superior en términos netos. Como se muestra en el cuadro 1, en 2019 el 19.3% de los mexicanos mayores de 25 años tenía licenciatura o algún tipo de estudios superiores, y solo 2% contaba con estudios de posgrado. Dichas cifras equivalen a 1.9 millones y 198 000 personas, respectivamente, por lo que la presencia de profesionistas mexicanos en Estados Unidos no es menor. En realidad, aunque la migración calificada de origen mexicano tiene mayor diversidad de destinos, cerca de 88% de aquellos con licenciatura y 82% de aquellos con posgrado se concentran en dicha nación (Gaspar y Chávez, 2016: 89). Para Estados Unidos, México representa el cuarto país con mayor número de migrantes con estudios de licenciatura o posgrado, después de India, China y Filipinas (Soto y Selee, 2019).

Este es un flujo que se ha incrementado sustancialmente en los últimos años; de acuerdo con cifras oficiales, los ingresos crecieron 150% entre 2000 y 2017 (Soto y Selee, 2019). Además del grado de estudios, este también se distingue de la migración mexicana que tradicionalmente se ha dirigido a Estados Unidos en otros elementos. Por ejemplo, suelen provenir de las ciudades y de regiones con poca tradición migratoria (Garip, 2016), tiene más participación de clases medias y altas (Domínguez y Vázquez, 2018) y está mayormente compuesta por mujeres, quienes tienen más años de estudios y también una mayor tasa de crecimiento (Fundación BBVA Bancomer y Consejo Nacional de Población, 2017: 51; Gandini, 2019; Ramírez y Tigau, 2018). Pese a la disponibilidad de las visas para trabajadores calificados y de la visa TN emanada del Tratado de Libre Comercio de América del Norte (TLCAN), cerca de 30% son migrantes no autorizados.

Los profesionistas mexicanos se concentran en California y Texas, y contrario al caso canadiense, suelen tener ocupaciones por debajo de sus credenciales educativas. Soto y Seele señalan el trabajo desempeñado en educación primaria y secundaria, servicios legales para construcción y servicios de comida, mientras que el Anuario de Migración y Remesas de 2020 indica que solo el 12.1% se dedica a puestos administrativos y profesionales (Fundación BBVA Bancomer y Consejo Nacional de Población, 2020: 36). Además de las barreras lingüísticas y estatus legal, gran parte del subempleo puede deberse a la discriminación y estigma que existe contra mexicanos, de los cuales los profesionistas son una minoría (Tigau, 2020).

Profesionistas en Canadá

Antes de abordar los flujos provenientes de México y Estados Unidos, vale la pena explicar a grandes rasgos el Programa Federal de Trabajadores Calificados (FSWP, por sus siglas en inglés), que es el principal programa de inmigración canadiense para el ingreso de profesionistas. Este forma parte de las categorías de ingreso económicas, que en 2019 componían casi seis de cada 10 de las residencias otorgadas.[1] Este permite a los interesados solicitar una residencia permanente en caso de cumplir con los requisitos del sistema de puntos, que evalúa habilidades lingüísticas, nivel educativo, experiencia laboral, edad, adaptabilidad y la oferta laboral en Canadá.

En lo que respecta a la población calificada de origen mexicano en dicho país, se trata de un grupo incipiente y modesto en contraste con el que encontramos en Estados Unidos. Pese a ello, es de resaltar que es el segundo destino más importante para migrantes mexicanos, la mayoría de los cuales son profesionistas. Los ingresos han ido creciendo de manera sostenida y a un ritmo más rápido en los últimos 20 años. En la década de 1960 el ingreso de mexicanos promediaba 210 pesos por año, pero para el periodo de 2011 a 2019 esta cantidad había aumentado a 3 700, con un pico en 2014 de 4 500 (Reitz y Hernández, 2021: 48; Statistics Canada, 2017a). De acuerdo con el censo de 2016, había 128 485 personas con orígenes étnicos

---

[1] Las otras modalidades son la familiar, la de refugio y la humanitaria/otros. Se tomaron cifras previas a la pandemia por covid-19. *Immigration, Refugees and Citizenship Canada* (2021: 20).

mexicanos, y 95 410 nacidos en México, concentrados en Toronto, Vancouver y Montreal (Statistics Canada, 2017b).

Han aumentado simultáneamente el nivel de calificación y el número de ingresos en las modalidades económicas. En el periodo 1978-1992 la mayoría de los mexicanos pertenecían a la clase familiar y solo 53% tenía educación secundaria o más. Sin embargo, para 2003-2013 los profesionistas ya eran más de la mitad (51%), y quienes tenían alguna educación postsecundaria representaban 74%, cifras similares a lo que se observa en la población inmigrante en general (52.2 y 73.2%, respectivamente, Van Haren y Masferrer, 2019). El 29.1% ingresó como trabajador calificado, y un 11% adicional en otras modalidades económicas (Van Haren y Masferrer, 2019).

Se han dado diversas razones para comprender el aumento en la migración de México a Canadá. Mueller (2005) considera relevante el retorno de 40 000 menonitas latinoamericanos a Canadá, la mayoría provenientes de México, así como el incremento en estudiantes internacionales. Giorguli *et al.* (2016) lo vinculan con el TLCAN y el contexto sociopolítico en México, mientras otros lo relacionan con un aumento general en la población que tiene estudios universitarios en México (Van Haren y Masferrer, 2019).

En el caso de los profesionistas estadounidenses, el ingreso ha sido principalmente bajo la modalidad de Express Entry, creada en 2015 para agilizar las solicitudes económicas, incluyendo las del FSWP. Tiene su propio sistema de puntos con más rubros de evaluación, y quienes alcanzan el puntaje son invitados a solicitar la residencia permanente. Zachary (2020) destaca que para Canadá ha sido benéfico ser vecino de Estados Unidos, pues se presenta como una alternativa no solo para ciudadanos estadounidenses, sino también para aquellos que se han convertido en ciudadanos o que viven como residentes. Ruiz y Budiman (2018) consideran que una muestra de esto es el decremento en el ritmo de las solicitudes del programa de Formación Práctica Profesional (Optional Practical Training, OPT) entre 2016 y 2017, en el contexto de la presidencia de Donald Trump.

Las estadísticas de Express Entry entre 2017 y 2019 muestran que el número de aplicantes de Estados Unidos ha incrementado visiblemente (74% en total), pero como muestra el cuadro 2, cuando se desglosa por estatus de ciudadanía, es patente que el cambio no ha ocurrido por igual.

CUADRO 2.

Invitaciones a residencia permanente extendidas a personas cuya última residencia fue Estados Unidos, desglosado por ciudadanía

	2017	*2019*	*Total*	*Cambio*
Última residencia en Estados Unidos	5 829	10 185	16 014	74.70%
Ciudadanos estadounidenses	2 047	1 561	3 608	-23.70%
Residentes no ciudadanos	3 782	8 624	12 406	128.00%

FUENTE: Zachary (2020) con base en el Reporte de fin de año de Express Entry (2019). Para calcular los residentes sin ciudadanía el autor extrajo el número de ciudadanos del total establecido en la primera fila.

Para aquellos con ciudadanía estadounidense, el número de invitaciones en realidad disminuyó casi 24%, mientras que el de las personas que no contaban con ciudadanía aumentó 128%. Por ello, las estadísticas parecen indicar que el flujo de profesionistas provenientes de Estados Unidos no necesariamente es de ciudadanos, sino de profesionistas extranjeros que deciden migrar a Canadá. Esto puede responder a múltiples factores, como la política migratoria canadiense, que tiene mayores facilidades a largo plazo, así como el contexto político, cultural y social.

Profesionistas en México

Históricamente —y como también ocurre en el sentido opuesto—, Estados Unidos ha sido el principal país de origen de los extranjeros que residen en México. De acuerdo con el Anuario de Migración y Remesas (2020: 42), entre 1997 y 2018 los estadounidenses representaron entre 70 y 75% de toda la población extranjera que reside en el país, y sus números han crecido de manera significativa, pasando de 326 000 en 1996 a 797 000 en 2020 (Inegi, 2020; Rodríguez y Cobo, 2012). Dados los lazos que comparten ambos países, este flujo está relacionado con múltiples factores, como son la migración de retorno, compuesta por estadounidenses de ascendencia mexicana, o por la llamada generación 1.5, que son aquellos que migraron a una edad temprana con su familia, y que han vivido la socialización de su infancia y adolescencia en Estados Unidos (Gonzales y Chavez, 2012; Vila-Freyer, 2021).

Muchas personas regresan a México por temas de reunificación familiar o falta de trabajo (Inegi, 2018), pero para el caso de los más jóvenes esto es distinto, pues algunos buscan acceder a instituciones de educación superior, o se incorporan a mercados laborales específicos en ciudades con mayor concentración de estadounidenses y/o canadienses, como documenta Vila-Freyer en el estado de Guanajuato (2021). La autora resalta que estos jóvenes cuentan con grandes habilidades (principalmente lingüísticas), y logran proveer de servicios a nichos específicos. Por ello es importante problematizar lo que entendemos por calificación cuando nos referimos a la migración calificada, pues permite visibilizar otros procesos.

Hablando específicamente sobre quienes tienen ciudadanía estadounidense y que migran al país, el último Censo de Población y Vivienda (2020) documenta que 46% de las personas de 25 años o más tienen estudios de licenciatura o algún posgrado. La mayoría se desempeña en áreas como ciencias sociales y derecho (casi 24%), así como administración y negocios (cerca de 22%) y también en artes y humanidades (18%, según cifras del Inegi, 2020). Los estadounidenses también tienen una presencia significativa en el Sistema Nacional de Investigadores: representan el segundo origen de los investigadores extranjeros (después de España) y tienen una amplia

281

integración en las comunidades académicas y científicas del país (Didou, 2017; Tigau y Ramírez, 2022).

Por su parte, la presencia canadiense en México es mucho más pequeña, aunque de igual forma se ha caracterizado por tener participación de inversionistas, técnicos y trabajadores especializados. Adicionalmente, una parte se relaciona con los 10 000 menonitas que llegaron al país entre 1922 y 1927, que se asentaron en los estados de Chihuahua y Durango. La población canadiense se redujo a lo largo del siglo XX, hasta llegar a poco más de 3 000 personas en 1990, pero creció nuevamente en los últimos 30 años. De los 3 011 registrados en 1990, pasó a 5 768 en el 2000 y actualmente se cifra en 12 439 (Inegi, 2020). Como señalan Chávez y Quintero (2017), México es el principal destino para los canadienses en América Latina y el Caribe, aunque lo relacionan con el fenómeno de los —así llamados— *snowbirds*: turistas que vienen durante largas temporadas en los meses de invierno. Se concentran principalmente en los estados de Jalisco (19%), Ciudad de México (9%) y Chihuahua (8%) y casi una cuarta parte es mayor de 65 años (Inegi, 2020).

Como ocurre con los canadienses en Estados Unidos, quienes migran a México son principalmente personas retiradas que buscan mejores condiciones climáticas. Además, como se muestra en el cuadro 3, este perfil demográfico es casi idéntico al observado en los provenientes de Estados Unidos. De acuerdo con el censo de extranjeros residentes en México de 2009 (cuadro 3), ambos grupos tenían una distribución ocupacional parecida, incluso desglosado por género, con mayor protagonismo de personas jubiladas o pensionadas, seguidas de aquellos con estancias relacionadas a su trabajo. Por ello, aunque la presencia de migrantes calificados canadienses y estadounidenses en México es notoria, la mayoría no viene a desempeñar labores profesionales.

Sin embargo, este escenario podría estar cambiando a causa de la pandemia por covid-19, que posibilitó el trabajo remoto. Actualmente la presencia de jóvenes extranjeros que trabajan desde México es notoria (*Milenio*, 2022; Vidaña, 2021), y subraya el involucramiento de múltiples actores en la migración calificada, como se aborda en la teoría de triple o quíntuple hélice. Si bien es pronto para evaluar el beneficio que traen para el desarrollo de México, la presencia de estos nuevos profesionistas refleja el dinamismo de la región y el intercambio cultural. No obstante, también detona nuevas problemáticas, como la elevación del costo de vida, la gentrificación y la especulación inmobiliaria.

CUADRO 3.

Canadienses y estadounidenses residentes en México, de 16 años o más, según actividad principal y sexo (2009)

		Canadá		Estados Unidos	
Trabajo	Hombres	2 012	19.00%	11 689	20.20%
	Mujeres	1 155	10.90%	4 379	7.60%
Trabajo del hogar	Hombres	0	0.00%	0	0.00%
	Mujeres	46	0.40%	280	0.50%
Estudio	Hombres	103	1.00%	1 023	1.80%
	Mujeres	174	1.60%	1 192	2.10%
Jubilado	Hombres	2 647	25.00%	14 224	24.50%
	Mujeres	2 074	19.50%	11 259	19.40%
Desempleado	Hombres	11	0.10%	27	0.00%
	Mujeres	2	0.00%	7	0.00%
No especificó		2 385	22.50%	13 898	24.00%
Total		10 609	100.00%	57 978	100.00%

Datos extraídos del reporte *Extranjeros residentes en México. Una aproximación cuantitativa con base en los registros administrativos del* INM (Rodríguez y Cobo, 2012).

CONCLUSIONES

La descripción estadística de la migración calificada en la región de América del Norte muestra claros patrones de interdependencia, en donde los tres países son principales destinos para sus socios del T-MEC. La proximidad geográfica y, por qué no, cultural, aunada a los beneficios de contar con un mercado común estipulado en el tratado, propician la migración en sus tres tipos de flujos: de sur a norte (México a Estados Unidos y Canadá); de norte a sur (de Estados Unidos y Canadá a México) y también de norte a norte (entre Canadá y Estados Unidos, y viceversa).

Esta circulación de migrantes calificados, aun cuando sean retirados, también propicia el fluir de capital financiero, manifestado en remesas o, simplemente, largos periodos de turismo que pueden beneficiar a las localidades de destino. Si bien la migración por estilo de vida, sobre todo presente en los flujos de norte a sur, ha sido criticada por contribuir a la gentrificación y el alza de los precios, también tiene efectos positivos en el intercambio cultural y el aprendizaje regional.

De igual forma, los flujos de sur a norte han funcionado como válvula de escape para los profesionistas mexicanos, quienes en su calidad de embajadores culturales simbólicos promueven la imagen de México como un país con alto nivel de preparación científica, con gente capaz y comprometida, fuera de los estereotipos de la migración mexicana vista como precaria, indocumentada y de poca educación. A largo plazo, la circulación y el transnacionalismo propician la formación de redes de conocimiento, los intercambios de negocios y el aprendizaje institucional regional que pueden amortiguar los efectos negativos de la pérdida de profesional calificado.

Los flujos de norte a norte son quizá los menos problemáticos, ya que solo implican la superación de choques culturales en los individuos transmigrantes entre Estados Unidos y Canadá. Esta libertad de movimiento puede ser una meta de lo que la región debe promover en términos de circulación de talento y capital humano de varias calificaciones. En este sentido, a la región de América del Norte le hacen falta acuerdos de movilidad parecidos a los de la Unión Europea, en donde más apertura de fronteras en la región significó más migración temporal y una equiparación en los niveles económicos de los países participantes. En la medida en que las fronteras son abiertas no solo de norte a sur, sino también de sur a norte, las desigualdades regionales podrían aminorarse a través de la migración, fortaleciendo el vínculo benéfico entre la migración y el desarrollo.

REFERENCIAS

Aneesh, A. (2001), "Rethinking Migration: On-line Labor Flows from India to the United States", en W. Cornelius, T. Espenshade, y I. Salehyan (eds.), *The International Migration of the Highly Skilled, La Jolla : Center for Comparative Immigration Studies*, University of California, San Diego, pp. 351-370.

Bares López, L. (2018, marzo), "Portinnova: un estudio de caso de un modelo de la cuádruple hélice", *Revista Contribuciones a las Ciencias Sociales*, núm. 3. Consultado en https://www.eumed.net/rev/cccss/2018/03/modelo-cuadruple-helice.html.

Batalova, J., y E. Israel (2021, 15 de junio), "Canadian Immigrants in the United States", Migrationpolicy.org. Consultado en https://www.migrationpolicy.org/article/canadian-immigrants-united-states-2021.

Challinor, A. E. (2011, 15 de septiembre), "Canada's Immigration Policy: A Focus on Human Capital". Consultado en https://www.migrationpolicy.org/article/canadas-immigration-policy-focus-human-capital/.

Chávez, E. R., y S. D. C. Quintero (2017), "Los canadienses en México. Inmigración y movilidad internacional", *Migraciones Internacionales*, vol. 9, núm. 1, pp. 9-42.

Didou Aupetit, S. (2017), "Migrar para ingresar a la profesión académica: Oportunidades y obstáculos en México para jóvenes académicos extranjeros", *Sociológica*, vol. 32, núm. 90, pp. 111-144.

Dion, P., y M. Vézina (2010), "Emigration from Canada to the United States from 2000 to 2006", *Canadian Social Trends*, núm. 11, pp. 57-67.

Domínguez Villalobos, L., y M. L. L. Vázquez Maggio (2018), "Motivaciones para migrar: Las clases medias mexicanas profesionistas en los Estados Unidos" *Norteamérica*, vol. 14, núm. 1. Consultado en https://doi.org/10.22201/cisan.24487228e.2019.1.364.

Drew, D., S. T. Murray, y J. Zhao (2000), "Brain Drain and Brain Gain: The Migration of Knowledge Workers from and to Canada", *Education Quarterly Review*, vol. 6, núm. 3, pp. 8-35.

Etzkowitz, H., y C. Zhou (2017), *The Triple Helix: University-Industry-Government Innovation and Entrepreneurship*, Londres, Routledge.

Fundación BBVA Bancomer y Consejo Nacional de Población (2020), Anuario de Migración y Remesas México 2020, BBVA/Conapo.

Fundación BBVA Bancomer y Consejo Nacional de Población (2017), Anuario de Migración y Remesas México 2017, BBVA/Conapo.

Gandini, L. (2019), "Las explicaciones de la migración calificada: El papel de las mujeres desde la experiencia norteamericana. Estereotipos, sesgos y desafíos", *Norteamérica*, vol. 14, núm. 1. Consultado en https://doi.org/10.22201/cisan.24487228e.2019.1.371.

Garip, F. (2016), *On the Move: Changing Mechanisms of Mexico-U.S. Migration*, Princeton, Princeton University Press. Consultado en https://press.princeton.edu/books/hardcover/9780691161068/on-the-move.

Gaspar, S., y M. Chávez (2016), "Migración mexicana altamente calificada: 1990-2013", *Problemas del Desarrollo*, vol. 47, núm.
185, pp. 81-110. Consultado en https://doi.org/10.1016/j.
rpd.2016.04.002.

Giorguli Saucedo, S. E., V. M. García Guerrero, y C. Masferrer (2016),
"A Migration System in the Making. Demographic dynamics
and migration policies in North America and the Northern
Triangle of Central-America", El Colegio de México-Cen-
tro de Estudios Demográficos, Urbanos y Ambientales, 32 pp.

Gonzáles, R., y L. R. Chávez (2012), " 'Awakening to a Nightma-
re': Abjectivity and Illegality in the Lives of Undocumented
1.5-Generation Latino Immigrants in the United States",
Current Anthropology, vol. 53, núm. 3, pp. 255-281.

Hernández-León, R. (2013), "Conceptualizing the Migration Industry", en *The Migration Industry and the Commercialization of
International Migration*, Londres, Routledge.

Inegi (2020), Censo 2020. Consultado en https://www.inegi.org.
mx/sistemas/olap/consulta/general_ver4/MDXQueryDa-
tos.asp?#Regreso&c=

Inegi (2018), "Distribución porcentual de la población migrante internacional de retorno por causa de retorno, 2014 y 2018".
Consultado en https://www.inegi.org.mx/app/tabulados/
interactivos/?pxq=eee61ce4-bfd5-4963-942f-29164060cc-
de&idrt=130&opc=t.

Immigration, Refugees and Citizenship Canada (2021), *2021 Annual
Report to Parliament on Immigration*, 48 pp. Consultado en https://
www.canada.ca/content/dam/ircc/documents/pdf/english/
corporate/publications-manuals/annual-report-2021-en.pdf.

Jacobs, E. (2020), "Work Visas and Return Migration: How Migration Policy Shapes Global Talent", *Journal of Ethnic and Migration Studies*, vol. 48, núm, 7, pp. 1647-1668.

Lowell, B. L., A. M. Findlay, y E. Stewart (2004), *Brain Strain: Opti-
mising Highly Skilled Migration from Developing Countries*, Londres, IPPR.

Milenio (2022, 17 de febrero), "Mujer llama a hacer home office en CdMx; la critican". Consultado en https://www.milenio.com/virales/mujer-llama-home-office-cdmx-critican.

Mueller, R. E. (2005), "Mexican Immigrants and Temporary Residents in Canada: Current Knowledge and Future Research", *Migraciones Internacionales*, vol. 3, núm. 1, pp. 32-56.

Parsons, C. R., S. Rojon, F. Samanani, y L. Wettach (2015), "Conceptualising International High-Skilled Migration", Discussion Paper 15.33, University of Western Australia.

Ramírez García, T., y C. Tigau (2018), "Mujeres mexicanas altamente calificadas: En el mercado laboral estadounidense, ¿integradas o segregadas?", *Sociedad y Economía*, núm. 34, pp. 75-101.

Reitz, J. G., y M. Hernández Jasso, M. (2021), "Mexican Migration to Canada: Trends and Prospects", en G. Martínez Zalce y M. Verea (eds.), *Migration and Borders in North America. Views from the 21st Century*, Ciudad de México, UNAM-CISAN, pp. 47-70.

Rodríguez Chávez, E., y S. Cobo (2012), *Extranjeros residentes en México. Una aproximación cuantitativa con base en los registros administrativos del INM*, Ciudad de México, Centro de Estudios Migratorios/Instituto Nacional de Migración/Secretaría de Gobernación.

Ruiz, N. G., y A. Budiman (2018, 25 de julio), "Growth of OPT Foreign College Graduate Work Program Slowed in 2017", Pew Research Center. Consultado en https://www.pewresearch.org/fact-tank/2018/07/25/number-of-foreign-college-graduates-staying-in-u-s-to-work-climbed-again-in-2017-but-growth-has-slowed/.

Soto, A. G. R., y A. Selee (2019), "A Profile of Highly Skilled Mexican Immigrants in Texas and the United States", Migration Policy Institute Fact Sheet, 12.

Statistics Canada (2017a), "Canada - Permanent residents by source country", Facts and Figures 2017: Immigration Overview - Permanent Residents. Consultado en https://open.canada.ca/data/en/dataset/082f05ba-e333-4132-ba42-72828d95200b.

Statistics Canada (2017b, 25 de octubre), 2016 Census - Data Tables. Consultado en https://www12.statcan.gc.ca/census-recensement/2016/dp-pd/dt-td/Rp-eng.cfm?TABID=2&Lang=E&APATH=3&DETAIL=0&DIM=0&FL=A&FREE=0&GC=0&GID=1341679&GK=0&GRP=1&PID=110525&PRID=10&PTYPE=109445&S=0&SHOWALL=0&SUB=0&Temporal=2017&THEME=120&VID=0&VNAMEE=&VNAMEF=&D1=0&D2=0&D3=0&D4=0&D5=0&D6=0.

Tigau, C. (2021), "La remigración de profesionistas de Estados Unidos a Canadá. El caso de la empresa india MOVNORTH. COM", en O. Santín, *Canadá y sus paradojas en el siglo XXI: política exterior, paradiplomacia, economía, recursos naturales y medio ambiente*, México, UNAM-CISAN, pp. 289-318.

Tigau, C. (2020), *Discriminación y privilegios en la migración calificada. Profesionistas mexicanos en Texas*, México, UNAM-CISAN.

Tigau, C., y T. Ramírez (2022), "Intelectuales estadounidenses en México: mediaciones culturales y aportaciones científicas", *Estadounidenses en México*, SRE (en prensa).

United States Census Bureau (2019), 2019: ACS 1-Year Estimates. Selected Population Profile in the United States-Canada. Consultado en https://data.census.gov/cedsci/table?q=canada%20foreign%20origin%20selected%20social%20characteristics&t=Education%3AEducational%20Attainment&tid=ACSSPP1Y2019.S0201.

Van Haren, I., y C. Masferrer (2019, 19 de marzo), "Mexican Migration to Canada: Temporary Worker Programs, Visa Imposition, and NAFTA Shape Flows", Migrationpolicy.org. Consultado en https://www.migrationpolicy.org/article/mexican-migration-canada.

Vega Hernández, I. M. de la, y L. Barcellos de Paula (2020), "The Quintuple Helix Innovation Model and Brain Circulation in Central, Emerging and Peripheral Countries", *Kybernetes*, vol. 49, núm. 9, pp. 2241-2262. Consultado en https://doi.org/10.1108/K-08-2019-0522.

Vidaña, O. A. (2021, 2 de noviembre), "Mexico City's Remote Worker Problem", *Slate*. Consultado en https://slate.com/technology/2021/11/digital-nomad-mexico-city.html.

Vila-Freyer, A. (2021), "¿Las raíces en el lado equivocado de sus vidas? Jóvenes retornados y deportados desde Estados Unidos a Guanajuato", *Migraciones Internacionales*, núm. 12, 29 pp. Consultado en https://doi.org/10.33679/rmi.v1i1.2295.

Zachary, A. (2020), "Canada's Immigration System Increasingly Draws Talent from the United States", Center for Security and Emerging Technology. Consultado en https://doi.org/10.51593/20200056.

Zeitz, A. O., y D. A. Leblang (2021), "Migrants as Engines of Financial Globalization: The Case of Global Banking", *International Studies Quarterly*, vol. 65, núm. 2, pp. 360-374.

Siete premisas para una política migratoria en México

JORGE DURAND

INTRODUCCIÓN

La política migratoria es una de las más difíciles y complicadas de diseñar y, peor aún, de aplicar. Ello responde a un conjunto de razones o factores que resulta fundamental tener en cuenta. En primer lugar, porque se refiere a personas en situación de movilidad que tienen, ostentan y demandan derechos; en segundo término, por el carácter disruptivo del migrante; en tercero, porque no es lo mismo ser país receptor, emisor, de tránsito, de retorno o de refugio, o las cinco cosas a la vez, como pasa en México, y cada modalidad migratoria requiere de una política específica.

Pero en el caso mexicano se añaden otras dos consideraciones de tipo geopolítico. México es vecino del país más rico, poderoso y atractivo del mundo para los migrantes, con una frontera porosa de 3 000 kilómetros de largo, y es el "último país de tránsito" donde pasa y se atora todo el flujo que quiere llegar a pisar, tocar y disfrutar del sueño americano. Finalmente, hay que considerar tres efectos que suelen generar las políticas migratorias y que hay que tomar en cuenta: el que llamaremos *boomerang,* el efecto llamada y el efecto político.

MOVILIDAD HUMANA

Hace ya un par de décadas que el término sociológico de *migración* está siendo suplantado por el de *movilidad humana*. Esta se define, según la Organización Internacional para las Migraciones (OIM), como el "derecho humano que tiene toda persona a transitar libremente de un lugar a otro". Esta propuesta se sustenta en el ejercicio de la libre circulación, el cual consiste en la facultad de desplazarse libremente por todo el territorio de un Estado, así como de entrar o salir de este, y elegir libremente el lugar de residencia.

A diferencia del término *migración*, que se puede simplificar como la contabilidad de entradas y salidas al interior de un Estado, región o país, el de *movilidad humana* hace énfasis en la persona y en los derechos, lo cual le otorga un giro humanista importante, más allá de lo estadístico y que va, muchas veces, acompañado de un posicionamiento sobre el tema, a favor de la libre circulación y el respeto a los derechos humanos del migrante.

Este es un giro relevante, porque ha obligado a las políticas migratorias y a las disposiciones legales a reafirmar el ámbito de los derechos humanos del migrante, aunque no necesariamente al derecho a inmigrar, que es diferente al derecho a emigrar, y aquí sí vale la distinción sociológica. La libre circulación se topa finalmente con los derechos de los Estados nacionales a admitir, rechazar o condicionar el ingreso a su territorio.

Pero al tratarse de personas, de seres humanos, los migrantes pueden y deben exigir un trato digno y acorde con las leyes de cada país, e incluso solicitar o exigir excepciones, aducir razones y justificaciones para que se tome en cuenta su caso particular.

Las políticas migratorias no pueden evadir esta premisa fundamental, que debe estar presente en los considerandos de toda ley; no obstante, esto debe traducirse en reglamentos y protocolos específicos sobre la manera y los modos en que se debe aplicar la ley, en el caso de personas migrantes, para lo cual es indispensable la formación y la capacitación del personal encargado de ejecutarla.

Si bien la ley mexicana sobre migración se considera avanzada en cuanto a los planteamientos generales y consideraciones sobre los derechos de las personas migrantes, la aplicación concreta de la ley deja mucho que desear, al igual que su actualización. Al respecto, quizá el ejemplo visualmente más impactante sea el video y la fotografía del director del Instituto Nacional de Migración (INM) de Chiapas que pisotea la cabeza de un migrante tirado en el suelo, durante una escaramuza en donde estos trataban de romper el cerco policial en la caravana del 29 de agosto de 2021 (*El Universal*, 2021).

CARÁCTER DISRUPTIVO
DEL MIGRANTE

Consideramos que el migrante tiene un carácter disruptivo porque pone su cuerpo y su vida por delante, al mismo tiempo su pasado lleno de dificultades y su condición presente de persona vulnerable, que demanda, exige que se le escuche y se le respete como ser humano. El migrante irregular rompe con el orden establecido, pero no es un delincuente, ni puede ser tratado como tal. Este carácter disruptivo suele ser personal e individual, pero también social o grupal: es el caso de los *boat people*, las pateras que llegan a las costas de España o Italia, las caravanas que ingresan o se forman en México y el caso de varios miles de haitianos que dieron el portazo en Del Río, Texas, en 2021. En muchos casos estas personas tienen que ser aceptadas de alguna manera, y ellas lo saben.

Disruptivo, en el sentido de que modifica y transforma los cánones establecidos. El inmigrante es fundamentalmente persona y, por su condición de emigrante, no es ciudadano, más bien es ciudadano de otro país. Como persona arrasa con las fronteras, por derecho propio. Como ciudadano de un Estado distinto, se ve limitado, frenado, constreñido a los cánones de un Estado-nación diferente al suyo.

A las fronteras visibles o invisibles de la raza, clase, género, lengua y religión se suma otra diferencia: la nacionalidad. En el mundo

293

en que vivimos, en pleno siglo XXI, la discriminación y la tendencia casi natural de percibir y marcar diferencias en el otro está muy lejos de haber sido superada. Si bien la tendencia a excluir por género o preferencia sexual va perdiendo poco a poco su espacio dominante, a nivel global no se ha avanzado en cuanto a la tolerancia e inclusión de los migrantes. La discriminación por nacionalidad sigue siendo muy fuerte, de ahí que ya no basten las leyes y reglamentos migratorios, se requiera de muros, vallas, alambradas para impedirles el paso, para negarles el derecho que todo ser humano tiene a que se le considere como persona, el derecho a trabajar, a vivir de manera digna, a que su familia tenga un futuro mejor.

Esta tensión entre los derechos de la persona migrante y los de la persona que no es ciudadano se ha visto reflejada en una serie de cambios en aspectos fundamentales en las constituciones de los muchos países. Tradicionalmente la nacionalidad se adquiría por dos vías, el derecho de suelo o nacimiento y el derecho de sangre o descendencia. Una tercera vía, administrativa, la de la naturalización, tiene que ver fundamentalmente con los derechos adquiridos por los años de residencia.

En todas las Américas, como continente de inmigración, se aplican los dos criterios clásicos para la adquisición de la nacionalidad, el de suelo y el de sangre. La excepción, que confirma la regla, es el caso de República Dominicana, que en 2010 modificó su Constitución y se canceló el derecho de suelo. Fue un tema controvertido: más allá de la manera en que se hizo y de que afectó a cientos de miles de personas, tuvo un trasfondo racial discriminatorio contra los haitianos, considerados negros, y recubierto de argumentos nacionalistas.

En casi todos los países de Europa se aplica el criterio de derecho de sangre o descendencia y se ha eliminado el derecho de suelo. No obstante, el derecho de sangre, que obviamente tiene un sesgo étnico racial, no puede solucionar todos los casos, ni ajustarse a todas las circunstancias.

El caso de Alemania quizá sea el más significativo, donde los hijos y nietos de inmigrantes turcos y de otros países, inmigrantes que originalmente fueron reclutados, no tenían acceso a la nacionalidad incluso en el caso de la tercera o cuarta generación. Los hijos de inmigrantes socializados totalmente en Alemania y que solo hablaban la lengua de sus padres no podían ser ciudadanos plenos. Obviamente tuvieron que hacerse ajustes al derecho de sangre, que no puede, en la práctica, ser absoluto.

Por eso digo que la inmigración tiene este carácter disruptivo. En este caso es la residencia y las generaciones las que se tienen que tomar en cuenta para otorgar la nacionalidad, al igual que la socialización, integración cultural y manejo idiomático. En el fondo, aunque no se diga, se reconoce el fundamento ancestral del derecho de suelo, por haber nacido o por haber vivido.

Un caso similar, pero diferente, es el de los *dreamers* en Estados Unidos, que son hijos de inmigrantes que cruzaron la frontera de manera irregular, con sus padres, siendo menores, y se socializaron y educaron en las escuelas y en el país de destino. Técnicamente son migrantes irregulares, que han nacido en otro país y que tienen otra nacionalidad, pero hipotéticamente no pueden acusarlos legalmente porque ellos no cometieron la falta, fueron sus padres. Son cerca de dos millones de personas en situación irregular, en la práctica y para muchos, son estadounidenses a los que les falta un papel.

Por otra parte, hay varios millones de niños estadounidenses que tienen padres indocumentados. En estos casos los derechos del niño, pero sobre todo del ciudadano, deben ser atendidos, aunque sean menores de edad. De ahí que en Estados Unidos se utilice como argumento en contra la deportación de los padres el tener un hijo ciudadano que podría quedar en la indefensión. Aunque muchas veces esta prerrogativa no se respete.

Para los migrantes en Estados Unidos la residencia no otorga derechos, pero en la práctica sí, y es un argumento que se puede esgrimir o exigir en casos particulares, pero también grupales o generacionales. Esto es relevante porque en Estados Unidos la media del total de la población indocumentada tiene 15 años o más de residencia.

Por su parte, en México, en la caravana de enero de 2019, se estableció el criterio de otorgar visas humanitarias sin mayor trámite. Un gobierno que se decía defensor de los derechos humanos y que se reconoce como un pueblo de emigrantes tuvo que ceder ante el carácter disruptivo de las caravanas de migrantes y ajustar su política migratoria a una coyuntura especial. Aunque luego tuviera que dar marcha atrás por presiones de Estados Unidos.

MODALIDADES MIGRATORIAS

En México la política migratoria cobró relevancia cuando se empezó a discutir la Ley de Migración de 2011 y su reglamento. En esas fechas el fenómeno migratorio ya había cambiado radicalmente y se requería con urgencia una nueva disposición legal. Por muchos años la discusión sobre política migratoria había quedado zanjada, cuando Mónica Verea y Manuel García y Griego acuñaron el concepto "la política de la no política" para el caso mexicano, que se refería a la emigración exclusivamente, que era lo que en esos tiempos realmente interesaba. Paradójicamente, sobre esta modalidad emigratoria no se podía aplicar una política propiamente dicha porque se respetaba de manera muy amplia el principio constitucional de libre circulación, aunque la propia ley dijera que se debía salir del país por los puestos fronterizos y no por cualquier ruta.

En realidad, la emigración solo se puede regular en algunos casos, como la salida del país de los menores de edad, que requieren de permiso de ambos padres, y los que tienen restricciones legales para abandonar el territorio. Solo los países totalitarios tienden a encerrar a su población y a prohibir, restringir o limitar entradas y salidas.

Por el contrario, lo que está sobrerregulado es la inmigración, el arribo de personas a un determinado país, y como consecuencia directa de la excesiva regulación se provoca la inmigración clandestina o subrepticia y la presencia y permanencia de personas migrantes indocumentadas.

Paradójicamente, en el caso de México la sobrerregulación no tiene mucho sentido, porque en realidad tiene muy poca población extranjera, según el censo de 2020 era de 0.06%. México se ha distinguido por ser un país cerrado a la inmigración y abierto a la emigración con 10% del total de su población viviendo en el extranjero, particularmente en Estados Unidos.

Por otra parte, en México existen diferentes categorías de ciudadanos, con acceso diferente a ciertos derechos, que en teoría deberían ser universales. Son tres las categorías: los mexicanos de nacimiento, propiamente nacidos y registrados en el territorio nacional, porque incluso los registrados en consulados tienen problemas; los doble nacionales, que adquirieron una segunda nacionalidad, y los naturalizados.

En México y en muchos otros países las decisiones sobre admisión o rechazo de un extranjero suelen ser tremendamente discrecionales; aunque existan ciertos criterios, en la práctica dependen del humor, personalidad o prejuicio del cónsul de marras para conceder la visa, o del funcionario de la ventanilla, a la hora del arribo.

En cuanto al retorno, la mayoría de los países acepta a sus connacionales sin mayores problemas, incluso a los deportados que tuvieron problemas con la justicia en el país de destino. No suele haber regulaciones al respecto, salvo en el caso de retornos masivos que requieren de organización para la acogida y de apoyos de emergencia o para su instalación y posterior integración al territorio nacional.

No obstante, hay países que no aceptan de manera automática a sus connacionales. En nuestra región podríamos señalar el caso de Cuba, con el cual se deben establecer acuerdos para la devolución, como es el caso de la política popularmente Pies secos, pies mojados. Igualmente, en Haití hay reticencia a recibir deportados, dada la terrible situación en que se encuentra el país. Por eso países como Estados Unidos amenazan con retirar ayudas y cancelar acuerdos si estas naciones no reciben a los deportados o devueltos.

En algunos países, como Ecuador, Colombia y Perú, se han establecido marcos legales para el retorno de nacionales, para afrontar situaciones de crisis, retorno o deportación masiva, como fue el caso los migrantes retornados de España y Europa en general a comienzos del siglo XXI.

En cuanto a la modalidad del tránsito, existen disposiciones consensadas a nivel internacional de que para poder transitar por un país se debe contar con visa o libre acceso al país de destino final. Por lo general estas disposiciones se aplican en el caso de viajes aéreos internacionales. Existen regiones en las que se da el libre tránsito, como en Europa, Sudamérica y algunos lugares en África, donde no se requiere de visa o pasaporte; no obstante, cada país puede exigir o no ciertos requisitos, dependiendo de los casos particulares.

En muchos otros casos los países de tránsito se hacen de la vista gorda cuando saben que los migrantes no se van a quedar en el país y que tienen un destino predeterminado, como los que van a Estados Unidos desde Centroamérica, los que atraviesan países africanos para llegar a Europa y otras tantas rutas. Algunos países piden una cuota para transitar, como sería el caso de Honduras en este momento; otros solicitan algún tipo de documentos o llenar formularios, pero en la mayoría de los casos los dejan pasar.

En el caso de México el tránsito tiene connotaciones diferentes, dado que es vecino de Estados Unidos y la mayoría de los migrantes quieren llegar a ese país. Este tema lo trataremos en el siguiente apartado, sobre México como último país de tránsito.

GEOPOLÍTICA Y MIGRACIÓN DE TRÁNSITO

México es el último país de tránsito migratorio, lo que no es igual que cualquier país de América Latina, que simplemente son países de tránsito. Desde la Patagonia chilena o de Argentina al río Suchiate, en la frontera con Guatemala, los migrantes pueden atravesar las fronteras sin mayores complicaciones. Los países en turno simplemente los dejan pasar y que se las arregle el siguiente país en la ruta.

Pero al llegar a México las cosas se complican, porque es el final de la ruta para poder llegar a Estados Unidos. Propiamente, México no puede otorgar una visa de tránsito para que los migrantes se dirijan a Estados Unidos, porque los migrantes no tiene visa para entrar a México y menos a Estados Unidos.

Por muchas décadas México operó como cualquier país de tránsito; simplemente dejó pasar y se lavó las manos, no era asunto suyo. Pero todo cambia cuando el flujo se hace masivo y arriban 150 000 migrantes al mes con la intención de llegar a la frontera norte.

La posibilidad de abrir la frontera, recibir a todos los migrantes con los brazos abiertos, darles una credencial, con un permiso para transitar o residir por determinado tiempo en el país, como sucedió al comienzo de 2019, fue una postura "políticamente correcta" para un determinado público, humanitaria para los migrantes, e incluso se puede calificar de progresista, pero a la vez fue totalmente insostenible, como se demostró en la práctica.

La respuesta a esa política aperturista, promovida por el discurso de López Obrador y aplicada sin análisis ni precaución por el INM, derivó en la amenaza y el chantaje de Donald Trump de imponer aranceles (junio de 2019), que hubieran llevado al traste el Tratado entre México, Estados Unidos y Canadá (T-MEC) y de paso a la economía mexicana.

La política migratoria de México sobre el tránsito de migrantes depende de lo que hagan otros países y de los acuerdos, negociaciones, amenazas y chantajes por parte de Estados Unidos. En principio, es un asunto de "responsabilidad compartida" con otros países, pero las políticas de contención al tránsito de migrantes no se aplican necesariamente en Panamá, Costa Rica, Guatemala u otros países, aunque formalmente haya ciertos acuerdos. Al final, es asunto de México y Estados Unidos.

En nuestro caso hay varias opciones de política pública con respecto a la migración en tránsito, todas parciales e insuficientes. En primer lugar, dejar pasar, como lo hace Guatemala o cualquier otro país de tránsito, y esta medida funciona en México, cuando los flujos son moderados y se ajustan a las políticas estadounidenses. Hace unos meses llegaron miles de ucranianos a Cancún y luego viajaron a la frontera y fueron recibidos amablemente por Estados Unidos. Un caso histórico similar fue el de los cubanos que por más de medio siglo fueron recibidos con los brazos abiertos y considerados refugiados políticos. Hay una selectividad ejercida por el gobierno mexicano, que define quién puede transitar libremente de acuerdo con criterios políticos, humanitarios, históricos, coyunturales, raciales, y lo que permite Estados Unidos.

Una segunda opción es otorgar permisos de salida. El migrante irregular no es deportado, pero se le da un plazo para salir del país por alguna de sus fronteras, lo que en la práctica sería equivalente a una visa de tránsito para ir a Estados Unidos. Muchos migrantes buscan esta solución por medio de abogados que tramitan sus casos; los migrantes suelen referirse a este documento como salvoconducto.

Una tercera medida es otorgar visas humanitarias para que los migrantes se queden legalmente en México por un tiempo determinado, hasta que arreglen su situación de manera definitiva, pero muchos de ellos se irán a Estados Unidos. Es una solución que no es inmediata y que requiere de trámites, presiones e incluso manifestaciones y protestas por parte de los migrantes; sería el caso de los haitianos que protestaron en 2021 y se les dejó pasar.

En cuarto lugar, se aplican medidas disuasivas, como confinar a los migrantes en determinado lugar o ciudad, lo que sería el caso de Tapachula, donde se obliga a los migrantes a esperar la solución de su trámite, sea este de refugio o de otro tipo de visa o solución. Para el caso de algunos centroamericanos esa medida opera como disuasiva y optan por regresar, pero para migrantes de otros lares: haitianos, cubanos, venezolanos y otros, no hay posibilidad de retorno, así que esperan a que se les dé un tipo de solución. Es una olla a presión que finalmente termina en caravana que reclama una solución, en represión o en soluciones coyunturales.

Finalmente, queda la opción de la deportación. Lo que no es factible en todos los casos, sea que tienen un trámite pendiente o que es imposible o muy costoso deportarlos. Es el caso de los haitianos, que resultaría inhumano deportarlos a su país de origen y no pueden enviarlos a otro lado. Los trámites de deportación son más factibles en el caso de los centroamericanos, pero también es muy posible que vuelvan a entrar al país de manera irregular.

No hay solución fácil, dada la vecindad con Estados Unidos, la asimetría de poder existente y el contexto geopolítico de México al ser último país de tránsito.

EL EFECTO *BOOMERANG*

El efecto *boomerang* se da cuando la política migratoria logra su objetivo, pero causa un efecto o un desperfecto mucho mayor y contrario a lo que se pretendía lograr. A nivel académico fue Robert Merton el primero que lo analizó y lo categorizó, en 1936, como "consecuencias no esperadas, no previstas o no intencionadas" de una acción, en nuestro caso de una política específica, "formalmente organizada".

En el caso de Estados Unidos el ejemplo más claro de esta situación es el muro y militarización de la frontera. Estaba previsto de manera intencional que con estas medidas los costos y riesgos del cruce subrepticio serían más altos, lo que operaría como un efecto disuasivo. Pero lo que no esperaban, o no previeron, era que el flujo no solo no se detuviera, sino que al ser más caro y riesgoso el cruce, los migrantes irregulares no regresarían a sus países de origen, lo que incrementó el volumen general de migrantes irregulares que pretendían quedarse de manera definitiva y no regresar. El remedio fue peor que la enfermedad.

Dice Merton que la no anticipación de las consecuencias depende del estado del conocimiento sobre el tema en específico. La moraleja es clara: las políticas migratorias deben definirse con el apoyo de especialistas que puedan predecir, más allá de la coyuntura, pero esto rara vez sucede en el campo migratorio por estar totalmente polarizado a nivel político. Por eso en temas migratorios casi siempre las políticas que se implementan tienen consecuencias totalmente contrarias a lo que se podría esperar, y la historia lo demuestra una y otra vez.

El modelo aplicado en Tapachula, México (2022), de confinar a los migrantes que solicitan refugio en Chiapas hasta que se solucione su caso tenía como objetivo controlar el flujo migratorio para que no se dispersara por el territorio nacional y que no llegara a Estados Unidos. De hecho, un requisito para los que solicitan refugio es que esperen en la entidad estatal hasta que se les dé respuesta. Pero no hubo respuesta a tiempo a las solicitudes de refugio y la política implementada de confinamiento se convirtió en una bomba de tiempo. Todo esto era previsible desde hacía meses, porque Chiapas es la puerta de ingreso, y se sabía desde hacía mucho tiempo que los migrantes estaban en camino, y siguen llegando y aumentando la presión.

No se pudo dar respuesta a las solicitudes de refugio, porque la política implementada de austeridad ha sido reducirle el presupuesto a la Comisión Mexicana de Ayuda a Refugiados (Comar), que obviamente está desbordada desde hace varios años. Por otra parte, el embotellamiento se consideraba como una medida disuasiva para los solicitantes de refugio, además de las trabas burocráticas.

El resultado fue todo lo contrario, los migrantes se desesperaron e iniciaron la huida de la cárcel chiapaneca, y para ello se movilizaron en caravanas, una modalidad que recibe gran atención mediática. Otros muchos simplemente se fueron por su cuenta.

El costo político y monetario ha sido mucho mayor que si se le hubiera incrementado el presupuesto a la Comar para procesar los casos de refugio. Pero no todo queda ahí. Los haitianos que llegan a México vienen de Brasil y de Chile en un periplo migratorio que lleva más de 10 años. Propiamente no son sujetos de refugio, porque no han sufrido persecución alguna ni peligra su vida.

Cuando llegó a México el primer contingente masivo de migrantes haitianos en 2016, que fueron aproximadamente unos 20 000, el INM les dio, casi de manera automática, un "permiso de salida", lo que significaba que tenían que dejar el país por alguna de las fronteras. Obviamente, la frontera norte.

Esta medida, estipulada en la ley, servía también para los cubanos, que tenían acceso ilimitado al refugio en Estados Unidos, pero no servía para el caso de los haitianos, que se concentraron en la frontera y no los dejaban ingresar. El resultado fue otra imposición de Estados Unidos, el llamado *metering*, que obliga al INM a ordenar el flujo con un sistema de listas o cuotas diarias para que los solicitantes puedan pasar. Y la métrica la define Estados Unidos.

Esta medida del permiso de salida, que pretendía pasarle la bolita a Estados Unidos para que se encargaran de los haitianos, repercutió en México de tal modo que ahora hay una numerosa comunidad de haitianos viviendo y trabajando en Tijuana y otras ciudades.

Otra consecuencia, no anticipada, es la problemática actual que tenemos en Tapachula; los haitianos y otros migrantes saben que finalmente México tendrá que ceder y darles un permiso de circulación, una visa humanitaria, una visa temporal o un tipo de amnistía, porque se suponía que no los podían deportar. La situación en sus países es desesperada.

Los encargados de la política migratoria deben monitorear la casuística del día a día y del mes a mes, se deben ajustar a las circunstancias cambiantes y a la previsión de posibles consecuencias. La política migratoria debe ser tan cuidadosa en su formulación como en la previsión de sus posibles y previsibles consecuencias.

EL EFECTO *LLAMADA*

El otro efecto es el de *llamada*. Sobre este término no conozco su autoría, pero se utilizó ampliamente en España en las últimas décadas del siglo XX, cuando empezaron a llegar migrantes ecuatorianos, colombianos, peruanos, dominicanos y de otros países latinoamericanos a trabajar en la construcción, los bares y el cuidado de niños y ancianos, entre otras labores.

El efecto *llamada* se refiere a las consecuencias de una política de acogida o de liberalización de trámites para determinados migrantes que facilita el proceso de llegada y regularización. En este caso se favorecía a migrantes hispanohablantes de las antiguas colonias. Obviamente en la "llamada" había todo un interés económico, político y cultural. Se trataba de llenar esos puestos de trabajo que requería la pujante economía española de aquellos años con latinoamericanos, pero no con marroquíes o africanos, que habría sido otra posibilidad.

Hay efectos *llamada* programados, pero también aquellos que no se consideraron como tales. Unas pocas palabras de Joe Biden generaron un efecto *llamada* impresionante entre la comunidad haitiana radicada en Brasil y Chile, que dejó esos países, donde había vivido por años, para dirigirse a Estados Unidos. No solo fue eso, también contribuyó, en mucho, la crisis económica en Brasil y las medidas restrictivas y xenófobas en Chile. Los dos factores tuvieron un efecto multiplicador y una salida masiva de migrantes en tránsito por el continente.

Por eso mismo la política migratoria estadounidense es tan reticente a conceder excepciones y a regularizar migrantes en situación irregular. Consideran que la regularización responde a una situación de crisis o presión coyuntural, pero que tiene efectos duraderos y perpetúa el problema en los años siguientes. Pero todo tiene un límite; finalmente, después de 20 o 30 años residiendo en un país, se crean derechos y cada vez es más complicada la deportación, salvo que exista un delito que la justifique.

En el caso de México la política de acogida y puertas abiertas que impulsó el gobierno de AMLO, cuando llegó una nueva caravana en 2019, creó un efecto llamada posterior en los siguientes meses, dado que difundió la noticia de que se podía transitar libremente por México y que incluso les proporcionaban documentación y una visa temporal. A los pocos meses y por presión de Estados Unidos, México tuvo que disponer del Ejército y de la Guardia Nacional para detener los flujos y cambiar de política migratoria de manera radical.

EL EFECTO POLÍTICO

Sobre el tema migratorio en las sociedades de destino suele haber opiniones divididas, unas a favor y otras en contra. Hay países que favorecen la inmigración, como Canadá, Islandia y otros, que requieren de población, pero ponen muchas condiciones y requisitos. Las puertas están abiertas para algunos y suele existir un consenso si se trata de inversionistas, de personas afines racial y culturalmente, pero no para los que consideran diferentes.

Los ciudadanos de los países ricos consideran que los migrantes vienen a aprovecharse de sus riquezas, a quitarles empleos y utilizar sus servicios sociales que ellos construyeron con mucho esfuerzo y pagando impuestos. Por su parte, los migrantes vienen a ocupar los puestos y a desempeñar tareas que los nativos no quieren realizar. No solo eso, pagan impuestos que favorecen a los adultos nativos, dado que son generalmente personas jóvenes que van a tener que cotizar por décadas y favorecen las condiciones de los retirados. Pero el asunto es mucho más dramático; los migrantes indocumentados en Estados Unidos han aportado miles de millones de dólares al sistema de seguridad social y no devendrán en ningún beneficio.

La riqueza requiere de servicios personales que liberen a los pudientes de tareas indeseables, tediosas o despreciadas. El servicio doméstico es quizá el mejor ejemplo, pero en sociedades envejecidas, como las que suelen tener recursos, los migrantes se encargan de los niños, enfermos y ancianos. No solo son servicios privados; las instituciones públicas que proveen servicios de salud y cuidado requieren de personal migrante.

Pero más allá de las opiniones personales o colectivas de un país determinado, la migración es un asunto político que marca diferencias y que en fechas recientes se ha convertido en factor decisivo en contiendas electorales. El tema migratorio es el argumento favorito de los conservadores, que despiertan el odio a los extranjeros, que generan miedo en la población, que dicen defender los valores profundos de la patria y la cultura y que ven en los migrantes una amenaza cotidiana. Muchos de ellos utilizan y gozan de los servicios de migrantes, que trabajan en sus fábricas, campos o establecimientos, pero esa realidad no tiene nada que ver con sus decisiones político-electorales; incluso pueden tener servicio doméstico migrante, pero no hacen la conexión con sus planteamientos ideológicos sobre migración.

Un caso patente es el de la industria hotelera, que requiere de mucha mano de obra migrante, y en ocasión de las grandes marchas de migrantes de 2006 en Estados Unidos, los señores Marriott reconocieron que ellos necesitaban de trabajadores migrantes y que apoyaban su regularización, pero Donald Trump, que vive de su imperio hotelero e inmobiliario, lanzó su campaña electoral acusando a los migrantes de traficantes de drogas, delincuentes y violadores.

Para cualquier político, sea liberal o conservador, reconocer públicamente que su país requiere de inmigrantes, que el envejecimiento es una amenaza a su propio bienestar, que necesitan población joven para que trabaje y pague impuestos para poder conservar sus beneficios y programas sociales, es algo poco menos que imposible. Los conservadores se oponen pública y decididamente al ingreso de migrantes y los liberales se callan la boca. Estados Unidos deporta miles de migrantes todos los días, pero los opositores de Biden afirman que este tiene una política de puertas abiertas. Todos viven en la cómoda ideología y relación que Hegel calificó como "del amo y el esclavo": está bien que trabajes y que me sirvas, pero conserva tu lugar y mantén tu distancia.

Cualquier decisión que se refiera al tema migratorio tiene un efecto político a favor en caso de los que están en contra de los migrantes y en contra en el caso de los que se atreven a hablar a favor de la inmigración o el refugio. Solo en condiciones muy particulares de tensión mundial bipolar, como el caso de Ucrania, en 2022, todos los países occidentales están dispuestos a abrir sus brazos y sus fronteras, pero siempre con sus reservas: los negros y orientales que también huían de Ucrania, muchos de los cuales tenían la nacionalidad y que habían vivido de manera pacífica y legal en ese país, no eran aceptados como refugiados. La solidaridad en Occidente tiene límites, y uno de ellos es la raza.

El efecto político, especialmente electoral, de medidas o posturas con respecto a la inmigración, coloca a los políticos y funcionarios en un terreno gelatinoso y ambiguo, donde las decisiones políticas o posiciones ideológicas chocan muchas veces con los principios que se dicen defender y con las razones y evidencias que proporcionan las estadísticas tanto económicas como poblacionales.

Por lo general, las políticas migratorias suelen ser dicotómicas y dividen el universo en migrantes regulares e irregulares. También suele ser dicotómica la interpretación que se hace entre migrantes económicos y forzados. Pero en la cruda realidad, en medio hay una zona gris gigantesca que hay que tomar en cuenta. Es decir, el asunto es mucho más complejo, por lo que proponemos una visión tricotómica.

En la zona gris hay millones de personas que son irregulares, pero que no pueden ser deportadas y que resulta complicado regularizarlas. Es el caso de los *dreamers* en Estados Unidos; los ahora llamados trabajadores esenciales, como los de la agricultura y los servicios sanitarios que no conviene deportarlos; los que tienen estatus temporal protegido (TPS) y que siempre se ven obligados a renovarlos; los que tienen hijos o cónyuges que son ciudadanos; los que solicitan refugio o visas humanitarias y los que alegan todo tipo de argumentos, *a*, *b*, *c*, *d*, o interponen procedimientos legales. Hay tal cúmulo de excepciones que hacen muy difícil aplicar la ley a rajatabla y tomar decisiones en un marco legal dicotómico, en blanco y negro, cuando la vida real y cotidiana de las personas migrantes está llena de matices, razones, explicaciones y zonas grises.

CONCLUSIONES

Ajustar el marco legal migratorio a una realidad llena de matices grises parece ser un imposible si se piensa en un aparato legal inamovible

307

como suelen ser las leyes que se reforman muy de vez en cuando. Estamos frente a un fenómeno social dinámico y cambiante, por lo tanto, hay que fijar de manera inamovible los principios básicos y crear criterios que se ajusten a la naturaleza del fenómeno, diferentes coyunturas, casos específicos y realidades cambiantes.

Una ley migratoria sobre movilidad humana debe considerar, en primer lugar, el respeto irrestricto de los derechos humanos. Al mismo tiempo, toda ley migratoria implica una visión de Estado, vinculada a temas de seguridad nacional y seguridad fronteriza, lo que supone controles y restricciones. También se relaciona directamente con políticas de población que tienen que ver con la estructura demográfica del país en determinados periodos. Una política migratoria con visión humanista debe velar por el bien de la persona emigrante, inmigrante, retornada, en tránsito o que solicita refugio. Pero también debe velar por el bien del país, y es ahí donde un excesivo nacionalismo o soberanismo puede chocar con una visión humanista. Buscar un equilibrio requiere de un monitoreo y evaluación permanentes.

No obstante, una política humanista en cuanto a principios y considerandos legales no sirve de nada si el personal encargado de relacionarse y tratar con los migrantes no está capacitado en el marco legal sobre el fenómeno social de la migración y en derechos humanos. Los considerandos de toda ley deben reflejarse en protocolos claramente establecidos, en capacitación y evaluación permanente. Propiamente los considerandos deben bajar al reglamento operativo.

Por otra parte, no solo se debe tener conocimiento y capacitación sobre el marco legal, el reglamento y los protocolos; los funcionarios no solo tratan con personas, tratan con migrantes que tienen características peculiares dada su situación de vulnerabilidad, angustia y prejuicios ante una autoridad que tiene el poder de decidir sobre su vida y futuro. Creo que todos los que hemos viajado y nos hemos presentado ante oficiales de migración constatamos y experimentamos una relación asimétrica de poder. Por eso los migrantes que se enfrentan a tantas dificultades para dejar su país han desarrollado un carácter disruptivo, y hay que tomarlo en cuenta, sus ruegos y exigencias son el resultado de su situación y su indefensión.

A la Ley Migratoria mexicana de 2011 se le ha llamado, con justa razón, "ley de extranjería". Pero la migración contemporánea no solo se refiere a la inmigración, sino también a la emigración, el retorno, el tránsito y el refugio. En realidad, cada modalidad migratoria requiere de un marco legal distinto, dentro del gran paraguas de una ley de población. No se vale esquivar el bulto. Cada modalidad migratoria requiere de una profunda reflexión, un detallado conocimiento sociológico del tema y un marco jurídico adecuado, actualizado y que permita una continua adaptación.

Un país como México, con 0.6% de población extranjera, según el censo de 2020, que avanza rápidamente hacia el envejecimiento, con una mediana en el país de 29 años y de 35 en la Ciudad de México, requiere de población joven, más aún cuando perdió al 10% de su población que se fue a Estados Unidos. Los mexicanos reciben un promedio anual de 125 000 visas de residencia (*green cards*) de Estados Unidos, y estos beneficiarios no van a volver, ¿por qué no se pueden ofrecer visas de residencia a 125 000 inmigrantes jóvenes de otros países? Simplemente, se trata de recuperar la pérdida poblacional. En estos momentos y en el futuro, la generosidad de México al aceptar refugiados y residentes no solo beneficia a los migrantes, también al país.

Para poder prever las posibles consecuencias no deseadas de una política migratoria específica se requiere de un amplio conocimiento del tema y de capacidad de prospectiva, para lo cual debe haber un equipo estable de especialistas que asesoren sobre el tema. En el caso de México ya existen disposiciones legales para el caso de la Unidad de Política Migratoria, que debe ir más allá de la elaboración de estadísticas y del monitoreo de los flujos migratorios.

Además, el marco legal migratorio debe estar acorde con una multitud de acuerdos, concesiones y restricciones, dado el contexto fronterizo y de relación bilateral y asimétrica con Estados Unidos.

Se requiere de un conocimiento especializado y de muy alto nivel del fenómeno migratorio de México, Estados Unidos y la región, algo que obviamente debe recaer en la Unidad de Política Migratoria y en el Consejo Nacional de Población (Conapo), que por lo general trabajan de manera desconectada.

Los efectos *boomerang*, llamada y político suelen acompañar a cualquier decisión que se tome sobre el tema migratorio y en cualquiera de las modalidades y hay que ser conscientes de esa posibilidad. La decisión de Angela Merkel de admitir a 1.2 millones de refugiados durante la crisis siria tuvo un efecto no deseado, pero posiblemente calculado, que le costó el puesto, en el mediano plazo, por ser una decisión controvertida. También generó un efecto llamada en los años posteriores que tuvo que controlar a nivel nacional y con acuerdos en la Unión Europea; finalmente tuvo un impacto político fuerte al provocar una mayor polarización política en la sociedad, rupturas y críticas a nivel partidario y consecuencias electorales.

La decisión fue un asunto de principios, con respecto a una situación de crisis humanitaria, pero también de crisis poblacional. Fue un cálculo preciso del contexto demográfico que se vivía en Alemania y del impacto que podía tener, tanto económico como laboral, social y demográfico, la llegada de 1.2 millones de personas, en su mayoría jóvenes. El impacto fue la inyección del equivalente al 1.5% a la población total de 80 millones, donde 21.7% de su población es mayor de 65 años.

Son siete las premisas que hay que tomar en cuenta en el momento de definir un marco legal migratorio, pero también para el momento de tomar decisiones en coyunturas cambiantes. México cuenta con un amplio contingente de especialistas en temas migratorios, demográficos y poblacionales, que es necesario sacarlos de la academia y llevarlos a la práctica donde hay que tomar decisiones. No se puede improvisar en este campo, aunque esa parece ser la realidad cotidiana.

REFERENCIAS

Durand, J. (2023, 4 de enero), "Portazo de migrantes en Tapachula", *La Jornada*. Consultado en https://www.jornada.com.mx/notas/2023/01/04/politica/portazo-de-migrantes-en-tapachula/.

Durand, J. (2022, 5 de junio), "México, último país de tránsito", *La Jornada*. Consultado el 3 de febrero de 2023 en https://www.jornada.com.mx/2022/06/05/opinion/012a1pol.

El Universal (2021, 29 de agosto), "Captan en video a agente mexicano pateando cabeza de migrante en Tapachula". Consultado el 3 de febrero de 2023 en https://www.eluniversal.com.mx/estados/captan-en-video-agente-mexicano-pateando-cabeza-de-migrante-en-tapachula.

García y Griego, M., y M. Verea Campos (1988), *México y Estados Unidos frente a la migración de los indocumentados*, México, Coordinación de Humanidades/Miguel Ángel Porrúa.

INM, Unidad de Política Migratoria (2016), *Boletín estadístico anual, 2016*. Consultado el 3 de febrero de 2023 en http://www.politicamigratoria.gob.mx/es/PoliticaMigratoria/Cuadros-BOLETIN?Anual=2016.

Merton, Robert K. (1976), *Sociological Ambivalence and Other Essays*, Nueva York, Free Press.,

OIM (2019), Glosarios de la OIM sobre migraciones. Consultado el 3 de febrero de 2023 en https://publications.iom.int/system/files/pdf/iml-34-glossary-es.pdf.

Jóvenes promesas: cooperación educativa con Centroamérica

Carlos Heredia Zubieta

Mi vida va prohibida, dice la autoridad.
Manu Chao, "Clandestino", 1998

LA ESTRUCTURA DEL PODER COMO FACTOR DEL ÉXODO CENTROAMERICANO

Es una realidad cotidiana que Guatemala, El Salvador y Honduras, así como amplias franjas del territorio mexicano, enfrentamos graves niveles de pobreza, desigualdad, violencia e inseguridad. Centroamérica vive hoy un éxodo de sus propios habitantes.

La narrativa dominante en las últimas cuatro décadas se ha enfocado contra los migrantes y solicitantes de refugio, definiéndolos como un problema, como algo malo, que debe ser interceptado y prohibido. Los desafíos que ellos enfrentan tienen que analizarse en el marco de un sistema económico depredador, con Estados nacionales al servicio de un pequeño puñado de oligarcas, y una violencia sistémica que los convierte en territorios inhabitables. El cambio de narrativa tiene que orientarse a contestar la pregunta: ¿cómo hacemos de nuestros países lugares habitables para todos los que allí vivimos?

En Centroamérica el fin de las guerras no vino acompañado de una paz verdadera. Los Acuerdos de Esquipulas para una paz firme y duradera en la región (1986-1987), los Acuerdos de Paz de

313

El Salvador (16 enero 1992) y de Guatemala (1996) lograron el fin de las guerras, pero no la pacificación social. Quizá abrieron el paso a la democracia procedimental, pero sin ser esta acompañada por el desarrollo de los derechos civiles y políticos, ni del crecimiento económico, ni del desarrollo humano integral.

La crisis de violencia y el éxodo consiguiente de centenares de miles de personas de Guatemala, El Salvador y Honduras exigen de México, y en general de la región, una inteligencia estratégica y una grandeza que no han estado presentes en nuestros vínculos recientes hacia Centroamérica. Invertir en la cohesión social, la gobernanza y la calidad institucional en cada país es una certera inversión de largo plazo en nosotros mismos.

La situación en Centroamérica se complica por las elevadas tasas de analfabetismo, la baja escolaridad y la elevada deserción. Aunque ha avanzado a grandes pasos la transición desde una economía rural y primaria a una economía de servicios, la región sigue marcada por un capitalismo depredador (Segovia, 2021). Todos estos factores, agravados por una economía con base en la explotación de los bienes de la naturaleza y del trabajo, perpetúan la expulsión de la población, tanto adultos como menores, que salen en busca de mejores condiciones de vida para ellos y sus familias.

Las élites centroamericanas no tienen incentivo alguno para cambiar este modelo. De hecho, las élites económicas y políticas le apuestan a la conservación del *statu quo*. El mejor negocio en Centroamérica es exportar pobres para que envíen crecientes montos de remesas desde sus lugares de destino. Mientras los pobres ingresan dinero a sus países, los ricos lo reciclan a través de sus centros comerciales y sus bancos, o simplemente lo sacan para colocarlo en paraísos fiscales.

Estados Unidos es adicto a la mano de obra barata de sus vecinos del sur, mientras estos son adictos a las remesas: en 2021 México recibió 51 500 millones de dólares, y los tres países centroamericanos combinados cerca de 35 000 millones de dólares. En Centroamérica estos montos sobrepasan la inversión extranjera directa en 2.6 veces, y son 15.2 veces mayores que la ayuda oficial para el desarrollo (CABEI, 2021).

En junio de 2019, cuando Donald Trump amenazó a México con la imposición de aranceles a la importación de productos mexicanos a Estados Unidos, en caso de no sumarse a la estrategia de Washington para la contención migratoria de centroamericanos, la subordinación del gobierno mexicano lo convirtió en un muro *de facto* con una misión imposible: frenar los flujos centroamericanos hacia territorio estadounidense.

La crisis venía de atrás. Cinco años antes la Oficina del Alto Comisionado de las Naciones Unidas para los Refugiados (ACNUR) lo describió contundentemente en el informe *Children on the Run* (UNHCR, 2009).

> *Mi abuela fue la que me dijo que huyera. "Si no te unes a la pandilla, te matarán. Si te unes a la pandilla, el grupo rival o la policía te matará. Pero si te vas, nadie te va a disparar".*
> KEVIN, Honduras, 17 años

Desde el verano de 2014, con el incremento sustancial en la llegada de niños y niñas no acompañados al valle del río Grande en el sur de Texas, la política migratoria y la gestión migratoria se venían endureciendo en ambos países.

En aquel año los medios internacionales mencionaron que el entonces presidente mexicano, Enrique Peña Nieto, recibió sendas llamadas telefónicas del presidente de Estados Unidos, Barack Obama; del papa Francisco, y del secretario general de la Organización de las Naciones Unidas, Ban Ki-moon, para preguntar cómo habíamos llegado a esta terrible crisis humanitaria, con esa población infantil atrapada en la frontera entre Texas y Tamaulipas.

Nos encontrábamos frente a un nuevo perfil del migrante, distinto del tradicional. El éxodo centroamericano era impulsado por la violencia sistémica, definida como un patrón de agresión, hostilidad y depredación hacia la población civil por parte de maras, pandillas y ejércitos privados (Wolf, 2022). Más que migrar, las personas huían de sus países, de sus comunidades de origen, para salvar su vida.

LOS JÓVENES EN LA REALIDAD CENTROAMERICANA

Hoy la población joven en el mundo es la más alta que ha existido en la historia. Sin embargo, de los 1 800 millones de jóvenes, 600 millones se encuentran viviendo en entornos afectados por conflictos. La juventud que vive en lugares de conflictos es sumamente vulnerable, pues corre el riesgo de ser reclutada. Esto le ha ocurrido a Pancho y a María con maras y pandillas en San Pedro Sula, Honduras, y también a Noor y a Alí con las organizaciones yihadistas en Deir ez-Zor, Siria.

El ACNUR reconoce que existen muy pocos programas que brinden educación superior en emergencias, y una clara evidencia de ello es que solamente 3% de los refugiados tiene acceso a la educación superior.

Una manera muy reveladora de asomarnos a la difícil realidad de la vida en Centroamérica es a través de sus jóvenes. En nuestra región la acción internacional de los gobiernos se queda muy corta respecto a los desafíos compartidos. La gran tentación para los gobiernos de Estados Unidos y de México es simplemente decir "no vengan", y apoyarse en falsas soluciones de fuerza. Los niveles insoportables de violencia en su país y la imposibilidad de ganarse dignamente la vida van a propiciar que los jóvenes sigan huyendo de su tierra para llegar a algún lugar habitable.

En el corredor migratorio Mesoamérica-Norteamérica, en la medida en que los factores de expulsión o de atracción son transfronterizos o regionales, las respuestas no pueden darse solo en el ámbito local. En alianza con iglesias, el ACNUR y el Fondo de las Naciones Unidas para la Infancia (UNICEF), fundaciones privadas y, sobre todo, millares de voluntarios, enfrentan el desafío de la educación universitaria en emergencias como la que se vive en amplias franjas del territorio mesoamericano.

En este contexto de violencia sistémica, numerosas madres de familia centroamericanas de jóvenes de alrededor de 15 años temen que sus hijos sean reclutados forzosamente por las maras para convertirlos en sicarios, y sus hijas secuestradas para ser destinadas a la trata o incluso al tráfico de órganos.

En el Centro de Investigación y Docencia Económicas (CIDE) llevamos a cabo cada año entre 2011 y 2016 un Diplomado en Migración y Gobernanza (CIDE, 2016) con la participación de académicos y organizadores comunitarios de México, Centroamérica y Estados Unidos. Establecimos una fructífera colaboración con académicos y directivos de las universidades jesuitas en México y Centroamérica, incluyendo la Universidad Iberoamericana en la Ciudad de México y Puebla, la Universidad Rafael Landívar de Guatemala, la Universidad Centroamericana (UCA) José Simeón Cañas en El Salvador, y el Equipo de Reflexión, Información y Comunicación (ERIC) de Honduras. Ya teníamos un vínculo de trabajo de algunos años con la Red Jesuita con Migrantes, en el corredor Centroamérica-México-América del Norte.

Uno de los profesores-investigadores de la UCA El Salvador, el sacerdote jesuita Mauricio Gaborit, que desarrollaba un trabajo pastoral en comunidades campesinas, nos comentó una reiterada petición que recibía de las madres de familia con hijos jóvenes estudiantes de secundaria: "Padre, por favor, llévese a mi hija, llévese a mi hijo". Este ruego es completamente consistente con lo que ya esbozaba el informe del ACNUR citado anteriormente. Nos planteó entonces recibir en México a estudiantes que concluirían la secundaria, de alrededor de 15 años, para que realizaran sus estudios de bachillerato mediante una beca que incluyera el 100% de los gastos.

Hoy en día, en los barrios y comunidades amenazados por las maras y otros tipos de violencia, las madres de familia se han dirigido a los sacerdotes y las religiosas, a través de las parroquias, para solicitarles ayuda para que se lleven a su hijo o hija lejos de la comunidad, con el propósito de alejarlos del peligro cotidiano, de modo que tengan oportunidad de estudiar para ganarse la vida.

En México ya trabajábamos con la Oficina de la Secretaría General Iberoamericana. Su representante en aquel entonces, la panameña Leonor Calderón, impulsó el otorgamiento de los recursos junto con la Agencia Mexicana de Cooperación Internacional para el Desarrollo (Amexcid), y nos sugirió emprender esta iniciativa con el mejor socio que hubiéramos podido imaginar: la fundación educativa Fe y Alegría en Centroamérica. El 9 de febrero de 2018 Elio Villaseñor Gómez (Puente Ciudadano) y Carlos Heredia (CIDE) visitamos en Ciudad de Guatemala al padre Miquel Cortés Bofill, coordinador centroamericano de la Fundación Fe y Alegría, cuyos equipos en Guatemala, El Salvador y Honduras participarían directamente. Fe y Alegría Centroamérica, Puente Ciudadano y el CIDE constituimos una alianza y buscamos otros socios. Establecimos entonces un consorcio con la Fundación Juntos con las Niñas y los Niños (Juconi) y su cabeza, Isabel Crowley; el Colegio Nacional de Educación Profesional Técnica (Conalep), y tanto el colegio jesuita Instituto Oriente como la Ibero Puebla.

*Jóvenes Promesas: alianza y consorcio
de instituciones patrocinadoras y ejecutoras*

Alianza + Consorcio

Asimismo, fue valiosa la labor de organización comunitaria llevada a cabo por Puente Ciudadano-Puebla, la cual ejecutó el proyecto en todas sus etapas: preparación, gestión, coordinación, selección de familias de acogida, monitoreo, acompañamiento pedagógico, extensión cultural, seguimiento académico, evaluación, sistematización y elaboración de las memorias de labores.

Otro factor importante fue el acompañamiento del Sistema Nacional de Protección Integral a Niños, Niñas y Adolescentes (Sipinna), cuyo titular, Ricardo Bucio Mújica, consiguió el respaldo del entonces gobernador del estado de Puebla, José Antonio Gali Fayad.

A lo largo de 2018 la Amexcid facilitó los trámites en la propia cancillería y en la Secretaría de Relaciones Exteriores. Aunque no se trataba de becas otorgadas por el gobierno de México, se concedió a los becarios un trato equivalente para agilizar el trámite de visas de estudiante desde los consulados mexicanos en Centroamérica. Fue decisivo para ello el respaldo de Miguel Díaz Reynoso, entonces director general para América Latina en la cancillería mexicana. Finalmente, el hecho de que se tratara de menores de edad también requirió que sus padres otorgaran su confianza como tutor al titular de Puente Ciudadano, A. C., Elio Arturo Villaseñor Gómez.

LA PEDAGOGÍA DE LA COOPERACIÓN EDUCATIVA

En este contexto, la Fundación Educativa Fe y Alegría Centroamérica, Puente Ciudadano, A. C., y el CIDE echamos a andar la Iniciativa Regional de Cooperación Educativa Pro-Jóvenes Centroamericanos, conocida como Jóvenes Promesas.

Después de establecer la alianza, los siguientes pasos eran clave para el aterrizaje del proyecto:

- *Definición del número de estudiantes a recibir.* Aunque hubiéramos deseado acoger a decenas de estudiantes, la limitación de recursos y la dificultad de encontrar familias de acogida para todos nos hicieron optar por un programa piloto de 12 estudiantes, cuatro de cada país. Se trataría asimismo de equilibrar el número de hombres y mujeres.

- *Establecimiento de los criterios de reclutamiento y selección.* Fe y Alegría realizó un primer muestreo, e identificó a 60 estudiantes, 20 por país, de manera preliminar. Los criterios aplicados fueron:

  a) vulnerabilidad y situación de riesgo;
  b) equidad de género;
  c) aptitud psicosocial, y
  d) situación socioeconómica.

- *Aplicación del examen de admisión.* Los evaluadores del Conalep viajaron a Centroamérica y aplicaron un examen de admisión estándar para la selección. No todos los padres de familia dieron su autorización, así que al examen de admisión llegaron 51 de los 60 jóvenes seleccionados. Tras la realización del examen de admisión, los estudiantes fueron clasificados según sus resultados, y se llevaron a cabo rondas de entrevistas con ellos y con sus padres. Así se llegó al resultado final de cuatro estudiantes por país.

El equipo de Puente Ciudadano en la ciudad de Puebla, con el auxilio de personal del Instituto Oriente y de la Universidad Iberoamericana, identificó a las familias de acogida. En los primeros días de agosto de 2018 los 12 jóvenes llegaron a la Ciudad de México y se trasladaron a Puebla para realizar un breve curso propedéutico e iniciar clases en el Conalep. Las becas fueron asignadas a jóvenes originarios de Guatemala, El Salvador y Honduras, de entre 15 y 18 años, con equidad de género, que se encontraban en situación de vulnerabilidad por violencia, para estudiar el bachillerato técnico entre agosto de 2018 y julio de 2021 en planteles del Conalep en la ciudad de Puebla. Este programa piloto (véanse las memorias de labores) se orientó a:

- Contribuir a la formación de capital humano a nivel técnico enfocado a oficios y ocupaciones con un buen nivel de empleabilidad, dondequiera que los estudiantes continuaran su trayectoria personal y profesional.
- Facilitar la ampliación de su formación, incluyendo cursos de programación básica en nuevas tecnologías, así como en cursos del idioma inglés.
- Proporcionar oportunidades de capacitación para los estudiantes sobre técnicas de resolución de conflictos, sustentabilidad, derechos humanos, no discriminación, salud sexual y reproductiva, género, etc., con el apoyo de organismos autónomos y organismos internacionales en México.
- Explorar la creación de oportunidades de inserción y emprendimiento laboral, acceso a prácticas profesionales o de servicio social.

Acompañamiento

A través de diversas instituciones, entre ellas la Fundación Juconi, la Universidad Iberoamericana-Puebla, el Instituto Oriente y el Sistema Estatal para el Desarrollo Integral de la Familia (DIF) en el estado de Puebla, contamos con el soporte de familias de acogida que brindaron cuidado y atención a los jóvenes. Asimismo, se establecieron vínculos con otros jóvenes adolescentes a través de diversos programas educativos con el propósito de fortalecer sus capacidades de liderazgo.

La Fundación Juconi lideró el acompañamiento a los jóvenes estudiantes recibidos por familias de acogida:

a) Atención a familias de acogida
b) Atención a jóvenes estudiantes

c) Atención a familias en las comunidades de origen
d) Acompañamiento metodológico y sistematización durante los tres años
e) Preparación para el regreso a sus países de origen si hay condiciones.

Sostenibilidad social y acción pública

Este programa estratégico regional de cooperación educativa busca mejorar la calidad de vida de los jóvenes. Sus participantes son multinivel, en un ejercicio de acción conjunta entre la sociedad civil de los cuatro países, el gobierno mexicano, un gobierno estatal, las fundaciones y los donantes privados que contribuyeron a construir esta oportunidad para los jóvenes estudiantes. De esta manera se empezó a gestar un cambio de narrativa sobre la cooperación regional, así fuera con un proyecto piloto de alcances limitados.

Sostenibilidad financiera

La Secretaría General Iberoamericana, que en ese momento encabezaba Rebeca Grynspan, aportó el financiamiento fundamental, complementado y canalizado a través de la Amexcid, encabezada por el embajador Agustín García-López Loaeza. Aportaron recursos complementarios Puente Ciudadano, A. C., la administración del gobernador de Puebla, José Antonio Gali Fayad, la Fundación Fe y Alegría, donantes privados, un senador de la República y personas en lo individual. Las carreras que los Jóvenes Promesas cursaron en los planteles del Conalep Puebla fueron: Informática, Alimentos y Bebidas, Química Industrial, Mantenimiento Automotriz, Máquinas y Herramientas, Electromecánica Industrial. Once de los 12 obtuvieron las más altas notas académicas, un promedio de entre 9.7 y 10 de calificación a lo largo de los tres años de estudios.

323

Jóvenes Promesas el 30 de julio de 2021. Foto: Yunier Escobar González.

Se pueden consultar las memorias de labores 2018-2020 y 2020-2021 del proyecto Jóvenes Promesas en https://bit.ly/3K44dNR y https://bit.ly/3NKHfOm.

NUESTRA APUESTA: APOYAR LA EDUCACIÓN PARA LA VIDA EN CENTROAMÉRICA ES ASOMARSE AL FUTURO

Mexicanos y centroamericanos somos un mismo pueblo y compartimos desafíos que podemos enfrentar de mejor manera si trabajamos juntos.

Fe y Alegría en Guatemala, El Salvador y Honduras, y el CIDE y Puente Ciudadano en México establecimos el compromiso de contribuir a romper el círculo vicioso de la violencia e ingresar al círculo virtuoso de la cooperación, ante la desigualdad económica, la violencia en sus múltiples formas, la devastación ambiental, las pandemias y la crisis de los Estados. Esta alianza pretende fortalecer la cooperación académica, la formación de valores como la dignidad y la solidaridad; potenciar las habilidades, así como las capacidades de los niños y jóvenes de Centroamérica y México para que, a partir de competencias tecnológicas y habilidades sociales, alcancen mejor calidad de vida para ellos y sus familias.

El objetivo general de nuestro trabajo conjunto es contribuir a la construcción de una alianza por la seguridad humana entre actores de naturaleza diversa, y generar un modelo integral para el desarrollo local que atienda las causas de la migración forzada y que apunte a desarrollar las capacidades de las personas. Consideramos y defendemos que la educación es la vía principal para abrir esos caminos, y nuestro propósito será promover un cambio en la narrativa de la relación Centroamérica-México.

El presidente de México, Andrés Manuel López Obrador, y el presidente de Estados Unidos, Joseph Biden, cada uno a su manera, se han propuesto cumplir sendos planes de cooperación con Guatemala, El Salvador y Honduras. Ambos albergaron grandes expectativas. El mexicano solicitó a la Comisión Económica para América Latina (CEPAL) la formulación de un Plan de Desarrollo Integral (PDI) El Salvador-Guatemala-Honduras-México, con el propósito de crear un espacio de desarrollo sostenible y generar oportunidades para mejorar la calidad de vida de la población en Centroamérica y el sur-sureste de México. El PDI no se propone detener la migración, sino priorizar esfuerzos para el progreso material, la inclusión social y el desarrollo local. Sin embargo, los cuatro países que lo suscriben no han conseguido recursos para su instrumentación.

El estadounidense planteó desde su campaña electoral una asociación con los pueblos de Centroamérica (The Biden Plan to Build Security and Prosperity in Partnership with the Peoples of Central America) que cuenta con presupuesto, pero no acierta en la ruta a seguir.

El presidente Biden ha movilizado a la vicepresidenta Kamala Harris, a la Agencia Estadounidense para el Desarrollo Internacional (USAID), al Departamento de Estado y al Consejo de Seguridad Nacional, pero lo único claro hasta ahora es el mensaje de la vicepresidenta a los migrantes, subrayado en su visita a Guatemala en junio de 2021: "No vengan a Estados Unidos, la frontera está cerrada".

¿Por qué cada tanto tiempo se repiten estos éxodos? Porque las causas de raíz de la crisis humanitaria siguen allí: con cientos de miles de desplazados por el deterioro político, la degradación ambiental, la violencia sistémica y la falta de oportunidades económicas, y abandonados a su suerte en nuestras fronteras norte y sur.

Paradójicamente, mientras los oligarcas sacan dinero de sus países, los migrantes invirtieron cerca de 80 000 millones de dólares en 2021 en remesas enviadas a la región Centroamérica-México. Este monto es al menos 10 veces mayor que la ayuda externa. Los 51 000 millones de dólares en remesas recibidos en México en 2021 equivalen a dos tercios de los 1.5 billones de pesos presupuestados para la protección social en 2022.

Me parece que la apuesta tendrá que venir del lado de las organizaciones de la sociedad civil (OSC), no para suplantar a los gobiernos de manera alguna, sino para abrir genuinamente esa vía. Parece cuesta arriba e incluso ingenuo proponerlo, porque los gobiernos han mostrado su distancia e incluso hostilidad hacia las OSC. Sí hay interlocutores confiables, con experiencia probada en proyectos de desarrollo local en temas educativos, ambientales, de producción agropecuaria y manufacturera, de mujeres, de la infancia, de derechos humanos, entre otras, en los cuatro países.

Al ser una iniciativa que atiende directamente la educación, el empleo y las alianzas estratégicas, el programa Jóvenes Promesas responde a los Objetivos de Desarrollo Sostenible 4, 8 y 17 de la Agenda 2030, a la Nueva Agenda Urbana, la Declaración y Plataforma de Acción de Beijing, el Plan de Acción de Brasil, la Agenda de Derechos de la Juventud, la Ley General de los Derechos de las Niñas, Niños y Adolescentes y la Agenda Básica de los Derechos Humanos.

El CIDE no ha sido ajeno a esta problemática. En el verano de 2019 surgió entre alumnos de licenciatura del CIDE la idea de apoyar a niños en su aprendizaje de las matemáticas en las escuelas primarias públicas en la alcaldía Cuajimalpa. Así nació el programa de Inclusión Matemática, impartido en nuestras instalaciones.

El curso tiene como objetivo hacerles ver a los niños que las matemáticas no son aburridas y no deben tenerles miedo. No está orientado a un aprendizaje mecánico, sino a desarrollar un pensamiento matemático y la habilidad de resolver problemas matemáticos de una manera creativa y lógica. Es un aprendizaje que resulta de vital importancia en sus carreras profesionales; es una educación para la vida.

Los resultados de este primer curso fueron de alto impacto y llevaron a las niñas y niños a logros importantes en sus escuelas y en competencias nacionales e internacionales. Hoy más de 40 alumnos CIDE son facilitadores de 160 niños, y de la Inclusión Matemática hicieron la transición a la Inclusión Educativa, al agregar el idioma inglés en sus estudios.

La definición de alfabetismo ha cambiado, desde la simple habilidad de leer y escribir, hasta la capacidad de leer y escribir en línea, usando internet y las herramientas cibernéticas para encontrar, evaluar, sintetizar, procesar y comunicar información.

Las matemáticas y el inglés son lenguajes para conocer el mundo. Los alumnos del CIDE han acompañado a sus pequeños estudiantes a dar un paso gigantesco en el mundo del conocimiento. Nuestros alumnos nos dicen que obtienen una gran satisfacción personal, pues el programa Inclusión Educativa les permite dar un poco de lo que ellos han recibido en su propia formación.

En una dimensión mucho mayor, un vehículo ideal para la interlocución con organismos de la sociedad civil en Guatemala, El Salvador y Honduras es la red de centros escolares Fe y Alegría. Se trata de un movimiento de educación popular integral y promoción social. Parte de la premisa de que la educación es un bien público, que es un asunto de toda la sociedad y que es un medio para la transformación social y ciudadana (Heredia, 2022, 6 de abril).

Fe y Alegría: apostar por la educación es asomarse al futuro

Fe y Alegría[1] piensa los centros educativos como agentes multiplicadores del desarrollo local, nacional y regional. Su trabajo en Guatemala, El Salvador y Honduras se realiza a través de 113 centros educativos, que en 2021 atendían a 78 244 personas, incluyendo a estudiantes a tiempo completo de primaria, secundaria y preparatoria y a tiempo parcial, así como padres de familia que realizan cursos de actualización.

Son escuelas públicas operadas por una asociación civil dirigida por los jesuitas, que combinan fondos del Ministerio de Educación con donativos de fundaciones y agencias de cooperación. En un contexto de violencia y grandes desafíos económicos, políticos y sociales, Fe y Alegría fortalece el tejido social con cada centro escolar a través de acciones en:

1) *Seguridad humana*: defensa de la supervivencia y de la dignidad humana;

2) *Prevención de la violencia*: espacios libres de violencia para niños, niñas y mujeres, en cada comunidad donde hay un centro escolar;

3) *Equidad de género*: programa La Luz de las Niñas para evitar deserción, incrementar la autoestima, y ampliar los valores;

4) *Económico/laboral*: capacitación técnica para el trabajo, liderazgo comunitario, formación para la vida;

5) *Educación ambiental*: reconciliación con la naturaleza, defensa del ecosistema, prevención de desastres;

6) *Gobernanza*: formación de ciudadanos con conciencia crítica y compromiso social, es decir, generadores de esperanza.

En resumen, hacen habitables a las localidades donde tienen centros escolares.

Fuente: Heredia, 2022, 6 de abril.

---

[1] https://escuelavirtual.feyalegria.org/.

Si tengo que destacar una de las múltiples vertientes en que Fe y Alegría trabaja en el desarrollo comunitario, mencionaría el programa La Luz de las Niñas en comunidades campesinas e indígenas, y en barrios y colonias de bajos ingresos. La reducción de la violencia contra las niñas y las mujeres en México pasa por invertir en estrategias de género, inclusión y cuidados.

El programa La Luz de las Niñas, de la organización no gubernamental (ONG) jesuita española Entreculturas[2] y la red de escuelas Fe y Alegría, está orientado a visibilizar y denunciar las prácticas dañinas que soportan las niñas, las jóvenes y las mujeres. Las niñas se ven forzadas a abandonar sus estudios porque los padres prefieren invertir en hijos varones; porque hay una falta de cobertura educativa en educación media superior; y por su confinamiento a las labores del hogar.

Si se crean las condiciones para que las niñas sigan estudiando por lo menos hasta terminar el bachillerato, de acuerdo con el UNICEF, los efectos multiplicadores en el desarrollo son varios e inmediatos:

- Las niñas con educación son menos propensas a sufrir violencia doméstica. Conocen sus derechos, incrementan su autoestima y pueden defenderse mejor.
- La mortalidad infantil se reduce 15% cuando la madre tiene la primaria terminada, y hasta 49% cuando ha concluido la educación secundaria.
- Un incremento de 1% en el número de mujeres que terminan la educación secundaria abona 0.3% al crecimiento del producto interno bruto (PIB).
- Una niña que permanece en la escuela evita embarazos precoces y cuando se convierte en madre transmite a sus hijos un código de valores y una visión del mundo ensanchados.

[2] https://bit.ly/3bEq5Rb

La equidad de género y la reconciliación con la naturaleza son dos premisas fundamentales para incrementar el bienestar de la sociedad. El presidente Biden lo entendió perfectamente: su paquete de rescate de Estados Unidos genera un impulso de 1.9 billones de dólares o 10% del PIB estadounidense para reducir la pobreza infantil a la mitad.

¿Qué hacer? Una propuesta desde la sociedad civil

En el marco de la gira del presidente de México por Guatemala, El Salvador y Honduras del 5 al 7 de mayo de 2022, la cooperación mexicana en Centroamérica necesita urgentemente una puesta al día. Está marcada por tres contradicciones:

- México está alimentando al viejo esquema de reducir la cooperación al "¿qué me das?", en vez de favorecer la dinámica del "¿qué hacemos juntos?", y "¿cómo construimos soluciones conjuntas ante problemas comunes?".
- El monopolio gubernamental y la exclusión del resto de la sociedad. La ayuda y la asistencia se deciden unilateralmente por el gobierno de México. La cooperación de nuevo cuño incluye a empresarios, OSC, académicos y estudiantes, iglesias, comunidades culturales, artísticas, entre otros muchos, que en la región son excluidos e incluso perseguidos.

¿Se puede hablar de cooperación cuando criminalizo a tu gente?

Sin duda, la contención migratoria no sirve como política exterior con Centroamérica y se contrapone a la cooperación internacional para el desarrollo. El gobierno desplegó a más de 25 000 elementos de la Guardia Nacional en sus fronteras para controlar la migración y aceptó el programa Quédate en México. Las masacres de migrantes siguen impunes y en el olvido. En contraste, la Fundación para la Justicia apoya a familiares de personas migrantes centroamericanas desaparecidas en su búsqueda de justicia en México.

Los fiscales y jueces que en Guatemala han investigado a los más poderosos funcionarios de su país se han visto forzados a exiliarse en Washington, D. C. (Blitzer, 2022, 29 de abril).

Mientras el gobierno de México ayuda a los presidentes de Guatemala, El Salvador y Nicaragua, cada semana están llegando exiliados a México periodistas, políticos y exfuncionarios de esos países. El salvadoreño Carlos Dada, fundador del periódico digital *El Faro*, me comenta el alto costo de hacerlo frente a un régimen empeñado en silenciar todo periodismo que no sea sumiso, obediente y cómplice de su corrupción.

Los gobiernos se han aliado en la contención migratoria. ¿Pueden apoyar reivindicaciones de sus propios pueblos, como el acceso a la justicia, la defensa de nuestras frágiles instituciones democráticas, revertir la militarización de la vida pública e impulsar la seguridad humana?

Planteo aquí algunas recomendaciones para reformular nuestras relaciones con Centroamérica:

a) Para empezar, debemos precisar cuál es nuestra estrategia por país, y cuál nuestra estrategia para la región en su conjunto. Es imperativo actualizar nuestra comprensión de la Centroamérica de 2021. No nos sirve la vieja caracterización como una colección de países pequeños, pobres y agrarios. Hoy estamos frente a un capitalismo rentista transnacional, donde la mayoría de los jóvenes anhela migrar a Estados Unidos, y el mejor negocio es exportar pobres y captar sus remesas. Hay que entender la matriz del poder en cada país.

b) Se debe dejar atrás la contención migratoria como elemento articulador de las relaciones de México con Centroamérica, como sugiere Beatriz Zepeda, investigadora de El Colegio de México. Además, es imprescindible un diálogo en materia migratoria y de desarrollo, que subraye la responsabilidad compartida entre todos los países involucrados en el circuito migratorio.

c) En suma, necesitamos una nueva política en el sur-sureste mexicano y en Centroamérica, que honre nuestros principios constitucionales de derechos humanos y cooperación internacional para el desarrollo; es decir, que promueva la sustentabilidad y la cohesión social para hacer de nuestros países lugares habitables.

REFERENCIAS

Blitzer, J. (2022, 29 de abril), "The Exile of Guatemala's Anticorruption Efforts", *The New Yorker*. Consultado en: https://www.newyorker.com/news/dispatch/the-exile-of-guatemalas-anti-corruption-efforts.

CABEI (2021), "Remittances in Central America – The Role of CABEI", Banco Centroamericano para la Integración Económica.

CIDE (2016), Diplomado en Migración y Gobernanza, Carlos Heredia y Brenda Valdés (coords.). Consultado en https://www.cide.edu/evento/diplomado-en-migracion-y-gobernanza/.

Heredia Zubieta, C. (2022, julio), "Las relaciones de México con Centroamérica: ¿cómo institucionalizarlas?", en S. Chacón, C. Luiselli Fernández y O. Pellicer (coords.), *Política exterior y debilitamiento institucional*, México, Grupo Mexico en el Mundo. Consultado en https://estepais.com/tendencias_y_opiniones/mexico-en-el-mundo/politica-exterior-debilitamiento-institucional/.

Heredia Zubieta, C. (2022, 6 de abril), "Las escuelas Fe y Alegría, clave para el desarrollo y la cooperación con Centroamérica", *Este País*. Consultado en https://estepais.com/tendencias_y_opiniones/escuelas-clave-cooperacion-centroamerica/.

Heredia Zubieta, C. (2021, 13 de diciembre), "Sin carta de navegación para la relación con Centroamérica", en S. Chacón, C. Luiselli Fernández y O. Pellicer (coords.), *Desafíos para la política exterior de México en 2022*, México, Grupo México en el Mundo. Consultado en https://estepais.com/tendencias_y_opiniones/mexico-en-el-mundo/desafios-politica-exterior-mexico-2022/.

Heredia Zubieta, C. (2021, 6 de mayo), "La diplomacia ciudadana en Centroamérica", *El Universal*. Consultado en https://www.eluniversal.com.mx/opinion/carlos-heredia-zubieta/la-diplomacia-ciudadana-en-centroamerica.

Salazar Barrales, P., y K. Ambrosio Torres (2021), *Iniciativa Jóvenes Promesas. Segunda Memoria de Labores, agosto 2020-julio 2021*, México, CIDE/Puente Ciudadano. Consultado en https://bit.ly/3NKHfOm.

Salazar Barrales, P., y K. Ambrosio Torres (2020), *Iniciativa Jóvenes Promesas. Memoria de Labores, 2018-2020*, México, CIDE/Puente Ciudadano. Consultado en https://640f402a-2def-4309-b948-83935b378029.filesusr.com/ugd/1f4ddd_dd31ddfe40d-041fc94df44ec72bb016b.pdf.

Secretaría General Iberoamericana (2018, 1 de junio), Memorando de colaboración entre la Segib y Puente Ciudadano, A. C., para la ejecución del proyecto denominado Iniciativa regional de Cooperación Educativa Pro-Jóvenes Centroamericanos en Situación de Riesgo, Madrid.

Segovia, A. (2021), *El gran fracaso. 150 años de capitalismo ineficiente, concentrador y excluyente*, Ciudad de Guatemala, F&G Editores.

UNHCR (2009), "Children on the Run". Consultado en https://www.unhcr.org/56fc266f4.html.

Wolf, S. (2022, 4 de abril), "La frontera vertical: México como estado tapón", *Nexos*. Consultado en https://seguridad.nexos.com.mx/la-frontera-vertical-mexico-como-estado-tapon-contra-la-migracion-forzada/.

La reforma en materia de niñez migrante de 2020 en México: la constante contradicción entre el discurso legal y la práctica

INTRODUCCIÓN

Entre las diferentes acciones que los Estados llevan a cabo con el fin de controlar la migración irregular se encuentra la de detener (para posteriormente expulsar o deportar) a las personas migrantes que no cuentan con un permiso de ingreso o residencia o trabajo. Esta medida, que implica la criminalización de la migración irregular, es causa de malos tratos y otras violaciones de derechos humanos para estas personas. En el caso de los niños,[1] la detención nunca es una opción adecuada y agrava la situación de vulnerabilidad en la que ya se encuentran, la cual está mediada —además de por la edad— por la condición de movilidad, porque algunos viajan no acompañados o han sido separados de sus padres, por la situación migratoria irregular, la etnia, el género, la preferencia sexual y la identidad de género en el caso de los jóvenes y, en buena medida, por el contexto de violencia generalizada del cual proceden.

---

[1] En este trabajo se usarán indistintamente los términos *niños* y *niños, niñas* y *adolescentes*, si bien se reconoce la importancia de diferenciarles en razón del género y la etapa de la infancia en que se encuentren.

México ha establecido un sistema nacional para la protección de los niños migrantes en su territorio tanto en la Ley General de Derechos de Niños, Niñas y Adolescentes como en la Ley de Migración y la Ley sobre Refugiados, Protección Complementaria y Asilo Político que exige dar prioridad al interés superior del niño mientras se esté resolviendo su situación migratoria y, desde la reforma que entró en vigor en enero de 2021, que prohíbe al Instituto Nacional de Migración (INM) detenerlos en sus estaciones migratorias. Aún más, la Ley General de Derechos de Niños, Niñas y Adolescentes (arts. 96 y 97), en concordancia con la Ley sobre Refugiados, Protección Complementaria y Asilo Político (art. 6), señala que las autoridades también tienen terminantemente prohibido devolver a niños migrantes no acompañados a situaciones de peligro en sus países de origen o en cualquier otro país.

Sin embargo, la práctica gubernamental mexicana funciona de tal modo que los principios protectores de los niños migrantes se quedan solamente en la letra de la ley. Por un lado, porque existen diversos desafíos de praxis que ponen en jaque el cumplimiento cabal de la reforma legal de 2020. Y, por otro lado, porque Estados Unidos presiona políticamente a México para que la migración centroamericana (de adultos y niños) no llegue a la frontera sur estadounidense, lo cual propicia que las autoridades mexicanas implementen estrategias para cumplir con ello, como el "retorno asistido" de los niños a sus países de origen "en aras de preservar su interés superior".

La hipótesis de este trabajo es que el imperativo político de control de la migración irregular prima sobre los derechos de los niños migrantes, con independencia de la normativa nacional que protege a los niños y los estándares internacionales de derechos humanos que México está obligado a cumplir. Para efectos de abordar la hipótesis referida: primero se estudia el principio de no detención de los niños migrantes en el derecho internacional, el cual —en términos generales— lo afirma y reconoce, pero también reconoce que en la práctica las detenciones de niños migrantes se llevan a cabo, por ello establece que en caso de que estas sean practicadas, se realicen como medida de *ultima ratio* y observando ciertas garantías; segundo, se analiza el marco normativo nacional de la detención de niños migrantes, tanto el que se refiere a los derechos de la niñez, como el que aborda el control de la migración, para ello se estudia cómo funciona la detención de personas migrantes en México, y se analiza la detención de los niños: antes y después de la reforma de 2020; tercero, se abordan algunos de los obstáculos prácticos que existen para que la reforma pueda cumplirse de manera cabal, y cuarto, se estudia la estrategia más preocupante que el gobierno mexicano está utilizando para que los niños centroamericanos no lleguen a la frontera sur estadounidense: la deportación.

EL PRINCIPIO DE NO DETENCIÓN DE NIÑOS MIGRANTES EN EL DERECHO INTERNACIONAL: DETENCIÓN COMO MEDIDA DE ULTIMA RATIO CON GARANTÍAS

Jurídicamente, la detención[2] de una persona migrante por su estatus migratorio, sin perjuicio de la edad, puede proceder en dos situaciones: como *sanción penal*, por infringir la legislación migratoria, la cual penaliza *a)* el ingreso de personas extranjeras de forma irregular al país o por lugares no habilitados; *b)* la entrada al país mientras está vigente una prohibición de reingreso; *c)* la estancia en el país cuando la ley establece impedimentos específicos de ingreso, o *d)* la permanencia en el país, con fines de empleo, estudio o reuni-

---

[2] En este trabajo se hace referencia a que una persona está "detenida" si se encuentra privada de su libertad, sin tener la posibilidad de entrar y salir libremente del lugar donde ha sido alojada, sin perjuicio de la diferente terminología o eufemismos utilizados para denominar esta situación: albergar, aprehender, asegurar, internar, alojar, presentar, retener, etc. Esto en virtud de que lo relevante está en las implicaciones prácticas y la naturaleza jurídica de este hecho, las cuales conllevan a evaluarlo de acuerdo con los principios, las normas y los estándares que rigen el derecho a la libertad personal.

ficación familiar, sin tener la autorización correspondiente, entre otras. Es decir, estamos en aquellos casos de Estados que penalizan y criminalizan expresamente la migración irregular, y como *medida cautelar* (detención administrativa), con el fin de *a)* investigar la situación migratoria de una persona extranjera que se presume que se encuentra en situación irregular; *b)* investigar su identidad; *c)* asegurar su permanencia y accesibilidad mientras se tramita su expediente administrativo de expulsión o deportación, o *d)* asegurar que se ejecute su orden de expulsión/deportación y abandone el país.

La detención de las personas migrantes por su condición migratoria irregular —sea como sanción penal o medida cautelar— es una medida que las criminaliza y es causa de malos tratos y violaciones de derechos humanos. Sin embargo, es una práctica generalizada en distintas latitudes a pesar de los efectos negativos que tiene sobre las personas migrantes y sus derechos humanos. Cuando hablamos de niños, la detención nunca parece ser una opción adecuada y tiene como consecuencia agravar la situación de vulnerabilidad en la que se encuentran debido a factores como viajar no acompañados o haber sido separados de sus padres, tener una situación migratoria irregular en el país de destino, así como también por temas de su etnia, género, preferencia sexual, identidad de género y el contexto de violencia generalizada del cual proceden.

Por lo anterior, en el derecho internacional prevalece el principio de no detención de los niños migrantes. De hecho, el discurso vigente en materia de derechos humanos sostiene que todos los niños, sin discriminación alguna, son sujetos de derecho y requieren que los Estados adopten medidas especiales de protección por su edad y las circunstancias de vulnerabilidad en las que se encuentren, por ejemplo, su condición de movilidad. De este modo, la normativa internacional en materia de derechos humanos establece que los niños migrantes, con independencia de su nacionalidad o condición migratoria, deben tener acceso, sin discriminación alguna, a un piso mínimo de derechos en el Estado en que se encuentren, garantizándose y respetándose en todo momento su interés superior, su derecho a la supervivencia y al desarrollo y su derecho de ser escuchados en los procedimientos que les afecten (Ortega, 2019).

Específicamente, en materia de detenciones, la Convención sobre los Derechos del Niño de 1990 —el estándar internacional por excelencia en derechos de los niños— establece que la detención debe considerarse como la *ultima ratio* y como una medida de último recurso absolutamente excepcional (art. 37 b, c y d). En palabras de la Corte Interamericana de Derechos Humanos (CIDH): la privación de libertad de niños migrantes como sanción punitiva para el control migratorio es "arbitraria" y contraria a la Convención Americana sobre Derechos Humanos (CIDH, 2014: 147). En este mismo sentido, el Comité de Protección de los Derechos de todos los Trabajadores Migratorios y de sus Familiares (CDTM) ha señalado:

> Como norma general no debería privarse de libertad a los niños ni a las familias con hijos. En estos casos, los Estados partes deben siempre dar prioridad a medidas alternativas a la privación de libertad. Cuando la detención familiar sea inevitable, la detención de niños se utilizará tan solo como medida de último recurso y durante el periodo más breve que proceda, de conformidad con el artículo 37, párrafo b), de la Convención sobre los Derechos del Niño [CTM, 2013: 44].

El Alto Comisionado de Naciones Unidas para los Refugiados (ACNUR) ha sostenido que los niños con necesidades de protección internacional nunca deben ser detenidos, y que siempre que sea posible deben ser confiados al cuidado de miembros de la familia que ya tengan residencia dentro del país de asilo. En caso contrario, las autoridades con competencia en asistencia de niños, niñas y adolescentes no acompañados deben buscar soluciones alternativas para que reciban alojamiento adecuado y supervisión apropiada (ACNUR, 1999).

Así pues, se puede afirmar que la regla general en el derecho internacional es la no detención de los niños por motivos migratorios. Y así se han pronunciado diversas instancias —internacionales y nacionales— que trabajan temas de derechos humanos. Por ejemplo, el CDTM, al examinar disposiciones que establecen la privación de la libertad por infringir la regulación relativa al ingreso a un país, ha recomendado que, con el fin de ajustar las legislaciones nacionales a la Convención de Trabajadores Migratorios (CTM) y otros instrumentos internacionales, se elimine "como delito penado con privación de libertad la entrada irregular de una persona [al] territorio [de otro Estado]" (CTM, 2006: 15). En el mismo sentido, la Comisión Nacional de los Derechos Humanos (CNDH) de México ha resaltado que "la criminalización del migrante indocumentado [...] aumenta su vulnerabilidad, al ser en todo momento susceptible de una arbitraria actuación de los servidores públicos federales, estatales y municipales para su exacción, maltrato y, en ocasiones, hasta abuso sexual" (CNDH, 2005: 2).

En caso de que un niño migrante sea detenido, el derecho internacional sostiene, por un lado, que deben observarse las garantías sustantivas y procesales que exigen las normativas internacionales y nacionales para evitar una detención arbitraria y, por otro lado, que deben contemplarse mecanismos específicos de protección para adecuar dichas garantías a los derechos de los niños, en especial al principio de interés superior de la niñez (art. 9 del Pacto Internacional de Derechos Civiles y Políticos y art. 7 de la Convención Americana sobre Derechos Humanos). Cualquier restricción al derecho a la libertad personal debe darse únicamente por las causas y en las condiciones fijadas de antemano por las constituciones o las leyes dictadas por ellas (aspecto material), y con estricta sujeción a los procedimientos objetivamente definidos en las mismas (CIDH, 2014).

En el caso de los niños, el derecho de ser oído (art. 9.2 CDN) tiene una especial relevancia: se les debe brindar un acceso rápido y gratuito a la asistencia jurídica y de otra índole, además se les debe nombrar un tutor y representante legal con el fin de defender sus intereses y asegurar su bienestar (CDN, 2005: 63). La dilación en la adopción de estas medidas representa una amenaza a su seguridad, dejándolos más expuestos al riesgo de ser víctimas de trata y otros abusos (Europa, 2005). Estas garantías deben ser tenidas en cuenta también en el marco de los procedimientos relativos a las medidas alternativas a la detención (o para determinar la opción más adecuada al caso). Asimismo, se debe garantizar a los niños el derecho de impugnar la legalidad de la privación de su libertad ante un tribunal u otra autoridad competente, independiente e imparcial, y obtener una pronta decisión sobre dicha acción (art. 37 CDN). Esto es, se les debe garantizar el derecho de contar con un recurso efectivo para evitar una detención arbitraria (CIDH, 2003: 126).

Cuando se trata de detenciones de niños migrantes no acompañados, el derecho de establecer contacto con un familiar es fundamental. Por ello, tanto la autoridad que practica la detención como la responsable del lugar en que se encuentra alojado el niño deben notificar inmediatamente a sus familiares o representantes, teniendo en cuenta su interés superior. La finalidad de la notificación es que el niño pueda recibir oportunamente la asistencia de la persona a quien se ha contactado (CIDH, 1999: 106).

Finalmente, los niños migrantes cuentan con el derecho a la asistencia consular reconocido a toda persona extranjera detenida fuera de su país de origen, según los artículos 36 de la Convención de Viena sobre Relaciones Consulares (1963) y 16.7 de la Convención Internacional sobre la Protección de los Derechos de todos los Trabajadores Migratorios y de sus Familiares (1990). Para la persona detenida este derecho implica la posibilidad de comunicarse con un funcionario consular de su país, y que el Estado en cuyo territorio ocurre la detención le informe sobre dicho derecho y asegure los medios para su vigencia efectiva (CIDH, 1999: 119).

En resumen, el derecho internacional afirma en términos generales el principio de no detención de los niños migrantes no acompañados. Sin embargo, reconoce que en la práctica las detenciones de niños migrantes suceden, por lo que dispone que deben ser realizadas como medida de *ultima ratio* y observando ciertas garantías.

MARCO NORMATIVO DE LA DETENCIÓN DE NIÑOS
MIGRANTES EN MÉXICO

Por casi una década —desde la adopción de la Ley de Migración (LM) en 2011 hasta finales de 2020 que esta fue reformada— en México existió una constante tensión entre los marcos normativos que convergen en el tratamiento de la niñez migrante: el marco de los derechos del niño, cuyas regulaciones a nivel constitucional y federal brindan bases sólidas para afirmar que en el país la detención de niños migrantes no está permitida, y el marco migratorio, cuya normativa a nivel federal por años también otorgó fundamentos sólidos para sostener que la ley migratoria mexicana tenía legalizada de un modo discriminador y diferenciado la detención de los niños que son migrantes (contraviniendo el marco internacional, constitucional y federal de los derechos del niño). A finales de 2020 la LM fue reformada y ahora ya la detención de los niños migrantes no está legalizada; no obstante, sigue existiendo una tensión constante entre los referidos marcos normativos y la praxis gubernamental, comprometiendo el interés superior de los niños migrantes y sus derechos humanos.

El marco normativo de protección

La Constitución mexicana reconoce en su artículo 4, párrafos 9 a 11, el principio del interés superior de la niñez, el cual debe regir todas las actuaciones del Estado en relación con los niños y es un símil del establecido en la Convención sobre los Derechos del Niño. Además, el artículo 1 constitucional establece que en México todas las personas gozan de los derechos humanos reconocidos en la Constitución y en los tratados internacionales de los que el país es parte. Esto implica que las normas y los principios tanto del sistema universal como del sistema interamericano de derechos humanos son plenamente aplicables y de observancia obligatoria para todas las autoridades, ya que

México ha ratificado tanto la Convención sobre los Derechos del Niño (21/09/90) como la Convención Americana sobre Derechos Humanos (02/03/81), además de que ha aceptado la jurisdicción de la Corte Interamericana de Derechos Humanos (16/12/98), responsable de hacer cumplir la Convención Americana.

La Ley General de los Derechos de Niñas, Niños y Adolescentes (LGDNNA) de 2014 tiene un enfoque de protección y reconoce que los niños son titulares de derechos y un grupo prioritario que requiere intervención especial, al tiempo que reconoce que deben ser considerados en sus propios términos y que requieren un enfoque distintivo y particular. Además, contempla medidas especiales de protección para los grupos en condiciones de vulnerabilidad, como las niñas migrantes (art. 89). Aún más, reconoce que todas las autoridades deben garantizarles sus derechos de manera adecuada, sin importar su estatus migratorio, considerando siempre su interés superior (art. 89).

Asimismo, la ley establece que los albergues para recibir a los niños deben ser gestionados por el Sistema para el Desarrollo Integral de la Familia (DIF) y que deben cumplir con estándares de bienestar (art. 94), como el respeto del principio de separación y el derecho a la unidad familiar (art. 95). Debido a la lógica de retener el menor tiempo posible a los niños en facilidades a puertas cerradas, la LGDNNA obliga a las autoridades del DIF a que identifiquen lo más pronto posible la mejor solución para el niño y se evite su permanencia en los albergues, dado el carácter de último recurso y excepcional de esta medida que implica, a fin de cuentas, que no esté en condiciones de libertad (art. 111.VIII).

El marco normativo de control

LA DETENCIÓN MIGRATORIA EN MÉXICO: INCONSTITUCIONAL,
ILEGAL Y ARBITRARIA

Al menos en la letra de la ley, desde 2008 la migración irregular no está criminalizada en México, año en que la Ley General de Población —vigente hasta 2011 que se emitió la LM— despenalizó esta conducta. Al respecto, la exposición de motivos de esta reforma manifestó: "En repetidas ocasiones la Comisión Nacional de Derechos Humanos (CNDH) ha manifestado la necesidad de despenalizar esta conducta como una medida urgente para evitar mayores violaciones a los derechos humanos de los migrantes. La CNDH ha considerado como una necesidad impostergable legislar en materia migratoria para lograr una reforma integral que excluya la criminalización de los migrantes indocumentados".[3]

La CNDH había resaltado desde años antes que "la criminalización del migrante indocumentado [...] aumenta su vulnerabilidad, al ser en todo momento susceptible de una arbitraria actuación de los servidores públicos federales, estatales y municipales para su exacción, maltrato y, en ocasiones, hasta abuso sexual" (CNDH, 2005: 2).

La base constitucional de la función migratoria se encuentra en el artículo 11, el cual prevé la "libertad de tránsito", pero a la vez subordina el ejercicio de este derecho a las facultades de la autoridad *administrativa*, "por lo que toca a las limitaciones que impongan las leyes sobre emigración, inmigración y salubridad general". Este es el fundamento constitucional de la detención migratoria, la cual, según la propia Constitución, se ubica en los dominios del derecho administrativo y no del derecho penal, puesto que en México la

---

[3] Al respecto, véase el "Decreto por el que se reforman y derogan diversas disposiciones de la Ley General de Población", publicado en el *Diario Oficial de la Federación* el 21 de julio de 2008, p. 6. Puede verse en http://www.diputados.gob.mx/LeyesBiblio/proceso/lx/105_DOF_21jul08.pdf.

migración irregular es una infracción de carácter administrativo y no criminal. Por ende, la autoridad migratoria considera que esta medida es una restricción a la libertad de movimiento de las personas extranjeras en el país y que tiene una base legítima y constitucional, a pesar de que sus efectos prácticos son los propios de una privación de la libertad, como la experiencia demuestra (CCINM, 2017).

En su versión original, el artículo 33 constitucional facultaba al Ejecutivo a expulsar a los extranjeros cuya permanencia juzgara *inconveniente*, sin necesidad de juicio previo. Finalmente, en 2011 este artículo fue reformado y en la actualidad dispone que el Ejecutivo podrá expulsar extranjeros "previa audiencia" y "con fundamento en la ley, la cual regulará el procedimiento administrativo, así como el lugar y tiempo que dure la detención". Como se ve, la redacción actual también es desafortunada y convalida el sistema migratorio mexicano de detención, la privación de la libertad y la facultad de expulsión del INM.

La detención migratoria en México tiene su origen en los actos administrativos de control, verificación, revisión y presentación migratorios (arts. 81, 92, 97 y 99 LM). La LM señala que estos actos se pueden llevar a cabo en cualquier parte del territorio nacional (art. 97 LM) y consisten, primordialmente, en constatar que las personas extranjeras cumplen con las disposiciones migratorias y se realizan por el personal del INM.[4] En el desempeño de estas funciones, la ley dispone que el INM puede ser apoyado por otras autoridades (art. 81). Tal es el caso de la Guardia Nacional, una institución de seguridad pública y carácter civil,[5] pero que se conforma por policías navales,

---

[4] El INM es un órgano desconcentrado de la Secretaría de Gobernación que tiene por objeto la ejecución, el control y la supervisión de los actos realizados por las autoridades migratorias en territorio nacional, así como la instrumentación de políticas en la materia. Artículo 19 de la Ley de Migración.

[5] La Guardia Nacional se creó en 2019, como un órgano administrativo desconcentrado de la Secretaría de Seguridad y Protección Ciudadana, mediante el "Decreto por el que se reforman, adicionan y derogan diversas disposiciones de la Constitución

militares y federales, además de civiles, y cuyo entrenamiento y conformación es de orden principalmente militar.[6]

Según la Ley de la Guardia Nacional, este cuerpo de seguridad —en coordinación con las autoridades del INM— tiene facultades de control, verificación y presentación migratorios, las cuales podrá realizar en todo el territorio nacional, con excepción de las instalaciones destinadas al tránsito internacional de personas (pasos fronterizos terrestres, puertos o aeropuertos). Además, a petición del mismo INM, podrá resguardar las estaciones migratorias y a los extranjeros que en ellas se encuentren (art. 9, fracciones XXXV y XXXVI). De este modo, un cuerpo de seguridad, que se supone es de carácter civil, aunque su entrenamiento y conformación es principalmente militar, tiene facultades de detener a las personas migrantes, lo cual es ampliamente conflictivo en materia de derechos humanos por obvias razones y viola, además, los estándares interamericanos que disponen que el orden público interno debe reservarse a la policía civil y solo excepcionalmente a las fuerzas armadas (CIDH, 2018).

Si en las acciones de control, verificación y revisión migratorias que realiza el INM, por sí solo o en colaboración con otras autoridades (como la Guardia nacional), las personas no acreditan su situación migratoria regular en el país, la LM dispone que deben ser "presentadas" —en el caso de los adultos—[7] en estaciones migratorias o lugares habilitados para ello (art. 99). La "presentación" es la

---

Política de los Estados Unidos Mexicanos, en materia de Guardia Nacional", publicado en el *Diario Oficial de la Federación* el 26 de marzo.

[6] Según el artículo sexto transitorio del Decreto, la formación, el régimen disciplinario, ingreso, educación, capacitación, profesionalización, ascensos y prestaciones "podrán estar homologados en lo conducente a las disposiciones aplicables en el ámbito de la Fuerza Armada permanente". Por ello, su entrenamiento ha estado a cargo de la Secretaría de la Defensa Nacional y de la Secretaría de Marina.

[7] Con anterioridad a noviembre de 2020, la ley autorizaba en su artículo 99 la detención de todos los migrantes irregulares, fueran niños o adultos, pero desde esta fecha en que se reformó la ley, en aras de estar armonizada con los estándares internacionales en materia de niños, se hizo la precisión de "adultos".

medida administrativa que dicta el INM para ordenar el "alojamiento" de estas personas en las estaciones migratorias mientras se determina su situación migratoria en el país, ya sea para su regularización o "asistencia para el retorno". Así, la detención migratoria en México se configura formal y materialmente a través de los actos de "presentación" y "alojamiento".

En principio, la ley señala que la "presentación" no podrá exceder del término de 36 horas, contadas a partir de que las personas son puestas a disposición del INM (art. 68). Sin embargo, el artículo 111 de la misma ley dispone, como regla general, que el INM cuenta con 15 días hábiles más para resolver la situación migratoria de las personas, plazo que puede extenderse a 60 días hábiles si no hay información sobre su identidad o cuando exista impedimento para que viajen. Aún más, la ley señala que este plazo puede ampliarse de forma indefinida —y en este sentido la detención de la persona— en el supuesto de ejercer medios de defensa legal como el juicio de amparo, lo que constituye una detención arbitraria y una clara violación al derecho de acceso a la justicia de migrantes y solicitantes de asilo en el país.

La detención de migrantes irregulares y solicitantes de asilo en México es una práctica que viola sus derechos humanos, además de que puede calificarse como arbitraria e inconstitucional. Para definirla, tanto la LM como el INM hacen uso de eufemismos como "presentación" (art. 3.XXIV LM) y "alojamiento" (art. 3.XI), en aras de argumentar que no se trata de una privación de la libertad, sino de una restricción al libre tránsito. Sin embargo, en estricto sentido, este acto que ejecuta la autoridad migratoria es una detención administrativa que vulnera el derecho a la libertad personal y, por ende, debe sujetarse a las garantías que establece el artículo 21 constitucional, el cual permite que las detenciones de libertad efectuadas por autoridades administrativas duren como máximo 36 horas (Sin Fronteras, 2012: 8). Por tanto, como la LM establece plazos que exceden lo permitido por la Constitución, existe una clara inconstitucionalidad de esta ley federal.

Si la detención migratoria fuera en realidad una detención preventiva, no debería superar las 72 horas que establece la Constitución y, una vez transcurrido ese plazo, se debería poner a la persona a disposición de un juez. No obstante, en México la aplicación de la detención migratoria está generalizada como una acción de penalización de la migración irregular. De este modo, si bien formalmente la migración irregular es una infracción administrativa en México, la detención migratoria que se practica implica en sí misma una sanción administrativa por la presunción de un ingreso irregular. Haciendo una comparación con el derecho penal en el que para que exista una medida cautelar es necesario que conste la existencia de un delito, en este caso no necesariamente sucede porque se parte de una presunción de violación a la LM, la cual se prueba o no durante el procedimiento administrativo migratorio (Sin Fronteras, 2016: 36). Esta situación es una muestra clara del estado de excepción migratoria que impera en el país, donde los migrantes y solicitantes de asilo no gozan de los mismos derechos y garantías que el resto de las personas.

EL SISTEMA DE DETENCIÓN
DE NIÑOS MIGRANTES DE 2011 A 2020

La LM de 2011 nació con un enfoque de seguridad y establecía —hasta antes de noviembre de 2020— que *todas* las personas migrantes que no pudieran probar su legal estancia en México serían detenidas en una estación migratoria del INM, como asunto de "orden público", en tanto se determinara su situación migratoria en territorio nacional (art. 99). Como se ve, esta disposición incluía a adultos y niños, pero el artículo 112.I de la LM señalaba que, en el caso de los niños migrantes no acompañados, el INM estaba obligado a canalizarlos de manera inmediata al DIF, con el fin de privilegiar su estancia en lugares donde se les proporcionara la atención adecuada, mientras se resolvía su situación migratoria y se daba aviso al consulado de su país (art. 112.I).

Sin embargo, rompiendo toda lógica de protección, la misma disposición normativa permitía que los niños migrantes, por "circunstancias excepcionales", fueran "alojados" en una estación migratoria, en tanto se les trasladaba a las instalaciones del DIF (art. 112.I). Según el Reglamento de la LM, dichas "circunstancias excepcionales" eran la falta de disponibilidad en los albergues del DIF y cuando los niños requirieran una atención que "no podía ser brindada" en las instalaciones de los albergues del DIF (art. 176). De este modo, la ley permitía la detención de los niños migrantes bajo estas condiciones, dejando a las autoridades un margen de discrecionalidad muy amplio para definir cuáles eran las "circunstancias excepcionales" que les permitían detenerlos en las estaciones migratorias. El problema es que el sistema operaba casi en su totalidad a través de la excepción y todos los días se detenía a niños en estaciones migratorias con ese fundamento legal, a pesar de todas las normas jurídicas de derechos humanos que prohíben la detención de niños migrantes.

Una vez que los niños eran detenidos, los oficiales de protección a la infancia (OPI) del INM debían iniciar el procedimiento para determinar su interés superior y establecer las medidas de protección que mejor les favorecieran (arts. 169 a 177 del Reglamento y arts. 4 y 7 de la Circular por la que se Instruye el Procedimiento para la Atención de los Niños, Niñas y Adolescentes Migrantes No Acompañados).

LA REFORMA LEGAL DE 2020

El 11 de noviembre de 2020, después de más de 10 años de incidencia de las organizaciones de la sociedad civil en México, tanto la LM como la Ley sobre Refugiados, Protección Complementaria y Asilo Político (LR) fueron reformadas en diversos articulos,[8] lo que cerró las

---

[8] Artículos 3, 6, 20, 11, 29, 52, 68, 71, 73, 74, 79, 99, 95, 98, 107, 109, 112 y 120 de la Ley de Migración, y artículos 6, 9, 20, 23 y 41 de la Ley sobre Refugiados, Protección Complementaria y Asilo Político.

lagunas legales que tenían legalizada la detención de niñas, niños y adolescentes migrantes en México. Estas reformas entraron en vigor el 11 de enero de 2021 y por fin armonizaron el marco regulatorio de migración y asilo con el de los derechos de la infancia en México. Ahora la LM prohíbe la detención de niños en estaciones migratorias y establece también que debe evitarse detener a sus padres atendiendo al principio de unidad familiar y del interés superior de la niñez (art. 99 LM).

La LM señala de manera clara al DIF y las Procuradurías de Protección de Niños, Niñas y Adolescentes (PPNNA), federal y estatales, como las entidades responsables de la protección de los niños migrantes y la determinación de su interés superior en las diferentes etapas migratorias (art. 112). Sin embargo, el INM es el encargado de resolver el procedimiento administrativo migratorio, atendiendo las determinaciones que en ese sentido provea el plan de restitución de derechos elaborado por la PPNNA. En caso de que el plan recomiende la permanencia del niño, el INM lo podrá regularizar; en caso contrario se hará el retorno asistido del niño (art. 112.II). Los oficiales de protección a la infancia del INM podrán entrevistarse con el niño con el fin de conocer su identidad, país de nacionalidad o residencia, situación migratoria, el paradero de sus familiares y sus necesidades particulares de protección, de atención médica y psicológica. Esta información la deben compartir con el DIF y las PPNNA. Además, un representante de la CNDH podrá estar presente en estas entrevistas (art. 112.VI).

La LM dispone que el INM debe reconocer de manera cautelar a todo niño migrante como visitante por razones humanitarias (art. 112.I). Además, en el caso de niñez y adolescencia acompañada y separada, la autorización de esta condición de estancia migratoria beneficiará de manera solidaria a la persona adulta a cargo de su cuidado, excepto en aquellos casos en que la PPNNA hubiere determinado que las personas adultas son contrarias al interés superior del niño (art. 52.V,b). En caso de que el niño haya sido víctima o presenciado delitos en México, podrá ser regularizado si esa es su voluntad (art.

120 LM). Y cuando el niño manifieste que quiere acceder al reconocimiento de la condición de refugiado, o el INM identifique indicios de necesidad de protección internacional, el INM, además de informar a la PPNNA, deberá notificar de manera inmediata a la Comisión Mexicana de Ayuda a Refugiados (Comar) (art. 112.V).

CATEGORÍAS DE NIÑOS MIGRANTES DE ACUERDO CON LA LEGISLACIÓN MEXICANA VIGENTE

El artículo 3.XIX de la LM en México define a los niños migrantes como aquellas personas, nacionales o extranjeras, menores de 18 años de edad. Al igual que la LGDNNA, la LM diferencia según la etapa de desarrollo de la infancia y afirma que son niñas y niños los menores de 12 años, y adolescentes las personas de entre 12 años cumplidos y menos de 18 años de edad. Así, la definición de la LM se ajusta a los estándares fijados a nivel internacional sobre quiénes son considerados como niños de la Convención sobre los Derechos del Niño, la Observación General No. 6 del Comité de Derechos del Niño y la Opinión Consultiva OC-21/14 de la CIDH.

La LM distingue tres categorías de niños migrantes:

i. *Niños migrantes no acompañados.* Son aquellos que no se encuentran acompañados de la persona adulta a) que ejerce su patria potestad, o b) que los tiene bajo su guarda y custodia, o c) que es su tutor o d) que los cuida habitualmente por costumbre (art. 3.XX). En este caso, el INM debe notificar, de manera inmediata mediante un acta, a la PPNNA y canalizarlo al Sistema DIF correspondiente. La PPNNA debe representar legalmente al niño en suplencia y coadyuvancia para garantizar el cumplimiento y garantía de su interés superior (art. 112.I).

ii. *Niños migrantes acompañados.* Son aquellos que se encuentran acompañados por la persona adulta a) que ejerce su patria potestad, o b) que los tiene bajo su guarda y custodia, o c) que es su tutor (art. 3.XXI).

En este caso, el INM debe derivar al niño y sus familiares acompañantes a la PPNNA para una evaluación de su interés superior, de conformidad con los principios de unidad familiar. La PPNNA emitirá un plan de restitución de derechos para toda la familia que puede incluir medidas para permanecer en México o retornarles al país de origen (art. 112.III).

iii. Niños migrantes separados. Son aquellos que se encuentran acompañados de una persona adulta que los tiene habitualmente bajo su cuidado por costumbre y no en virtud de la ley (como es el caso de los progenitores que ejercen la patria potestad o de los tutores legales) (art. 3.XXII). Por tanto, estos niños pueden encontrarse acompañados por otros miembros adultos de la familia. Esta categoría de niños migrantes es nueva en la LM y se dispone —al igual que en el caso de los niños acompañados— que la detención de las personas adultas que los acompañan deberá evitarse atendiendo al principio de unidad familiar y del interés superior de la niñez (art. 99). El INM debe ponerles de inmediato a disposición del Sistema DIF y notificar del caso a la PPNNA, la cual entrevistará al acompañante adulto y determinará la naturaleza de la relación con el niño y emitirá un plan de restitución de derechos (art. 112.III).

LOS CENTROS DE ASISTENCIA SOCIAL

La LM define a los centros de asistencia social (CAS) como el "lugar de cuidado alternativo para niños sin cuidado parental que brindan instituciones públicas, privadas y asociaciones" (art. 3.V), donde los niños migrantes permanecerán durante el procedimiento administrativo migratorio para determinar su situación migratoria (art. 68).

Por otro lado, la LGDNNA señala que el CAS es el establecimiento, lugar o espacio de cuidado alternativo o acogimiento residencial para niñas, niños y adolescentes sin cuidado parental o familiar que brindan instituciones públicas, privadas y asociaciones (art. 4.V LGDNNA). Esta misma ley señala el marco legal para los CAS, esto es, los requisitos para autorizar, registrar, certificar y supervisarlos, con el fin de garantizar el cumplimiento de los derechos de los niños privados de cuidado parental o familiar que son atendidos en dichos centros (art. 107 LGDNNA). La regulación de los CAS corresponde a las PPNNA municipales, estatales y federal. Y los CAS pueden ser de los DIF (públicos), o bien, privados (art. 108 LGDNNA).

DESAFÍOS AL CUMPLIMIENTO
DE LA REFORMA LEGAL DE 2020

A casi dos años de que entró en vigor la reforma legal de 2020, existen diversos desafíos que impiden que se cumpla cabalmente. La sociedad civil organizada en México sostiene que el gobierno mexicano ha venido implementando las reformas de manera desigual en cada estado y municipio y que el monitoreo de la implementación ha sido limitado por las restricciones derivadas del covid-19 (KIND *et al.*, 2021). Enseguida se mencionan algunos de los obstáculos para el cumplimiento de la reforma legal de 2020.

Falta de presupuesto

Según el artículo 3 transitorio de la LM, los CAS deben ser creados con los recursos que el Congreso destine para tal efecto. Sin embargo, la falta de presupuesto, tanto para la creación de los CAS como para el fortalecimiento de las PPNNA, es uno de los principales obstáculos institucionales que enfrenta la reforma de 2020. Desde 2014, y por mandato de la LGDNNA, las PPNNA coordinan las medidas de protección y restitución de derechos de la niñez y adolescencia migrante en México. Sin embargo, al igual que con los CAS, la creación, el desarrollo y la operación de las PPNNA ha sido difícil por la falta de presupuesto para su funcionamiento a nivel municipal, estatal y federal (KIND *et al.*, 2021).

En 2019, el UNICEF publicó un informe sobre los costos para fortalecer el sistema de protección de niños en México. La investigación encontró que las PPNNA requieren aproximadamente 2 487 millones de pesos distribuidos en los 32 estados. No obstante, las PPNNA funcionan con apenas 27% del presupuesto requerido, pero algunos estados, como Chiapas, operan con solo 7% del presupuesto requerido (UNICEF, 2019). Algo similar sucede con los Sistemas de Protección de Niñas, Niños y Adolescentes (funcionarios de Sipinna, PPNNA y Sistemas DIF en los tres órdenes de gobierno): se requiere aumentar su presupuesto para fortalecer la capacidad técnica y operativa del personal (KIND *et al.*, 2021).

Falta de coordinación interinstitucional

La falta de coordinación interinstitucional también es uno de los desafíos que presenta la reforma de 2020: hace falta mejorar los mecanismos de coordinación entre las instituciones involucradas, como el INM, el DIF, la Comar y la PPNNA, y entre ellas con los albergues de la sociedad civil. Asimismo, es necesario armonizar protocolos, procedimientos y reglamentos internos para atender las necesidades específicas de cada niño migrante. Se sabe que los gobiernos estatales y locales están publicando sus regulaciones para coordinarse con el INM, pero el proceso es lento (KIND *et al.*, 2021).

Falta de espacio en los albergues DIF

Los refugios del DIF y la sociedad civil tienen espacios reducidos debido a la pandemia por covid-19. El INM intenta hacer canalizaciones a los DIF, pero lo común es que no tengan espacio suficiente, por lo que el INM libera a los niños migrantes sin haber iniciado un trámite migratorio formal, o emite su retorno asistido. Los albergues de la sociedad civil reciben a las familias (que han sido referidas por el INM) mientras esperan el procedimiento de la PPNNA, pero como las familias saben que no pueden ser detenidas abandonan el albergue. Algunas organizaciones de la sociedad civil han expresado su preocupación porque hay agentes del INM que no han sido debidamente capacitados y detienen a madres y padres y liberan a niñas, niños y adolescentes, lo que resulta en separación familiar (KIND, 2021).

Fortalecimiento y difusión de modelos
de cuidados alternativos

El establecimiento de modelos de cuidados alternativos, como familias de acogida y modelos de transición para la vida independiente, es un área de oportunidad muy importante que tiene la reforma de 2020. Esto en virtud de que la realidad mexicana indica que la mayoría de niños migrantes no acompañados en México son adolescentes, por lo que la atención de una familia temporal les permitiría contar con un acompañamiento personalizado en su camino hacia la autonomía. En el marco de un cuidado programado, el acogimiento familiar es recomendado como parte de "un continuo de cuidado" para adolescentes con antecedentes de vida complejos, tanto en su lugar de origen como durante el trayecto migratorio, mientras se define su situación y se busca una "solución sostenible de calidad" (Relaf y UNICEF, 2021).

¿DEPORTACIÓN A FALTA DE DETENCIÓN?

En la práctica, las autoridades mexicanas han aplicado el principio de no detención plasmado en la reforma legal de 2020 de un modo que da lugar a la expulsión de los niños a los lugares de los cuales vienen huyendo y su vida puede correr peligro, al determinar con frecuencia que la devolución/repatriación/deportación del niño a su país de origen es lo que sirve a su interés superior. Al respecto, Amnistía Internacional ha señalado que se ha llegado a estas decisiones a pesar de que el niño en cuestión acababa de huir justamente de ese país, y que lo que pretendía era reunirse con sus familiares en Estados Unidos (Amnistía Internacional, 2021).

Si bien es cierto que a la hora de determinar el interés superior del niño se ha dado prioridad a la unidad familiar (DIF, 2021), también lo es que esta ha sido normalmente sinónimo de expulsión (INM, 2021), y que rara vez las autoridades mexicanas han considerado que la migración a Estados Unidos sirva a los intereses superiores un niño migrante no acompañado. KIND y otras organizaciones de sociedad civil han señalado que en Tapachula, Chiapas, algunos adolescentes no acompañados son referidos a los albergues del DIF y que la PPNNA emite un plan de restitución de derechos que indica que lo mejor para ellos es ser deportados y que el INM se encargue de retornarlos a su país de origen a través de la figura del retorno asistido (KIND *et al.*, 2021).

Asimismo, Amnistía Internacional reporta que a medida que ha aumentado el número de niños no acompañados de Guatemala, Honduras y El Salvador que viajan hacia el norte, ha crecido la presión política que Estados Unidos ejerce sobre México para que impida a la población migrante centroamericana —incluidos los niños— cruzar el territorio mexicano para llegar a la frontera de México con Estados Unidos. En este sentido, resulta ilustrativa una declaración del INM de marzo de 2021 —ya que estaba en vigor la reforma de 2020—, donde confirma su intención de interceptar a los niños centroamericanos que se dirigieran a Estados Unidos, con fin de hacer valer sus "intereses superiores" (INM, 2021). De hecho, las cifras del propio INM muestran claramente cómo en 2021, primer año de implementación de la reforma de 2020, el número de detenciones (canalizaciones) de niños migrantes ha aumentado de manera estrepitosa respecto de 2020 (véase el cuadro 1).

CUADRO 1.
*Niños, niñas y adolescentes detenidos/canalizados
por el INM, 2020-2022*

Año	2020	2021	2022 (enero-mayo)
Total (todos los países)	11 262	75 592	21 063

FUENTE: Elaboración propia con datos de la Unidad de Política Migratoria (UPM, 2020, 2021, 2022).

Las deportaciones (retornos asistidos en aras de respetar el interés superior de la niñez) de niños migrantes en 2021 y lo que va de 2022 también han aumentado en relación con 2020 (véase el cuadro 2).

CUADRO 2.
*Niños, niñas y adolescentes deportados,
2020-2022*

Año	2020	2021	2022 (enero-mayo)
Total (todos los países)	8 710	17 711	4 300

FUENTE: Elaboración propia con datos de la Unidad de Política Migratoria (UPM, 2020, 2021, 2022).

La mayoría de los niños deportados son de los países del norte de Centroamérica (véase el cuadro 3).

CUADRO 3.

Niños deportados de los países del norte de Centroamérica

Año	2020	2021	2022 (enero-mayo)
Honduras	3 332	7 834	1 424
Guatemala	4 491	7 527	2 258
El Salvador	680	1 710	284
Total norte de Centroamérica	8 503	17 071	3 966
% total de deportaciones del norte de Centroamérica	97.6	96.38	92.23

FUENTE: Elaboración propia con datos de la Unidad de Política Migratoria (UPM, 2020, 2021, 2022).

CONCLUSIONES

Desde la adopción de la Convención sobre los Derechos del Niño (1989), los derechos de los niños han cobrado preocupación y relevancia en el plano internacional. Se ha construido un discurso en torno a ellos que pugna por considerarlos como sujetos plenos de derecho respecto de quienes los Estados tienen obligaciones reforzadas precisamente por su edad. Este discurso, al proceder de los derechos humanos, se construye sobre la no discriminación, consignándose en la Convención la máxima "todos los niños, todos los derechos", por lo que el goce y disfrute de los derechos que consigna es para todos los niños presentes en la jurisdicción de un Estado, sin importar si son nacionales o extranjeros (regulares o irregulares), refugiados, solicitantes de asilo o apátridas.

A pesar de lo anterior, cuando hay temas que comprometen la soberanía de los Estados, por ejemplo, el manejo de las personas migrantes y solicitantes de asilo, el discurso de derechos humanos ya no parece tan claro. En el caso que se estudió en este trabajo el derecho internacional afirma en términos generales el principio de no detención de los niños migrantes no acompañados. Sin embargo, también deja abierta una válvula de escape para que la detención de estos niños sea practicada; eso sí, observando ciertas garantías y como medida de *ultima ratio*. Esto es, no existe una norma absoluta de derechos humanos que proteja a los niños migrantes de la detención, a pesar de ser niños y no haber cometido ningún delito. El propio sistema internacional reconoce la posibilidad de que esta práctica se lleve a cabo, pero como una medida de último recurso y cumpliendo con ciertas garantías.

La administración estatal de las personas migrantes deja al descubierto los mecanismos de exclusión del Estado-nación de los "otros" (los extranjeros), reflejado en los binomios ciudadanía-nacionalidad/extranjería, pertenencia/deportabilidad y derechos/injusticia. Por ello siempre prima el imperativo político de control de la migración irregular sobre el derecho de los niños migrantes no acompañados de no ser detenidos y tratados con dignidad, con independencia del país de que se trate y de la recepción del derecho internacional de los derechos humanos que el país en cuestión tenga.

La reforma de 2020 es un paso muy positivo en el tratamiento de la niñez migrante en México, sin embargo, tiene que ir acompañada de la dotación presupuestal y la voluntad política correspondientes para ser cumplida de manera adecuada, en aras de que la niñez migrante en México tenga garantizados los derechos que le asisten. No es congruente con el discurso político ni con las normativas nacionales e internacionales que cuando los niños se vuelven migrantes pierdan el acceso a los derechos que podrían tener dada su calidad de niños y, en general, de personas. Ello en virtud de que el acceso a los derechos, desafortunadamente, sigue teniendo un vínculo inextricable con el binomio ciudadanía/nacionalidad y la condición migratoria legal/regular en el caso de los no nacionales.

REFERENCIAS

ACNUR (1999), "Directrices sobre criterios y estándares aplicables con respecto a la detención de solicitantes de asilo", "Directriz número 6. Detención de personas menores de 18 años", Ginebra, ACNUR.

Amnistía Internacional (2021), *Empujados al peligro. Devoluciones forzadas de niños y niñas migrantes no acompañados efectuadas por Estados Unidos y México*, Londres, Amnistía Internacional.

CCINM (2017), *Personas en detención migratoria en México. Misión de Monitoreo de Estaciones Migratorias y Estancias Provisionales del Instituto Nacional de Migración*, México, CCINM.

CDN (2005), "Trato de los menores no acompañados y separados de su familia fuera de su país de origen", Observación General no. 6. U.N. Doc. CRC/GC/2005/6, Ginebra, ONU.

CIDH (2014), Opinión Consultiva OC-21/14, "Derechos y Garantías de las Niñas y los Niños en el Contexto de la Migración y/o en Necesidad de Protección Internacional". Consultado en https://www.corteidh.or.cr/docs/opiniones/resumen_seriea_21_esp.pdf.

CIDH (2018), "Caso Alvarado Espinoza y otros vs. México", San José, CIDH.

CIDH (2003), Opinión Consultiva OC-18, "Condición Jurídica y Derechos de los Migrantes Indocumentados", San José, CIDH.

CIDH (1999), Opinión Consultiva OC-16/99, de 1 de octubre de 1999, solicitada por los Estados Unidos Mexicanos, "El derecho a la información sobre la asistencia consular en el marco de las garantías del debido proceso legal", San José, CIDH.

CNDH (2005), *Informe Especial de la Comisión Nacional de los Derechos Humanos sobre la situación de los derechos humanos en las esta-*

ciones migratorias y lugares habilitados del Instituto Nacional de Migración en la República Mexicana, México, CNDH.

CTM (2013), Comentario General no. 2 sobre los derechos de los trabajadores migratorios en situación irregular y de sus familiares, CMW/C/GC/2, Ginebra, CTM.

CTM (2006), Observaciones Finales. México, CMW/C/MEX/CO/01, Ginebra, ONU.

DIF (2021), "Prevalecerá el principio de unidad familiar en la atención de niñez y adolescencia migrantes", México, DIF.

Europa, A. P. d. C. d. (2005), Recomendación 1703 (2005) sobre protección y asistencia para niños no acompañados solicitantes de asilo, Estrasburgo, CE.

INM (2021), "Identifica INM a tres personas menores de edad no acompañadas en operativo de verificación migratoria", México, INM.

KIND, CGRS, LAWG, A. Access, IDC e Imumi (2021), *Implementación de las reformas mexicanas que prohíben la detención de niñas, niños y adolescentes migrantes acompañados y no acompañados*, México, Imumi.

Ortega Velázquez, E. (2019), "Cuando los niños se vuelven migrantes: niñez detenida en México y dislocación del discurso de derechos humanos", *Norteamérica. Revista Académica del CISAN-UNAM,* vol. 14, núm. 2.

Relaf y UNICEF (2021), *Guía para los programas de acogimiento familiar para niñas, niños y adolescentes migrantes, refugiados y solicitantes de protección internacional, separados y no acompañados en México,* México, Relaf /UNICEF.

Sin Fronteras IAP (2016), *Evolución y retos del asilo en México. 20 años de asistencia legal e incidencia por las personas refugiadas*, México, Sin Fronteras.

Sin Fronteras IAP (2012), *La detención de personas extranjeras en estaciones migratorias*, México, Sin Fronteras IAP.

UNICEF (2019), *Oficinas de Protección a la Niñez: Informar sobre los costos y opciones para su fortalecimiento*, México, UNICEF México.

UPM (2022), *Boletín Estadístico Mensual*, México, Segob.

UPM (2021), *Boletín Estadístico Anual*, México, Segob.

UPM (2020), *Boletín Estadístico Anual*, México, Segob.

Hospitalidad selectiva:
una tradición mexicana

María Fernanda Rivero Benfield

¿Cuántas veces nos hemos jactado de que los mexicanos somos hospitalarios? Nos hemos apropiado frases como "Mi casa es tu casa" o "Eres bienvenido, donde come uno comen dos. Deja le echo más caldo a los frijoles". ¿Ustedes creen que esta identidad creada sobre los mexicanos es un mito o una realidad? Vivimos de rentas pasadas. Siempre recordando cuando recibimos a los españoles del exilio, cuando arropamos a los chilenos que huían del régimen de Pinochet. Pero eso sí, se nos olvida la matanza de chinos en Torreón y no tenemos ni cara para la impunidad de la matanza de los 72 migrantes en San Fernando, Tamaulipas.

El tener la oportunidad de ser coordinadora de comunicación en una organización que apoya y defiende a las personas en movilidad me ha permitido ver, conocer y analizar las narrativas que se utilizan, los eufemismos, las justificaciones del rechazo a las personas migrantes y con necesidades de protección internacional. La más escuchada: "¿Para qué vienen a México? Si aquí estamos peor".

Al chat y al correo de Sin Fronteras IAP nos han llegado innumerables consultas, opiniones y uno que otro reproche sobre "lo mal que hacemos al ayudar a personas migrantes". Cuando lanzamos campañas para recaudación de fondos se nota la xenofobia. Nos responden preguntando: ¿para qué donar a extranjeros si hay mexicanos sufriendo?

Hay millones de mexicanos sufriendo, pero también millones de personas de todo el mundo, por lo que ese pensamiento que tenemos que sugiere que darles a unos es quitarles a otros es una idea errónea que se ha formado especialmente en el imaginario latinoamericano, en el cual la experiencia nos ha acostumbrado a que a los pobres se les quita para que los ricos se vuelvan más ricos.

Aníbal Quijano nos comparte un análisis sobre cómo la globalización en las Américas es el claro resultado del capitalismo colonial y eurocentrado. "Uno de los ejes fundamentales de ese patrón de poder es la clasificación social de la población mundial sobre la idea de la raza" (Quijano, 2014: 786), y dicha concepción permea en todas las dimensiones. Aunque el colonialismo fue hace muchos años, sus efectos siguen vigentes en las venas latinoamericanas. No se odia al pobre por ser pobre, sino por lo que representa. Él es el recuerdo de un pasado que hemos querido borrar. El pobre es una carga para el sistema capitalista que los Estados han implementado.

No quiero sonar a discurso de la Cuarta Transformación del gobierno mexicano, pero el neoliberalismo enseña a odiar a sus víctimas. La pobreza se entiende como el resultado del desequilibrio socioeconómico que somete a parte de la población a condiciones de vida indignas, se presenta como una amenaza a la estabilidad del Estado-nación. Se nos hace pensar que el pobre viene a quitarnos y que es probable que delinca. Las personas migrantes son rechazadas por ser pobres, no por ser extranjeras. No vemos la molestia cuando un jeque de los Emiratos Árabes decide vivir en México.

El término *aporofobia* (1. f. cult. Fobia a las personas pobres o desfavorecida) fue incluido por la Real Academia Española en 2017, una palabra que nombra una situación que lleva siglos afectando y que los Estados deberían incluir no solo en sus diccionarios, sino en sus códigos penales.

Pero el modelo de Estado-nación que nos han vendido como una manera patriótica y de amor hacia nuestros orígenes es bastante criticable. La manera en que Hannah Arendt nos habla en su libro *Los orígenes del totalitarismo* explica cómo el Estado-nación moderno es el lugar donde se comienzan a gestar los elementos que consolidan el totalitarismo.

Según Arendt, el modelo de Estado-nación logra que los derechos humanos se conviertan en derechos de la ciudadanía y la humanidad deja ser una categoría autónoma perteneciente a todas las personas. Ahora el ejercicio y garantía de los derechos se limita a que alguien pertenezca o no a una nación, ahora el gobierno será el encargado de velar por su cumplimiento, dejando a un lado a las personas migrantes, refugiadas y apátridas que no cuentan con una nación que las reclame.

Así es, la sociedad aporofóbica es producto de lo antes mencionado, pero se ha convertido en una verdadera pandemia en los últimos años. No me atrevo a generalizar, muchas veces nos sorprende la generosidad de las personas que deciden donar comida, ropa, cunas, camas para que las personas migrantes recuperen un poco de lo perdido en el camino y se sientan como en casa.

Cuando comenzó la crisis de Afganistán y los medios alertaron sobre la existencia de personas que deseaban solicitar asilo en México y que llegarían al país a la brevedad, individuos y familias nos contactaron para ofrecernos apoyo. El mensaje que más me llamó la atención fue el de una mujer que nos decía que quería saber cómo adoptar a una familia afgana; les ofrecía su casa siempre y cuando fuera de dicha nacionalidad.

El acto era bastante loable, ella tenía todo el derecho de decidir a quién no y a quién sí permitir entrar a su casa. Pero lo que me lleva a compartirles esto es que jamás nos llegó un mensaje para recibir a las familias salvadoreñas, hondureñas o haitianas que llegaban caminando en las caravanas. ¿Será el color, la nacionalidad, la pobreza de la que vienen huyendo? O peor aún, ¿la combinación de todas?

Las personas dentro de las caravanas llevan meses caminando, mujeres embarazadas arrastrando cunas y de la mano de adultos mayores. Mientras que las personas afganas que llegarían a México viajaban en aviones. Esto no significa que el dolor de unos sea mayor o menor que el de los otros, es igual. Ambas merecen el apoyo y recibimiento con los brazos abiertos. El problema es que mientras a unos se les mandan aviones diplomáticos y el canciller Marcelo

Ebrad los recibe en el aeropuerto internacional, a otros la Guardia Nacional los persigue y caza en Tapachula, Chiapas.

Existe una discriminación institucionalizada y poco cuestionada, en donde está normalizado ver cómo detienen a personas en el sur del país y a la vez se aplaude la ayuda a personas refugiadas de nacionalidad afgana o ucraniana. Una empatía selectiva. Y esto no solo sucede en México: en el contexto de la guerra entre Ucrania y Rusia, vemos cómo los países europeos han agilizado los procesos de asilo para que las personas de origen ucraniano puedan recibir su condición de refugiado en cuestión de horas. Y al mismo tiempo existe la crisis del Mediterráneo, donde personas de origen africano se arriesgan a morir ahogadas para huir de la realidad de sus países de origen. Como las terroríficas imágenes sobre lo sucedido recientemente en la frontera con Melilla, donde las autoridades mataban y pisoteaban a los solicitantes de asilo.

Por ello, veo pertinente hablar de la *necropolítica*. La producción y administración necropolítica de la migración forzada se refiere, pues, a cómo a la gente que es sujeta a la violencia criminal y legal, a la muerte, al tráfico sexual y laboral, trabajo forzado y a la economía criminal se le deja morir en sus países de origen o mientras tratan de cruzar las fronteras, que se vuelven cada vez más securitizadas y peligrosas debido a la ilegalización de la migración indocumentada, los obstáculos al asilo y el régimen de deportabilidad (Genova, 2002: 31).

En los últimos años hemos sido testigos de tragedias como la masacre de 72 migrantes en San Fernando, y a 12 años del suceso no existe ninguna sentencia ni reparación del daño. También el caso de Camargo, donde policías estatales masacraron e incineraron a 17 migrantes de origen guatemalteco, y el hecho más actual "conocido", la muerte de más de 53 personas en un tráiler que traficaba con personas migrantes. El tráiler fue encontrado en San Antonio, Texas. Los gobiernos mexicano y estadounidense buscan a los "culpables", cuando sabemos que la criminalización y la detención migratoria son las causas de este terrorífico suceso, que seguirá sucediendo hasta que los verdaderos culpables, que nada menos son los Estados, se hagan responsables. Esto, queridos lectores, es exactamente una muerte de la necropolítica anunciada. Podría continuar con una lista interminable de sucesos a los que erróneamente se les llama "accidentes", y al nombrarlos así se les resta responsabilidad a los verdaderos culpables.

Según el proyecto de migrantes desaparecidos de la Organización Internacional de las Migraciones (OIM), desde 2014 han desaparecido 48 483. Los restos de 29 948 personas que perdieron la vida en trayectos migratorios no han sido recuperados. La ruta más mortífera es la del Mediterráneo central, en la cual se estima que al menos 19 403 personas han muerto desde 2014. Es importante mencionar que es una cifra con un subregistro, debido a la dificultad para recopilar los datos, por lo que "los datos deben considerarse como una estimación mínima del verdadero número de vidas perdidas durante la migración. En la mayoría de los casos, las ubicaciones son aproximadas. Cada número representa a una persona, así como a la familia y la comunidad que deja atrás" (OIM, 2021).

En el libro *Capitalismo gore*, Sayak Valencia realiza un análisis interesante sobre cómo la ubicación geográfica de algunas ciudades como Tijuana las impulsa a ser un terreno ideal para ejecutar la *necropolítica* y un *capitalismo gore*.

> Proponemos el término capitalismo gore para hacer referencia a la reinterpretación dada a la economía hegemónica y global en los espacios (geográficamente) fronterizos. Tomamos el término gore de un género cinematográfico que hace referencia a la violencia extrema y tajante […] con capitalismo gore nos referimos al derramamiento de sangre explícito e injustificado (como el precio que paga el tercer mundo que se aferra a seguir las lógicas del capitalismo cada vez más exigentes), al altísimo porcentaje de vísceras y desmembramientos, frecuentemente mezclados con el crimen organizado, el género y los usos predatorios de los cuerpos, todo esto por medio de la violencia más explícita como herramienta de necroempoderamiento (Valencia, 2014: 5).

La autora habla de Tijuana como la frontera conocida como la última esquina de Latinoamérica. Donde se controla y se permite entrar únicamente a las personas deseadas y a las otras se les deja morir. Un ejemplo claro es el programa implementado en el gobierno de Donald Trump y aceptado por el gobierno de Andrés Manuel López Obrador, Migrant Protection Protocols (MPP) o Quédate en México, que obliga a las personas que desean solicitar asilo en Estados Unidos a permanecer en México hasta conseguir una respuesta. Las personas en movilidad, para no perder sus citas, deciden quedarse en los estados del norte, que se convierten en un peligro y trampas mortales, en donde son víctimas de delitos como trata de personas, prostitución, etc. Las personas quedan en un limbo jurídico entre México y Estados Unidos con la esperanza de que se les apruebe su entrada.

El filósofo italiano Giorgio Agamben, quien decidió nunca volver a Estados Unidos a manera de protesta por la implementación del "tatuaje biopolítico", una estrategia por parte de los Estados Unidos para recabar información biométrica para controlar quién entra y quién sale de su país, dijo que:

Querría sugerir que el tatuaje biopolítico apareció sin duda en Auschwitz como el modo más normal y económico de organizar la inscripción y el registro de los deportados en los campos de concentración. El tatuaje biopolítico que nos imponen ahora los Estados Unidos para entrar en su territorio podría ser el signo precursor de lo que nos pedirán más tarde aceptar como la inscripción normal de la identidad de buen ciudadano en los mecanismos y engranajes del Estado. Por eso debemos oponernos (Agamben, 2004).

En sus textos, Agamben nos habla de las *nudas vidas*, las cuales define como:

Son vidas desnudas, o *nudas vidas*, aquellas cuya fragilidad está expuesta a la muerte y al vejamen porque nadie puede interceder por ellas. Toda la estructura social y política está montada para que la *nuda vida* pueda ser posible, y no es que sea una vida previa a la *vida bios*, vida vivida dignamente, es desnuda porque la han desnudado (López, 2018: 2).

Las personas en movilidad, en su intento por cruzar fronteras, ya sea de manera regular o solicitando asilo, son un ejemplo de cómo los Estados la convierten en *nuda vida*.

Tal es el caso de las más de 71 076 personas que formaban parte del MPP entre enero de 2019 y enero 2021, de las cuales 25 632 aún siguen pendientes. Cuando terminó el programa por primera vez en 2021, solo 641 personas del total de 41 898 casos habían recibido asilo. Actualmente la cifra es 742 que han ganado en la corte, de 45 444 casos complementados. Todas las personas que no son admitidas son presas fáciles del crimen organizado y viven en el limbo jurídico entre México y Estados Unidos.

Tuve la oportunidad de ir a Tijuana en medio de la pandemia; la frontera estaba cerrada y los procesos de solicitud de asilo también. Vi a cientos de personas de origen haitiano en un campamento de refugiados junto a la garita de San Ysidro, platiqué con ellos y me hablaron de su desesperación de solicitar ayuda porque no sabían qué comerían al día siguiente. Intenté hablar con algunas organizaciones, y la respuesta de una de ellas me dejó helada: "Nosotros no apoyamos a ese campamento, ya que no estamos de acuerdo en que se asienten ahí".

Les comparto esto para que se den cuenta de que hasta las mismas organizaciones de la sociedad civil, sin darnos cuenta, respondemos a estos mecanismos de control.

LA INHOSPITALIDAD DEL LENGUAJE

Ya hemos hablado de cómo los Estados son los responsables de perpetuar políticas públicas que marginalizan y dan pie a violaciones de derechos humanos, pero esto no sería posible si los ciudadanos no las aceptáramos y legitimáramos. Naomi Klein, en su libro *La doctrina del shock*, nos explica cómo los Estados, a través del miedo, nos obligan a aceptar y validar acciones como la guerra. El miedo, el shock, legitima y da permiso a los gobernantes de hacer lo que quieran con el supuesto de hacernos sentir más seguros. Hobbes explicaba que los ciudadanos aceptamos someternos a cambio de protección, consentimos un "contrato social" que le da legitimidad a la obediencia al derecho a la ley. Actualmente los Estados tienen vigente un contrato social, esto sin importar si sus decisiones y actos violentan los derechos humanos de algún grupo.

Promover la xenofobia es parte de la receta perfecta, pues el Estado cumple los deseos de detener y deportar a las personas extranjeras para que la ciudadanía no se sienta "invadida". El lenguaje y el discurso de odio son la vía para legitimar una guerra o el despliegue de miles de elementos de la Guardia Nacional para labores de detención migratoria.

En las redes sociales es muy común leer cómo las personas apoyan este tipo de intervenciones y violaciones a derechos humanos. Los mensajes xenófobos y discriminatorios abundan y se intentan legitimar con pretextos como la soberanía y seguridad nacional.

He aquí algunos comentarios hallados en las notas sobre cómo se celebra el uso de la fuerza por parte de los elementos de la Guardia Nacional y el Instituto Nacional de Migración: "Violan las leyes mexicanas cruzando de ilegales y luego agreden a la policía", "Bien, más mano dura para que aprendan a respetar las leyes mexicanas", "Si te dicen que te detengas y muestres tus documentos y no lo haces, claro que te pueden disparar". Comentarios que erizan la piel y que preocupan.

Me gustaría poder desmenuzar la discriminación que aqueja a la sociedad mexicana como un virus que se contagia de boca a boca. La herramienta que contribuye a que la discriminación crezca y se quede es el lenguaje.

Como comunicóloga, no podía dejar de hablar sobre la importancia del lenguaje y cómo su uso estigmatiza y abona o no a la discriminación y criminalización de las personas extranjeras. Seamos sinceros, ¿cuántas veces hemos dicho estas frases?

- "Trabajo como negro"
- "El negrito en el arroz"
- "Me vieron la cara de chino"
- "En mi trabajo me negrean"

Quizá suenen cómicas, y lo más seguro es que no las digamos para ofender a nadie, tal vez jamás nos habíamos puesto a pensar que estas frases dan pie a estigmatizar, criminalizar y discriminar.

Cuántas veces hemos utilizado las palabras *ilegales* o *mojados* para señalar a las personas que no cuentan con papeles o que cruzan a Estados Unidos de forma irregular. Incluso conocemos personas que aceptan haberse ido de "mojadas". Tan arraigado está que hasta ellas mismas se identifican como mojadas o ilegales, cuando las personas ilegales no existen, solo acciones.

Valería Luiselli, en su libro *Los niños perdidos*, comparte:

> Según la terminología de la ley migratoria estadounidense, ligeramente ofensiva, durante los tres años que llevábamos viviendo en Nueva York, habíamos sido *non-resident aliens* (en traducción literal "alienígenas sin residencia", y, en traducción más exacta, "extranjeros sin residencia permanente"). Por entonces bromeábamos, un tanto frívolamente, sobre las posibles traducciones al español de nuestra situación migratoria intermedia. Éramos "alienígenas en busca de residencia", "escritores buscando permanencia", "permanentes alienígenas", "mexicanos pendientes" (Luiselli, 2016: 17).

El lenguaje merece nuestra atención por la importancia que tiene en nuestra vida. El lenguaje está directamente relacionado con nuestro pensamiento y la expresión de nuestros sentimientos. Gracias al lenguaje aprendemos y entendemos cómo es el mundo y qué valoramos en él.

Su conocimiento nos permite comprender mejor la estructura de nuestra sociedad, cómo actuamos en ella, cuáles son sus jerarquías y, además, nos ayuda a descubrir algunos presupuestos que alberga, a veces invisibles, sobre ciertos grupos de personas.

Si entendemos el término *discriminación* en un sentido laxo, como una relación que refleja el rechazo hacia una persona únicamente por su pertenencia supuesta o real a cierto grupo, entonces resulta obvio que el lenguaje puede ser discriminatorio (o puede usarse para discriminar) de varias formas. Quizá la manera más obvia en que se manifiesta esta realidad es en la proliferación de epítetos ofensivos empleados para descalificar, tratar como inferiores o insultar a individuos o grupos particulares (Islas, 2005: 7).

Pero entonces se preguntarán qué es lo que debemos hacer, cómo poder aportar y abonar desde el lenguaje. Desearía poder decir que es una tarea fácil, pero no lo es. Básicamente es *resetear* la mente y cuestionarnos por qué usamos esas palabras. Una verdadera deconstrucción.

Junto con la función referencial de estas expresiones podemos distinguir un componente afectivo: cómo desean ser llamadas las personas o los grupos de personas, y particularmente quienes han sido blancos históricos de alguna forma de discriminación. Esto interesa en la medida en que las elecciones lingüísticas que puedan hacer les ayudarán a conformar su identidad y a sentirse mejor consigo mismas.

En este sentido, la elección de un término por parte de un grupo para representarse a sí mismo tiene el poder político para reivindicar la presencia y el valor de ese grupo (Salazar *et al.*, 2007: 69).

Una tesis más radical sostiene que las palabras, allende su característica de herramientas clasificatorias y sus consecuencias políticas y morales, importan porque el lenguaje influye en nuestra percepción de la realidad, condiciona nuestro pensamiento y determina nuestra visión del mundo. Aquí la perspectiva se invierte: las palabras importan no tanto por lo que hacen sino por lo que nos hacen, (Islas, 2005: 48).

En conclusión, nuestra historia, el modelo de Estado-nación, el capitalismo y el neoliberalismo han dado pie a que la discriminación sea institucionalizada y adoptada por los ciudadanos. Pero en nosotros queda el cuestionarnos cada palabra, cada idea que se ha ido construyendo con los años. Ser conscientes de nuestras palabras, deconstruirnos. Cuando las personas tengan un comentario xenófobo o aporofóbico intentemos cuestionar de manera pacífica, invitar al diálogo y a la reflexión.

En la organización muchas veces nos consultan cómo pueden ayudar sin tener que donar dinero. La mejor aportación a una organización que defiende los derechos de las personas migrantes y sujetas de protección internacional es la empatía; sin empatía no podemos alzar la voz para solicitar políticas públicas protectoras de derechos humanos; sin empatía no podemos visibilizar las violaciones de derechos humanos en las estaciones migratorias en donde tienen encarceladas a miles de personas migrantes en condiciones deplorables; sin empatía no podemos reclamar que el Sistema para el Desarrollo Integral de la Familia (DIF) se haga cargo de la infancia migrante desprotegida.

Quizá el Estado mexicano no sea hospitalario, pero las personas mexicanas sí podemos serlo y exigirlo, comenzando por el cambio de narrativas. Tenemos que modificar esa idea de que la hospitalidad es un acto filantrópico y de generosidad, y verlo como una práctica cívica y política de Estado necesaria. El mundo sin fronteras es un concepto utópico y necesario. Rehusémonos a pensar que el pedazo de tierra donde nacimos tiene que ser nuestro único hogar.

REFERENCIAS

Agamben, G. (2004, 11 de enero), "Tatuaje biopolítico", *Le Monde*. Consultado el 20 de julio de 2022 en https://es.scribd.com/document/157706614/Agamben-Le-Monde-No-al-tatuaje-biopolitico.

Genova, N. de (2002), "'Migrant Illegality' and Deportability in Everyday Life", *Annual Reviews*, vol. 31, núms. 419-447, pp. 1-34. Consultado en https://doi.org/10.1146/annurev.anthro.31.040402.085432.

Islas, H. (2005), *Lenguaje y discriminación*, México, Conapred. Consultado en https://www.conapred.org.mx/documentos_cedoc/49%20CI004_Ax.pdf.

López, J. C. (2018, 2 de julio), *"Nuda vida* y estado de excepción en Agamben como categorías de análisis para el conflicto colombiano", *Revista CES Derecho*, vol. 9, núm. 2. Consultado en 2022 en https://revistas.ces.edu.co/index.php/derecho/article/view/4891/2968.

Luiselli, V. (2016), *Los niños perdidos*, México, Sexto Piso.

oim (2014, 4 de enero), Proyecto Migrantes Desaparecidos. Consultado el 25 de junio de 2022 en https://missingmigrants.iom.int/es/descargar-datos-del-proyecto-migrantes-desaparecidos.

Quijano, A. (2014), "Colonialidad del poder, eurocentrismo y América Latina", en *Cuestiones y horizontes: de la dependencia histórico-cultural a la colonialidad/descolonialidad del poder*, Buenos Aires, Clacso, 2014, pp. 1-57. Consultado en http://biblioteca.clacso.edu.ar/clacso/se/20140507042402/eje3-8.pdf.

Salazar, L., H. Islas, E. Serret, y P. Salazar (2007), *Discriminación, democracia, lenguaje y género*, México, Comisión de Derechos Humanos del Distrito Federal/Consejo Nacional para Prevenir la Discriminación. Consultado en https://www.corteidh.or.cr/tablas/27894.pdf.

Valencia, S. (2010), *Capitalismo gore*, España, Editorial Melusina. Consultado en https://construcciondeidentidades.files.wordpress.com/2016/11/sayak-valencia-capitalismo-gore.pdf.

Semblanzas

LETICIA CALDERÓN CHELIUS

Profesora-investigadora del Instituto Mora, doctora en Ciencias Sociales con especialidad en Ciencia Política por la Flacso México, y miembro del Sistema Nacional de Investigadores, nivel 3. Enfoque en procesos migratorios, específicamente en derechos políticos de los migrantes (voto de mexicanos en el extranjero); relaciones México-Estados Unidos; migración forzada, y ciudades interculturales y hospitalarias. Actualmente es presidenta del Patronato de Sin Fronteras IAP.

ALLERT BROWN-GORT

Profesor visitante en el Departamento de Estudios Internacionales del Instituto Tecnológico Autónomo de México (ITAM). También es Senior Non-Resident Fellow en el Center for U.S.-Mexican Studies de la Universidad de California en San Diego (UCSD) e investigador del Instituto de Estudios Internacionales y Europeos Francisco de Victoria de la Universidad Carlos III Madrid (UC3M).

GENOVEVA ROLDÁN DÁVILA

Miembro del Patronato de Sin Fronteras e investigadora titular del Instituto de Investigaciones Económicas de la UNAM.

RODOLFO CRUZ PIÑEIRO

Profesor investigador de El Colegio de la Frontera Norte; doctor en Sociología con especialidad en Población por la Universidad de Texas en Austin; maestro en Demografía por El Colegio de México, y miembro del Sistema Nacional de Investigadores, nivel 3.

ANA MERCEDES SAIZ VALENZUELA

Licenciada en Derecho por la Facultad de Derecho de la UNAM y maestra en Derecho Público por el University College London de la Universidad de Londres, Reino Unido. Fue asesora en el Consejo General del INE en los temas de discriminación y derechos humanos (2014-2017). Trabajó en el Conapred como directora general adjunta de Estudios, Legislación y Políticas Públicas, y tuvo a su cargo la realización y divulgación de la Encuesta Nacional sobre Discriminación (Enadis, 2010). Ha sido profesora de asignatura de Derechos Humanos en el Curso Superior de Especialización en la Facultad de Derecho de la UNAM. Fue directora general de Sin Fronteras IAP de 2019 a 2023. Es integrante del Consejo Asesor del Instituto Mexicano de la Radio (IMER) y del Consejo para Prevenir y Eliminar la Discriminación de la Ciudad de México (Copred). Actualmente es titular del Área de Asesoría Jurídica del Instituto Federal de Defensoría Pública.

RODOLFO GARCÍA ZAMORA

Doctor en Ciencias Económicas por la Universidad Autónoma de Barcelona, España, 1986; y docente investigador del Doctorado en Estudios del Desarrollo, Universidad Autónoma de Zacatecas, México. Líneas de investigación: migración internacional y desarrollo, políticas migratorias, desarrollo y derechos humanos y migración de retorno de Estados Unidos a México. Miembro del Sistema Nacional de Investigadores, evaluador nacional del Conacyt e integrante de la Academia Mexicana de Ciencias y de la Academia Mexicana de Economía Política.

SELENE GASPAR OLVERA

Maestra en Demografía Social, UNAM, 2016. Investigadora de la Unidad Académica en Estudios del Desarrollo, Universidad Autónoma de Zacatecas, México. Adscrita al proyecto Sistema de Información sobre Migración y Desarrollo (Simde-UAZ). Líneas de investigación: análisis demográfico y migración internacional de México a Estados Unidos, análisis de los hogares en México, métodos cuantitativos aplicados a la demografía y la migración, migración internacional calificada y retorno.

SANDRA ELIZABETH ÁLVAREZ OROZCO

Doctora en Ciencias Sociales y Humanidades por la Universidad Autónoma Metropolitana Unidad Cuajimalpa, maestra en Derecho por la Universidad Nacional Autónoma de México y la Universidad de Guadalajara. Actualmente es directora general de Sin Fronteras IAP.

MARTHA LUZ ROJAS WIESNER

Doctora en Ciencia Social con especialidad en Sociología por El Colegio de México e investigadora titular de El Colegio de la Frontera Sur (Ecosur), unidad San Cristóbal de Las Casas, como integrante del Grupo Académico Estudios en Migración y Procesos Transfronterizos del Departamento Sociedad y Cultura.

ALFREDO LIMAS HERNÁNDEZ

Doctor en Ciencias Sociales, profesor-investigador de la Universidad Autónoma de Ciudad Juárez. Líneas de investigación: género y diversidad, ciudadanía y derechos humanos, estudios de frontera/s y violencias y procesos de grupos y poblaciones vulnerables. Es secretario del Patronato Sin Fronteras IAP.

BERNARDO BOLAÑOS GUERRA

Profesor-investigador en el Departamento de Humanidades de la UAM, unidad Cuajimalpa, Ciudad de México, y es licenciado en Derecho por la UNAM y doctor en Filosofía por la Universidad de París 1.

PILAR FUERTE CELIS

Profesora-investigadora (IxM Conacyt) adscrita al Centro Geo, y colaboradora del Programa de Política de Drogas del CIDE. Pertenece al Sistema Nacional de Investigadores, nivel 1. Sus líneas de investigación son geografía de la violencia, migración y opinión pública y organización de los territorios urbanos. Ha sido asesora del World Bank, del ACNUR y del gobierno de México.

MARCELO OLIVERA VILLARROEL

Doctor en Economía con especialidad en Economía de los Recursos Naturales por la Facultad de Economía, UNAM, (2004-2007), y maestro en Economía con mención en Política Pública por la Facultad de Economía, de la Pontificia Universidad Católica de Chile (2001-2003). Realizó la Licenciatura en Economía en la Facultad de Economía de la Universidad Mayor de San Simón Cochabamba,

Bolivia. Actualmente es profesor titular C del Departamento de Teoría y Procesos del Diseño de la División de Ciencias de la Comunicación y Diseño en la UAM, Unidad Cuajimalpa. Sus intereses de investigación incluyen recursos y economía ambiental, teorías del comportamiento humano, cambio climático y teoría del valor. Es miembro del LACEEP, del Sistema Nacional de Investigadores, nivel 1, y trabaja como consultor independiente para el Banco Mundial y la Comisión Económica para América Latina y el Caribe (CEPAL), entre otros. Fue profesor visitante en la London School of Economics y en la Universidad de Maryland-UMCES-CBL.

ALETHIA FERNÁNDEZ DE LA REGUERA AHEDO

Socióloga especialista en temas de migración y género. Es investigadora del Instituto de Investigaciones Jurídicas de la UNAM y coordinadora del Laboratorio Nacional Diversidades-UNAM. Líneas de investigación: política migratoria, detención migratoria, burocracias y violencias de género.

MELISSA HERNÁNDEZ JASSO

Estudiante de doctorado en Sociología en la Universidad de Harvard, becaria Fulbright-García Robles y becaria Stone en el Programa Multidisciplinario de Desigualdad y Política Social de la Escuela de Gobierno John F. Kennedy en Harvard. Es internacionalista por la UNAM. A grandes rasgos, su trabajo se centra en la migración de profesionistas y la creación de límites simbólicos dentro de la comunidad mexicana en Norteamérica.

CAMELIA TIGAU

Investigadora titular de Centro de Investigaciones sobre América del Norte (UNAM). Fue profesora invitada en la Munk School of Global Affairs and Public Policy, Global Migration Lab, Universidad de Toronto. Es vicepresidenta regional del Global Research Forum on Diasporas and Transnationalism (India). Ha publicado extensamente sobre migración calificada, diplomacia científica y estudios canadienses. En 2022 recibió el Reconocimiento Sor Juana Inés de la Cruz, otorgado por la UNAM.

JORGE DURAND

Investigador independiente. Autor de varios libros sobre migración México-Estados Unidos, entre ellos *Historia mínima de la migración México-Estados Unidos*, publicado por El Colegio de México

CARLOS HEREDIA ZUBIETA

Profesor asociado en la División de Estudios Internacionales del CIDE desde 2009. Entre 2018 y 2021 fue cocoordinador de la Iniciativa Regional de Cooperación Educativa Pro-Jóvenes Centroamericanos en Situación de Riesgo.

ELISA ORTEGA VELÁZQUEZ

Investigadora titular en el Instituto de Investigaciones Jurídicas de la UNAM. Especialista en temas de niñez y juventudes migrantes y asilo, refugiados y migración forzada.

MARÍA FERNANDA RIVERO BENFIELD

Comunicóloga con maestría en Derechos Humanos. Especialista en crear y liderar proyectos de comunicación y pacificación para reconstruir el tejido social fomentando ambientes empáticos, libres de discriminación, que permitan el acceso efectivo a los derechos humanos. Actualmente es coordinadora de Comunicación de Sin Fronteras IAP.

Vidas desplazadas de Ana Mercedes Saiz Valenzuela
se terminó de imprimir en noviembre de 2023
en los talleres de
Impresora Tauro, S.A. de C.V.
Av. Año de Juárez 343, col. Granjas San Antonio,
Ciudad de México